富野由悠季論

藤津亮太

FUJITSU RYOTA

ON TOMINO YOSHIYUKI

CHIKUMASHOBO

筑摩書房

富野由悠季論　目次

006 はじめに 「アニメーション監督」としての富野由悠季を語りたい
011 第1章 富野由悠季概論――「アニメーション監督」とは何か
031 第2章 演出家・富野由悠季の誕生――出発点としての『鉄腕アトム』
060 COLUMN 富野監督作品全解説1 1968~1979
083 第3章 確立されていく語り口――『無敵超人ザンボット3』まで
107 第4章 一つの到達点――『機動戦士ガンダム』第1話
145 第5章 ニュータイプとは何か――戯作としての『機動戦士ガンダム』
185 COLUMN 富野監督作品全解説2 1980~1988
205 第6章 科学技術と人間と世界――『伝説巨神イデオン』で獲得したテーマ
237 第7章 変奏される主題――『聖戦士ダンバイン』から『機動戦士Zガンダム』へ

第8章　演出と戯作の融合——詳解『機動戦士ガンダム　逆襲のシャア』　281
COLUMN　富野監督作品全解説3　1991〜2022　327
第9章　運動と人間性——『機動戦士ガンダムF91』以降の演出術　359
第10章　失われる言葉と繋ぎとめる身体——『海のトリトン』から『新訳Zガンダム』へ　385
第11章　大転換、大地へ——『Gのレコンギスタ』への道のり　405
おわりに　458
注　465
人名索引　485
主要監督作品メインスタッフリスト　489

富野由悠季論

はじめに

「アニメーション監督」としての富野由悠季を語りたい

アニメーション監督・富野《とみの》由悠季《よしゆき》について考えたい。ここで重要なのは、この言葉で比重がかかっているのは「アニメーション監督」のほうで、決して「富野由悠季」個人のほうではない、ということだ。富野由悠季というアニメーション監督は、その存在感の大きさに比して、十分に語られないうちに長い時間が経ってしまった。

富野は、TVや新聞雑誌などマスメディアに登場することが多いアニメーション監督だ。人気者といってもいいだろう。書籍に関しても、批評家らと語り合った『戦争と平和』（徳間書店）や、各ジャンルの専門家との対談集『ガンダム世代への提言』（全三巻・角川書店）、人生相談をまとめた『富野に訊け!!』（徳間書店）などが出版されている。しかしそうしたインタビューや書籍は、重心が〝文化人・富野由悠季〟に偏っている。メディアで人気者であるがゆえに、「アニメーション監督」として語られていない部分が残ってしまった、というふうに見える。その部分に、いささか愚直なアプローチで改めて迫りたいのだ。

富野は一九六四年に大学を卒業すると、手塚治虫《てづかおさむ》が主宰するアニメ制作会社・虫プロダクションに入社した。国産の本格的TVアニメ第一作『鉄腕アトム』で演出家としてデビューして以来、『機動戦士ガンダム』（一九七九）を筆頭にさまざまな作品を世に送り出してきた。二〇一九年からは大規模な展覧会「富野由悠季の世界」も、全国八カ所の美術館で開催され、二〇二四年に、業界生活六〇周年を迎えた。現時点での最新作は二〇二二年に完結した劇場版『Gのレコンギスタ』全五部作で、現在も新作の準備を進めているという。

アニメーション監督としての富野を考えるときにポイントとなるのは「演出の技」と「戯作者」という二つの切り口だ。

富野は『映像の原則　ビギナーからプロまでのコンテ主義』（キネマ旬報社、改訂二版が二〇二二年に出版）という書籍を著している。同書は「映像は感性だけでは撮れません」と本文中にあるとおり、どうすればちゃんと伝わる映像作品になるか、という「仕事の技」（同書より）について記されている。映像で何かを伝えるには、ちゃんと〝てにをは〟を意識する必要があり、それを富野は「映像の原則」と呼んだのだ。

富野にしてみれば、ここに記したことは演出家にとっての常識であって、当たり前のことであろう。これは同時に富野がこうした「常識」をいかに身につけ、使いこなしてきたのか、という疑問を浮かび上がらせることにも繋がる。富野由悠季はいかにして「演出の技」を手に入れ、演出家となったのか。これが、アニメーション監督・富野の語られていない第一のポイントだ。

また一方で富野は、自分の仕事を語るときに「戯作者《げさくしゃ》として」とか「戯作というものは」という言い回しを使うことが多い。戯作とは、江戸時代から明治初期にかけて書かれた、通俗小説などの読み物の総称だ。富野は戯作者という言葉を「エンターテインメントの作り手である」というニュアンスで使う。これは、しばしば繰り返される「僕には作家性はありません」という発言と表裏一体のものと考えるとわかりやすい。

この言葉遣いには「鋭い感性によって自己の世界を表現する（＝作家）」のではなく、「仕事の技」を駆使して「お楽しみ」を提供するのが自分の仕事である、という姿勢が見て取れる。ただし、ここで注意しなくてはならないのは「戯作」と自ら語る富野作品が、しばしばシンプルなエンターテインメントの枠組みからはみ出しているという事実だ。

二〇〇九年に富野は、ロカルノ国際映画祭で名誉豹賞を受賞した。ＴＶ作品が主戦場の富野が、国際映画祭で表彰されることは大変珍しい。受賞理由は「ロボットに、それまで見られなかった悲哀感を持たせるなど、ロボットの表現に革命を起こした」（二〇〇九年八月一一日付読売新聞朝刊）というもの。この評価からもわかるとおり、富野は自らを「戯作者たらんとする者」として語るが、それを裏切るように強烈な個性――それはつまり〝作家性〟と呼ばざるをえない何か――を感じさせる作品を世に送り出しているのだ。

なぜ富野作品に強烈な個性が宿るのか。その理由は、大雑把に理念のレベルと実務のレベルに分けて考えられる。

理念のレベルで捉えるなら、それは「ありきたりなことはつまらない」という富野の基本的な姿勢の表れである。筆者の取材経験からしても、富野は「習い性《せい》となってしまった仕事」を嫌う。「いつもと同じでいいだろう」というルーティーンに甘えた姿勢で仕事に臨むのは、富野にとって退廃的な姿勢なのだ。この厳しい視線は、当然ながら自分の仕事にも向けられている。そのため富野は常にそれまでの殻を破って、新しい何かを提示しようとする。この一つのところに留まることを許さない運動が作品に得難い個性を与えているのは間違いない。

実務のレベルでいうと、富野が手掛けてきた作品が基本的に原作のないオリジナル作品であることが大きい。富野は作品の立ち上げにあたって、大きな世界設定を考え、キャラクターを配置し、さらに各話の内容についてもメモを執筆する。作品の文芸的な要素の根幹を自分でコントロールしているため、いわゆる〝手癖〟に見えるものも含め、富野自身の思考が作品に色濃く投影されることになる。

「演出の技」と「戯作者」。文化人の側面から富野の思想に迫るのではなく、この二つを入り口にし、その相互関係に迫ることで、アニメーション監督・富野由悠季の姿に迫ることができるのではないか。

本書は、これまで触れられることが少なかった「演出の技」がいかに形成されたかの過程を丁寧に追うところから始まる。一方、どの段階で「戯作者」としての富野が確立したかを、制作資料から追いかけていく。そして戯作者が用意した物語は、どのような演出の技で描かれ、戯作と演出の相互作用はどのように変化したのか、その六〇年に及ぶ歩みを改めて考えたい。

まずは前提として、そのキャリアを概観するところから始めよう。

なお、本書ではさまざまな資料を参照、引用した。明らかな誤植以外は基本的に原文ママとした。

第1章

「アニメーション監督」とは何か

富野由悠季概論——

宇宙との出会い

現在、アニメーション監督という職業は当たり前の存在として世間に広く認知されている。しかし、このような認知を得るまでには、それなりの長い時間が必要であった。そしてその中で大きな働きを果たした一人が、富野由悠季監督である。

富野の経歴を簡単に振り返ってみよう。[1]

アニメーション監督・富野由悠季は一九四一年一一月五日、三人兄弟の長男として神奈川県小田原市に生まれた。本名は富野喜幸。富野家は代々「喜」の漢字を継いでおり、喜幸の「喜」の字もそこに由来する。富野は一九八二年まで、この本名で仕事をしていた。このほか絵コンテを担当するときは斧谷稔《よきたにみのる》、作詞を担当するときは井荻麟《いおぎりん》のペンネームも使っている。

故郷である小田原という土地について富野は、そこまで思い入れを持って育ったわけではなかった。両親は、ともに江東区大島《おおじま》の出身で、小田原はあくまで「寄留している」土地という姿勢で、家も借家だったという。「そういう態度で親が生活をしていると、いくら小田原で生まれ育っても、そこを故郷と感じるのは難しい。〝地つき〟と呼ばれる、土地に根ざした感覚が生まれることはなかった」[2]。この〝根無し草〟、つまりデラシネの感覚は、後の監督作の中にも見つけることができる。

小田原に住みながら、一二歳まで髪をポマードでなでつけた「都会の子」として育った富野は、周囲から「坊やちゃん」と揶揄を込めて呼ばれていたという。そんな富野少年に大きな影響を与えたのが与圧服を撮影した写真だった。

父・喜平は、小田原の軍需工場で働いており、風船爆弾の開発や、高高度で飛行する戦闘機パイロットが着用する与圧服の研究・開発に携わっていた。与圧服の写真も、そうした研究・開発の過程で撮影されたものだった。写真の中の与圧服は、宇宙服の原型を思わせる姿をしており、富野少年に強い印象を与えた。この写真による素地があるところに、一九五一年には映画『月世界征服』（アーヴィング・ピシェル監督）と、漫画『アトム大使』（手塚治虫）との出会いが加わった。こうして富野少年は、宇宙飛行への関心を深めていく。

中学一年生になった富野は、少年雑誌などで得た知識をもとに、月世界への旅行の方法について詳細なレポートをまとめる。また民間の科学解説者である原田《はらだ》三夫《みつお》が主宰する「日本宇宙旅行協会」にも入会して、宇宙に関する知識を蓄えている。インタビューでしばしば「自分の宇宙に関する知識は中学校の時に調べたことがすべて」と語るが、それはこうした活動のことを指していると思われる。

虫プロ入社

このほか中学・高校時代の富野は、水彩画やペン画を描くだけでなく、日記や散文なども多数執筆した。こうした活動が、のちの創作活動に繋がっていくことになる。

日本大学藝術学部映画学科に進学した富野は、同学年の足立正生《あだちまさお》が監督した『鎖陰《さいん》』に打ちのめされ、授業のほうはほどほどで、むしろ自治会活動に熱心にコミットすることになる。当時の同大学自治会は、自民党との接点が深く、富野はそこで組織と権力の一筋縄ではいかない関係を目の当たりにした。[3]

富野はアニメーションにそこまで関心があったわけではないが、一九六四年の大手映画会社は求人をしておらず、映画業界への道は閉ざされていた。一方、一九六三年から本格的ＴＶアニメ第一号『鉄腕アトム』の放送を開始した虫プロダクションは、一九六四年春の大学卒業見込み者の求人を行っていた。母から虫プロダクションの求人を知らされた富野は、同社の入社試験を受け合格。こうして富野はアニメーションの世界で生きていくことになった。

キャリアの五段階

アニメーション業界に入ってからの富野のキャリアは大きく五つの時期に分けられる。まず一九六四年の虫プロダクション入社から一九六七年のフリーになるまで。駆け出しの演出家としてさまざまなチャレンジを行っていた時期といえる。

次が一九六七年から一九七七年までの一〇年間。この時期は、「絵コンテ千本斬り」などと呼ばれ業界の便利屋的な仕事をしつつも、一九七二年には実質的初監督作『海のトリトン』を手掛けている。一九七五年以降は、ロボットアニメを手掛けることが増え、その過程で自らの演出スタイルを固めていく。この一〇年が、演出家・富野由悠季の原型を形作った時期といってもいいだろう。

そして同じく一九七七年から一九八八年までの約一〇年は、ロボットアニメというジャンルの可能性を追求していく時期。作品でいうと『無敵超人ザンボット3』から『機動戦士ガンダム　逆襲のシャア』に至る時期にあたり、ロカルノ国際映画祭で名誉豹賞受賞の理由となった「ロボットの表現に革命を起こした」という業績は、主にこの時期の仕事によるところが大きい。

一九八九年から一九九八年までは「迷いと再生」の時期といえる。富野は『機動戦士ガンダムＦ91』（一九九一）、『機動戦士Ｖガンダム』（一九九三）と、新たなガンダムを世に送り出すもその後、心身の調子を崩してしまう。そのときの状況や心境は自伝的エッセイ『ターンエーの癒やし』（角川春樹事務所）に詳しいが、激しい目眩や耳鳴りに悩まされ、うつ症状の自覚もあったという。そうした状態からのリハビリとして『ブレンパワード』（一九九八）を制作し、そこで再びTVシリーズへと復帰する。心身の不調を経過したこともあってか、作品の肌触りがここで変わってくる。本質は変わらずとも、切り口や着地点に変化がみられるのだ。

最後は、一九九九年の『∀《ターンエー》ガンダム』から現在に至る約四半世紀の時期である。二〇一四年には『ガンダム Gのレコンギスタ』を監督し、二〇一九年から二〇二二年にかけて同作を全五部作にまとめ直した劇場版『Gのレコンギスタ』を発表。この映画が現時点での最新作である。この時期の作品は、風通しのよい雰囲気の中に、人類の文明の行く先への思いを込めた作品が続いている。

アニメーションに「作者」はいるか？

富野がアニメーション監督の認知に大きな役割を果たしたのは、一九七七年から一九八四年いっぱいまで続いた「アニメブーム」の時期に当たる。この時期は、劇場版『宇宙戦艦ヤマト』をきっかけに、それまで子供（小学生）向けと思われていた「テレビまんが」「漫画映画」が内容的にも進化し、ティーンエイジャーの熱狂的な支持を得ていることが広く知られるようになった時期である。先述の富野のキャリアに当てはめると、一九七七年から一九八八年にかけて、ロボットアニメに革命を起こしていた第三期の前半に相当する。

そもそもアニメーション監督が社会的認知を得るとは、どういうことだろうか。それは、端的にいうと監督が作品の〝作者〟であり、作品制作は固有の価値観を持った〝作家〟によって行われた、ということを、世間がちゃんと理解するということである。隣接領域の実写映画を想定すれば、その認識はごく当たり前のことだが、TVと映画館を中心に流通するメジャー系アニメーションの場合、それは決して単純な道のりではなかったのだ（個人制作が中心のインディペンデント系の作品はまた状況が異なる）。

アニメーション監督が社会的認知を得るには二つの段階を経る必要があった。第一に、アニメーションの制作工程において「監督」という職能が確立する段階である。それが確立したからこそ、集団作業であるアニメ制作の中にあって、監督は「制作者集団を代表する棟梁である」ということが、スタッフの共通認識となったのだ。

その次の段階として必要なのが、世間がそのことを理解することだ。「アニメーション制作には監督が必要であること」を知り、「その監督は〝作者〟〝作家〟と呼びうるだけの権限や感性を有した存在である」ということを理解しないと、アニメーション監督の存在は世間では〝見えない〟ままである。

本章では、この「アニメーション監督」の職能と、社会的認知の過程を追うことで、『機動戦士ガンダム』のタイミングで、アニメーション監督・富野由悠季がどうして脚光を浴びるようになったかを確認したい。

アニメーション演出を変えた高畑勲

では駆け足ではあるが、まず監督の職能はいかに確立されていったのかを振り返ってみよう。

戦後の国産アニメーション史の大きなメルクマールとして挙げられる、国産初のカラー長編アニメーション『白蛇伝《はくじゃでん》』(一九五八)。同作には、藪下泰司《やぶしたたいじ》が脚本・演出としてクレジットされている。しかしこの時点での「演出」というのは非常に素朴なものだった。当時第二原画で参加していた大塚康生《おおつかやすお》は、藪下が行っていたのはアニメーターがそれぞれに担当する各カットの調整であった、と回想している。[4] 当時はアニメーションというものを成立させているのは作画=アニメーターである、という認識が現在よりもはるかに強かったのである。

この認識が東映動画内部で大きく変わるきっかけとなったのが、東映動画の長編六作目『わんぱく王子の大蛇《おろち》退治』(一九六三)だ。

(引用者注:同作で演出とクレジットされた芹川有吾《せりかわゆうご》は)もともと新東宝で実写映画の助監督をしていた人ですが、ここでの芹川さんの登場には、かなり意味があるんです。それまで、演出というほどの演出がなされていなかった東映長編アニメーションに、はじめて本格的な演出手法を持ち込んだのが芹川さん。それ以前の演出家の人たちは、さっき話したとおり、演出家というよりもコーディネーター、調整係みたいな役割だった。芹川さんはそうじゃなくて、「演出が作品の全内容をリードする」という方針を持っていて、『わんぱく王子の大蛇退治』において、アニメにおける演出の次元を一段高めた人ですからね（略）。

高畑さんが非常に幸運だったのは、『安寿』と『わんぱく王子』で芹川さんについて、「演出とはかくあるべし」と教わったことだと思うんです。（略）アニメーションの作画集団のただ中にあって、それまでの演出家たちが従属的ポジションにいた、あるいは単に調整役として機能していたのに対して、「演出が全編の主導権を握る」というやりかたを芹川さんから学んだということです。で、その方式をさらに確固たるものに高めたのが、高畑さんの『ホルス』です。宮崎さんは、近くでそれをじっと見ていた。『ホルス』で、はじめて本当の意味での演出というものが日本のアニメーションに確立されたんだね」と彼も言っていますよ。[5]

大塚の発言の中に出てくる高畑とは、当然ながら高畑勲《たかはたいさお》のことだ。そして、高畑が初監督（クレジットは演出）として制作した『太陽の王子 ホルスの大冒険』が公開されるのが一九六八年。このように一九六〇年代半ばごろから、作品をまとめあげるには演出＝監督の主導権が必要だという機運が出てきたことがうかがえる。

東映動画以外の他社についても、演出に関しては、おおよそ似たような状況にあったと思われる。たとえば一九六三年の『鉄腕アトム』で本格的TVアニメの時代を切り開いた虫プロダクションは、一九六五年の『W《ワンダー》3』でチーフディレクター制を導入して、杉山卓《すぎやまたく》がその任についている。この背景についてはスタッフは外注が多く登用されたため、テレビアニメとしては初の本格的なチーフディレクター制がとられた」[6]と記されている。さらに一九六七年の『悟空の大冒険』になると、原作である手塚治虫の『ぼくのそんごくう』の枠を踏み越えて、総監督としてクレジットされた杉井ギサブローの想定したナンセンスなギャグ世界が展開されている。一九六五年の『宇宙エース』からアニメ制作に参入したタツノコプロ（当時：竜の子プロダクション）では、『ホルスの大冒険』が上映された一九六八年の『ドカチン』で総監督笹《ささ》川《がわ》ひろしというクレジットが登場した。[7]

当時のTVアニメは一話完結のものが多く、その点で各話の脚本・演出の裁量がかなり大きかった。そうした中でも、作品のトーンやマナーに一定の方向性を持たせるには、監督という役割が必要だという認識がTVアニメの発展とともに徐々に広がっていったことがうかがえる。

『巨人の星』と『あしたのジョー』

そして一九六〇年代後半から一九七〇年序盤にかけて、その状況はさらに一歩進むことになる。一九六八年には長浜忠夫《ながはまただお》監督の『巨人の星』が放送開始。その二年後の一九七〇年には出﨑《で》﨑統《ざきおさむ》監督の『あしたのジョー』が始まる。どちらも人気マンガ原作のアニメ化ではあるが、長浜は劇的に盛り上げていく演出でアニメ版『巨人の星』を作り上げ、出﨑もシャープな演出でアニメならではの『あしたのジョー』の世界を生み出した。作風は違うが、どちらも演出家のカラーが完成作品からにじみ出ており、両作とも現在では二人の代表作として広く認識されている。

この二作の共通点は、主人公の人生を追う大河ドラマ的な構成を持つところにある。大河ドラマ形式の場合、各話完結のTVシリーズよりも、作品全体を見渡す存在が必要になる。こうした作品では、当然ながら監督の役割はより大きなものになる。

このように俯瞰してみると、アニメーションにおいて監督の職能が確立されたのは、一九六〇年代後半から一九七〇年頃にかけてと推察される。

富野が、初めての本格的監督作となった『海のトリトン』（一九七二）で、手塚治虫の原作を大胆に改作したり、最終回のどんでん返しを脚本陣に明かさず自ら執筆したりということが可能だったのも、監督という職能が確立された後の時期だったからだといえる。

『宇宙戦艦ヤマト』の「作者」は誰か？

しかし、である。それでもなお、この時点で世間はアニメーションに監督――それも作家と呼びうる監督――がいることには気づいていなかった。多くのマンガ原作付きアニメは〝原作者のもの〟であり、原作者自らがアニメを作っているという、根拠のないイメージを持っている人も多かった。

この認識が大きく変わるきっかけは、一九七七年から始まったアニメブームだった。

このアニメブームの背景には、一九六〇年前後に生まれた子供たちの成長がある。この世代はＴＶアニメ（正確にはＴＶの子供向け番組）とともに年齢を重ね、中学生になっても〝子供番組〟を卒業せず、むしろ積極的、主体的に楽しんでいた。そして同時に一部のＴＶアニメもまた、中学生以上も楽しめる内容へと踏み込むようになっていた。このニワトリとタマゴのような関係が、アニメブームに繫がった。その結果、それまで「テレビまんが」「漫画映画」と呼ばれていたアニメーションを「アニメ」と略称で呼ぶことが広く定着した。現在ではこのアニメが国際語化して、日本風のアニメーション作品は世界で「ANIME」と呼ばれている。

このブームの直接的な発火点となったのは一九七七年の劇場版『宇宙戦艦ヤマト』の公開だ。『ヤマト』は、一九七四年に放送されたＴＶアニメ。当時としてはリアルなＳＦ設定とメカ描写がティーンエイジャーに支持された。そしてそれが総集編の映画として公開され、大ヒットを記録したのだ。

ただしこの『ヤマト』の〝作者〟が誰なのか、というのはなかなか難しい問題をはらんでいた。後に裁判も行われ、誰が原作者かを争うことになった本作だが、ここでは「監督の職能」にポイントを置いて、整理をしたい。

まずTVシリーズの『ヤマト』では、現在行われている「アニメーション監督の職能」を三人が分担して担っていたと考えるとわかりやすい。その三人とは、西崎義展《にしざきよしのぶ》プロデューサー、監督・設定デザインの松本零士《まつもとれいじ》、演出の石黒昇《いしぐろのぼる》である。

どういう作品を作るべきかというビジョンを持ち、スタッフを先導したのは西崎だったが、西崎はアニメーションの映像そのものを直接コントロールしていたわけではなかった。メカやキャラクターをデザインし、アイデアを提供して作品の個性を確立させた松本零士は監督とクレジットされ、絵コンテも一部手がけたが、その絵コンテを現場で使えるように修正したのは石黒である。一方、石黒はアニメーション制作の棟梁として映像作りに大きな貢献をしたが、『ヤマト』という企画の方向性そのものには基本的にノータッチであった。

このTVシリーズ『ヤマト』を再編集して作られたのが一九七七年に公開された劇場版だ。ここで監督としてクレジットされたのは、TVシリーズに監修として名を連ねていた舛田利雄《ますだとしお》である。舛田は、日活で『錆びたナイフ』（一九五八）などを手掛けた実写畑の監督である。当然ながら舛田は再編集の指揮はとったものの、『ヤマト』という作品の根幹を創造したわけではない。ちなみに劇場版では、松本は監督ではなく美術・設定デザインとして、石黒はアニメーションディレクターとしてクレジットされている。

こうした内実に対し、世間やファンから見たとき、〝『ヤマト』の作者〟は誰に見えていただろうか？　結果として、ファンや世間に対し積極的にメッセージを発信していた西崎、あるいはビジュアルイメージの構築やアイデアの提供で大きな貢献があり、コミカライズも手掛けたマンガ家の松本零士がヤマトの〝作者〟として見えていたのである。

また劇場版で舛田が監督として起用されたのは、映画館の館主に対して、劇場版『ヤマト』という企画を信頼してもらうためという側面が少なからずあった。当時の映画館主はアニメーションに監督がいたとしても、そんな知名度のない監督の作品を上映しようとは思わなかったのだ。そのため館主たちを説得する材料として、実写の映画監督の名前を使う必要もあった。実際、劇場版『ヤマト』がヒットした後に、ブームを受けて、さまざまなアニメの総集編映画が公開されたが、その多くに実写映画監督の名前がなんらかの形でクレジットされることになった（ただし、その関わり方は作品によってさまざまだった）。

大ヒット作の『ヤマト』だったが、このような背景により、『ヤマト』の作者として、〝アニメーション監督〟という役職が世間からピックアップされることはなかった。

『機動戦士ガンダム』が起こしたパラダイムシフト

『機動戦士ガンダム』が放送を開始し、ヒットしたのは、このような劇場版『ヤマト』ヒット後のことだった。『ガンダム』はまず、マンガ原作を持たないオリジナル企画だったので、原作マンガ家がアニメの直接的作者として認知されることはなかった。一方で、世界設定の構築や、キャラクターたちの内面的な造形、物語の内容の構築については、監督である富野が大きな役割を果たした。

例えば、放送開始の前年一九七八年夏に富野が提出した企画案では、すでにスペースコロニーと地球の独立戦争を舞台にした内容が固まっており、スペースコロニーの配置図も描かれている。また、物語開始時点までに、どのような歴史的な経緯があったかのバックストーリーも詳細に記されている。主人公のアムロ像も「一人遊びが好き」「他人に対してのつき合いの訓練ができていない」と、本編にかなり近いイメージが書かれている。[8] こうした作品の原型を提示したうえで、絵コンテなどの演出作業を通じて、富野は『ガンダム』を作り上げたのである。アニメーションディレクターの安彦良和《やすひこよしかず》、脚本家チームらメインスタッフの貢献が重要な部分を占めることはいうまでもないが、それでもなお富野の果たした役割は大きかった。

そのような意味で、富野は実写映画監督と近い形で、『ガンダム』を生み出したクリエイテイブの棟梁であり、世間から見たときにも〝『ガンダム』の作者〟であるということが非常にわかりやすかった。しかも作品の演出面でも、従来のアニメよりもさらに踏み込み、登場人物の間に男女の関係があることを匂わせる演出や、人類の行く末を見通すような壮大なSF的なビジョンが盛り込まれた。子供向けとは言い難いこうした表現があったことも、これを送り出した人間を〝作家〟と呼びたくなる要素だった。かくして富野は、さまざまなメディアで大ヒット作『ガンダム』の〝作者〟として取り上げられることになる。

例えば富野は、劇場版が公開される一九八一年には、新聞や雑誌にさまざまな原稿を寄稿し、『週刊サンケイ』一九八一年八月二七日号では「山際淳司の人間観察誌　ヒューマンウォッチング」のコーナーで取材を受けている。さらに映画プロモーションの一環としてテレビ『小川宏ショー』やラジオ『オールナイトニッポン』などにも出演。さらに劇場版公開後の一九八二年八月一四日には、NHK教育で放送された若者向け番組『YOU』の「「映像はぼくらのホビーだ」―ヤング・アニメ・フェスティバル―」と題した特集に、手塚治虫と並んで、アニメの作り手を代表してゲスト登壇している。

こうした富野のメディアへの露出を通じ、世間はアニメにも「監督」が存在することを知ったのだ。そして、アニメにおいても監督の差配が作品を形作るうえで大きな役割を担っているということも知られるようになった。劇場版『ガンダム』三部作のヒットと連動しながら、このような世間の認知が浸透したことは、これ以降のアニメで監督が注目される流れを作ることになった。

先行する監督の長浜忠夫、出﨑統、あるいは『アルプスの少女ハイジ』（一九七四）などの高畑勲らは、アニメファンの中では知られた存在だったが、作品の知名度に比して、世間の認知はそこまで高くなかった。宮﨑駿《みやざきはやお》についても、高畑作品の重要スタッフであった時期はそこまで名前を知られておらず、『未来少年コナン』（一九七八）、『ルパン三世　カリオストロの城』（一九七九）で一部にその存在を強烈に印象づけたものの、社会的認知は『風の谷のナウシカ』（一九八四）のヒットを待たなければならなかった。こうした状況を鑑みると、富野は社会的認知を得た極初期のアニメーション監督ということができる。

富野の認知はその後のアニメーション監督の扱いにも影響を与えたと思われる。例えば一九八四年に公開された『超時空要塞マクロス　愛・おぼえていますか』は、公開前特番がＴＶで放送されているが、そこには、河森正治《かわもりしょうじ》監督（クレジットは石黒昇と連名）が出演し、自ら作品の解説を行っている。当時河森は二四歳で、本作が初監督。ファン的な知名度はさておき、世間的な認知は決して高いわけではない。だが、そこはもう大きな問題ではないのである。この段階ではむしろ「監督」が番組に出てきて語ることが作品ＰＲにとっては大事だったのである。

こうした流れを踏まえると、劇場版『機動戦士ガンダム』三部作の特報・予告編には、キャストのクレジットはあるものの富野喜幸らメインスタッフの名前が一切出てこない、ということが極めて示唆的である。一九八二年夏の『THE IDEON』二部作でもそれは同様だ。

一方で知名度のある原作者・松本零士の名前をフックにしたい一九七九年の『銀河鉄道999』の予告は、逆にキャストのクレジットはないものの、監督であるりんたろうの名前はちゃんとクレジットされている。一九七〇年代末は、このように「アニメーション監督の名前を予告に載せるか載せないか」という一点をとってもまだばらつきがあったのだ。

そういう意味で、一九八八年の『逆襲のシャア』の特報・予告で富野の名前が大きくフィーチャーされているのを見ると、劇場版『ガンダム』以降のおよそ一〇年で大きなパラダイムシフトが起きたことが見てとれる。

「文化人」としての富野由悠季

このような長い歴史的経緯があってアニメーション監督は、作品制作の棟梁としての「作者」であり、同時に得難い個性を持った「作家」であるというふうに世間から広く認知されることになった。そしてそのトップランナーともいえる富野は、認知の結果として、〝文化人〟としてもしばしばメディアに登場することになった。これはつまりアニメーション監督の認知が進んだ結果といえる。

〝文化人〟にクォーテーションマークを付けざるをえないのは、その実態が定義しづらいからだ。あえて説明するのならば、その時代その時代に「人間や社会について自分なりの見識を持った存在」として受け入れられており、それゆえにその私見を語ることをメディアから求められる存在ということになるだろうか。学者だけでなく、小説家や映画監督も、こうした扱いを受けることが多いが、それもまた「人間や人間社会への洞察に富んでいるであろう」という理解に基づくものだ。実際、富野も「自分程度が語れるものか」という留保を付けつつも、上記のような機会があると、自分の視点で社会を語ることを避けない。

二〇一〇年に公開された『日本のいちばん長い夏』（倉内均《くらうちひとし》監督）という映画がある。原作は、雑誌『文藝春秋』一九六三年八月号で行われた座談会だ。そこには軍人や政治家、銃後にいた人々など総勢二八名が集まり、一九四五年八月を振り返った。座談会を企画したのは編集者の半藤一利《はんどうかずとし》。この座談会は、二〇〇七年になって『日本のいちばん長い夏』（文藝春秋）として単行本化されている。

映画は、その座談会を再現ドラマとして構成したもので、〝文士劇〟をコンセプトとした。〝文士劇〟であるので俳優を専業としないジャーナリストや作家、マンガ家など現代の文化人、知識人――たとえば田原総一朗《たはらそういちろう》、市川森一《いちかわしんいち》、島田雅彦《しまだまさひこ》、江川達也《えがわたつや》など――がキャスティングされている。ここに富野もその名を連ねている。

富野が演じたのは、陸軍大将の今村均《いまむらひとし》。この映画はそういう意味で〝文化人〟としてアニメーション監督が選ばれた、という見方をすることもできる。

この映画に限らない。特に二一世紀に入ってから、富野の活動の範囲は広がっている。二〇〇三年に金沢工業大学が始めた「ガンダム創出学」講座に関わり同大学の客員教授に就任している。また作家・評論家と座談した『戦争と平和』（徳間書店）、自作や生い立ちを通じて家族を語った『「ガンダム」の家族論』（ワニブックスPLUS新書）、各ジャンルの専門家と対談をした『ガンダム世代への提言　富野由悠季対談集』（角川書店・全三巻）なども出版されている。こうした場で語られたこともまた、富野の思想、世界に対するスタンスであるのは間違いない。メディアやその読者が「この事象について、あのひとはどう考えるのだろう」と思う存在がアニメーション監督である富野なのだ。これは一九八〇年前後のアニメブームの只中にいた世代が社会に出始めて、改めて富野の思想にダイレクトに触れたいと思った結果でもあろう。

以上が駆け足で辿った、アニメーション監督・富野由悠季の足跡であり、その受容のされ方である。しかし、本書では終盤に語った〝文化人〟富野由悠季という側面は、一旦カッコに入れておこうと思う。これから考えたいのは、創作物を通じて浮かび上がってくるアニメーション監督・富野の存在感である。

もちろん同じ人間だから、文化人として語る社会への視線や世界の把握の仕方は、作品にも色濃く反映されているのは間違いない。しかしここで大事にしたいのは、あくまでも映像中心に考える、ということである。映像の中にこそ宿る思想。それこそをすくい取ることで、「演出の技」と「戯作者」の両面に触れることができるのではないだろうか。

第2章

演出家・富野由悠季の誕生——出発点としての『鉄腕アトム』

富野由悠季は、どのようにして演出家としてのスタイルを確立したのか。

例えば自伝『だから僕は…』に収録された高校時代の短編小説「猫」や、大学時代に執筆した脚本「小石」を読んでもそこに「富野らしさ」を見つけることは可能だろう。あるいはもっと遡って、中学校時代に描かれた架空のイラストの中に、架空の小田原飛行場を描いた俯瞰図があることを取り上げ、飛行機単体だけでなく運用のための仕組みにまで想像力が及んでいることと、『機動戦士ガンダム』におけるリアルなメカ描写を結びつけてもいいかもしれない。

しかし、子供の夢想や学生時代の習作と、職業人として創作に取り組むことの間には大きな溝がある。ここからはまず、演出家デビュー作となった『鉄腕アトム』にフォーカスする。中でも脚本・演出をともに担当した作品に注目することで、富野が演出家、そして戯作者としての第一歩をどのように踏み出したかを具体的に確認したい。

『鉄腕アトム』で富野が担当したエピソードは全二五本。内訳を見ると、脚本のみが一本、他人の脚本を演出したものが九本、自分で脚本・演出を担当したものが一五本（ただしうち三本は再編集もの）となっている。なお一五本のうち一本（第139話「盗まれたアトムの巻」）はフィルムが紛失しており、現在は見ることができない。ここではこの脚本・演出を担当した一五本に注目する。

脚本・演出デビュー作「ロボット ヒューチャーの巻」

富野は一九六四年に虫プロダクションに入社した。当初は制作進行として『アトム』に関わっていたが、どうせ働くならよりクリエイティブなポジションで働きたいという意思を持っていた。また絵コンテを描けば、給料とは別に手当がつくことも魅力だったという。このように演出することと生活することがダイレクトに繋がっている点は、いかにも富野らしい。こうして富野は入社一年目にして演出になることを考え始める。

一九六四年の虫プロダクションは、新たにスタートする『ジャングル大帝』（一九六五）や『W3』（一九六五）に主力スタッフを集中させていた。前年放送を開始し話題となった『アトム』は依然スタジオの看板作品ではあったが、制作体制は外注の作画スタジオ中心となっていた。加えて、放送二年目に入ったことで、アニメ化可能な原作のエピソードはもう残り少なく、オリジナル脚本が増えていた。そこに富野のような新人が活躍しようとする余地があった。

演出デビューに先立って、富野は、社内で行われた脚本公募に応募している。しかし公募された脚本は富野以外に二本しかなく「若手の熱意がない、と断じられた」[1]という。しかし提出した富野の脚本が特に誰かの目にとまったり、作品作りの参考に生かされることもなかった。富野はそのまま諦めることはせず、スケジュールを確認して、数カ月後には脚本が足りなくなるであろうと判断。改めて「やってやろう」と考え、公募に提出したきりだった脚本のストーリーを思い出しつつ、仕事の合間を見て、絵コンテを描いた。この絵コンテは前半が完成したところで手塚のチェックを受け、ゴーサインをもらうことができた。このエピソードが第96話「ロボット　ヒューチャーの巻」であり、富野の演出デビューとなった。富野は、このチェックを受けたすぐ後に、手塚から「演出部に入らないか」といわれたと回想している。[2]

「ロボット　ヒューチャーの巻」は、正確な未来予測ができるロボット・ヒューチャーと、彼を犯罪のために作り出したアクタ博士の物語である。ロボットであるヒューチャーは、アクタ博士が犯罪を行うと知りながらも、裏切ることはできない。しかも彼は自らの能力で、自分がアクタ博士の手にかかって死ぬことを知っている。

最後にヒューチャーはアクタ博士と戦うことを決意する。

> アクタ博士、私は初めからこうなること（引用者注：アクタ博士が火星銀行の金塊を強奪すること）はわかっていた。しかしこれまで、止めることもできなかった。未来は変えられないと思ったからだ。でも、もう我慢がならない。私はあなたと戦うぞ！

こういってヒューチャーはアクタ博士に挑む。アクタ博士の宇宙船から発射される光線を避けながら、共闘するアトムは、ヒューチャーに「あなたは死ぬつもりなんですね」と問いかける。ヒューチャーは「君にはわからないだろうが、アクタ博士に悪事をやめさせるにはこれしかないんだ」と応える。

ここでヒューチャーは、「予測された自分の死」という決定論を生きるのではなく、自由意志でもって、身を挺してでもアクタ博士を止めるという人生を選択しているのである。

しかしヒューチャーは光線で破壊される。それを見たアクタ博士が驚いた隙をつき、アトムは金塊の入ったコンテナを破壊する。ラストシーンは、ヒューチャーの「私は本当に人間の役に立つのでしょうか」という台詞が宇宙をバックに流れて締めくくられる。

本作を構成する要素は大きく三つある。まず一つめはコンピューター（ロボット）による未来予測という「ＳＦギミック」。そして二つめは『アトム』の中で繰り返し描かれる「人間とロボットの（非対称な）関係性」。そして三つめが「エンターテインメントとしてのアクション（バトル）」である。この三つの要素は、その時点で富野が〝『アトム』らしい〟と考えていた要素でもあろう。この後、富野が手掛けたオリジナル脚本を見ると、以下の三つのエピソードでこの三つの要素が取り入れられている。

ロボットが現実を映し出す

第133話「十年目の復讐の巻」は、記憶を失い老女に育てられていた捨て子ロボット・リボリューがゲストキャラクター。

リボリューは嵐の夜に、過去の記憶を取り戻す。彼は実は刑務所に囚われたマルス博士が作ったロボットだったのだ。記憶を取り戻したリボリューはマルス博士を刑務所から脱獄させる。実は記憶が蘇ったのは、マルス博士がリボリューの記憶装置にタイムスイッチを組み込んでいたためだった。マルス博士の狙いは、リボリューを人工衛星にある母親＝コンピューターに組み込み、地球征服の方法などを聞き出すことだった。一旦はコンピューターと合体したリボリューだったが、「ママは悪いことをしようとしている」とコンピューターから飛び出す。リボリューを求め暴走するコンピューター。しかし、最終的に「ワタシのような機械はないほうがいいんです。さあ逃げて」とマルスを逃がし自爆してしまう。マルス博士はこれを「ヒステリー」と説明する。

本作は「自分を生んだ〝父親〟の命令」「同一化を迫る〝母親〟の暴走」といった家族に宿る普遍的なテーマを、ロボットに置き換えて表現しているところが興味深い。

第156話「ロボット市長の巻」は、ある事件をきっかけに、「人間から尊敬される存在」として作り出されたロボット市長レイモンが登場する。そのためレイモンが治める町は、ロボットが人間よりも尊敬されていた。ロボットが見下されがちな『アトム』の世界観において、これはかなり特殊な状況だ。しかし、そのレイモンは異常をきたし始めていた。レイモンを作ったアイザック博士は、市民にその危険を説くが、レイモンによって無期懲役となってしまう。レイモンの暴走は止まらない。事態は市長派と反市長派との対立にまで発展し、最終的にレイモンはアトムに倒される。

本作のラストは、主題歌のインストゥルメンタルが軽快に流れるのとは裏腹に、口をへの字に結んだアトムの深刻な表情のアップで締めくくられる。それは異常を認めなかったレイモンに対する、怒りと悲しみが入り混じった顔だ。

第173話「ロボッティの巻」は、外国からやってきた超小型ロボット・ロボッティが科学省に保護されるところから始まる。科学省で暮らし始めたロボッティは、そこで自らの仲間を製造し、ついには科学省を占拠してしまう。さらに人間と対立したロボッティは核兵器までも完成させてしまう。ポイントは、この過程でロボッティに悪意があるようには描かれていないというところだ。ロボッティたちはあくまでも一つの権利主張として、科学省を占拠し、人間と対立するのである。領土と権利の問題を、超小型ロボットという仕掛けを使うことで、寓話的に描いたエピソードだ。

「ロボット　ヒューチャーの巻」は決定論と自由意志。「十年目の復讐の巻」は家族論。「ロボット市長の巻」は狂気の自覚。「ロボッティの巻」は領土問題。この四作はロボットというモチーフを、現実にあるさまざまな問題を映し出すものとして扱い、それによりロボットという存在もまた際立つ内容に仕上げている。

原作エピソード「青騎士の巻」

富野によるオリジナル脚本の四作を並べてみると、原作のエピソードをアニメ化した第179話「青騎士の巻　前編」、第180話「青騎士の巻　後編」を富野が手掛けたことが非常に自然な流れとして見えてくる。というのも、オリジナルの四作と「青騎士」は深いところでの共通点が感じられるからだ。富野は「青騎士の巻　前編」で脚本・演出、「青騎士の巻　後編」で演出を担当している[3]（後編の脚本は加《か》藤《とう》靖三《せいぞう》）。

「青騎士」は原作の中でも特別なエピソードだ。

> 「青騎士の巻」は『少年』の一九六五年一〇月号から、一九六六年三月号にわたって連載されました。
>
> その頃盛んだった、学園闘争などの影響もあって、正義の味方・アトムのキャラクターをもっと反抗的なものにしてはどうか、と言ってきた編集者の意見を取り入れたとい

う「青騎士の巻」のアトムは、人間達のあまりの横暴に堪えきれず、とうとう人間に反目するロボットとして描かれています。

しかしこの路線変更は、読者にはあまり快く受け入れられなかったようです。アトムの性格を変えてから、アトムの人気は目に見えて落ちていった、と手塚治虫ものちに回想しています。[4]

このように「青騎士」は、当時の『アトム』人気の分水嶺と手塚本人に回想される一方で、同時に「原作は、当時の米国での黒人公民権運動を意識したもの」[5]という読解の根拠の一つともなっているエピソードだ。

「青騎士」は、謎のロボット青騎士がロボット解体施設などを次々と襲撃するシーンから始まる。やがてアトムの前に現れた青騎士は、ロボットの国を作るための協力を要請する。ロボットでありながら人間を殺すことも厭わない青騎士を止めようとするアトム。その戦いの中で、アトムは青騎士の仮面の下は、転校してきたクラスメイトのトントと同じ顔であることを知る。

戦いの過程で青騎士の剣を手に入れたアトム。この剣を持ったとき、「痺れないロボット」と「痺れるロボット」の二種類がいることが発見される。その結果、持っても痺れないロボットは「青騎士型ロボット」であり、人間を殺す可能性がある危険なロボットであると認定されることになる。剣を使った判定で、青騎士型ロボットとされたアトムの両親は収容所へと送られてしまう。この措置に反対したアトムは、両親を収容所から連れ出し、青騎士が進めるロボットのための国・ロボタニア作りに参加する。ロボタニアに参加したアトムは、青騎士がなぜ生まれたのかを知ることになる。そしてロボタニアを認めない人間とロボットの間でいよいよ戦争が始まる。

アニメ版で何が変わったか

アニメ版も、大枠は原作の通りである。ただし展開についてはいくつか大きなアレンジが施されている。一番のアレンジはゲストキャラクターたる青騎士にフォーカスがあたるように展開を再構成している点である。

まず「前編」で強い印象を残すのが、「青騎士型ロボットとは／ひどい悲しみで／電子頭脳がくるい／人間をにくしみ／きずつけることが／できるようになった／ロボットのことである」というテロップが冒頭に入ることだ。原作にはこうした演出はない。ここで青騎士の存在が、本作の焦点であることが明確に示される。

また原作はトントの転校から始まるのに対し、アニメは疾走する青騎士の姿から始まる。この変更は原作に仕掛けられた「級友のトントが青騎士だった」というサプライズから、「青騎士がトントだった」というサプライズへと、軸足が大きく変わったことを意味する。冒頭のテロップとともに、アニメはあくまでも青騎士の悲劇にフォーカスすることが狙いなのである。

「後編」の原作から大きく異なる部分も、「前編」のアレンジを踏襲している。

例えば、なぜトントと青騎士は同一人物なのかを種明かしし、青騎士を狂わせるに至った悲しみの理由を説明するシーン。原作では青騎士の生みの親であるロッス博士が、お茶の水博士に語る形で説明される。これに対しアニメ版は、人間との戦いが一旦中断した夜、青騎士自身がアトムに語る形になっている。本人がその身の上を語ることで、青騎士の怒りと悲しみがストレートに視聴者に伝わってくる。そして「後編」の悲劇的なラストには、前編冒頭に入った「青騎士型ロボットとは」から始まるテロップが再度示される。

「後編」脚本の加藤と富野がどれぐらい打ち合わせをしたのか、あるいは富野が絵コンテで調整したのかは不明だが、最後にテロップが再掲されることで、この前後編が何を描こうとしたかが明確に打ち出されることになった。原作以上に青騎士の悲劇を際立たせた「青騎士の巻」は、ロボットというギミックに現代のさまざまな要素を反映させてきた富野脚本・演出の総決算といった趣がある。

「アニメにもこれだけのものができるんだ」

では富野は、『アトム』にどのような意識で取り組んでいたのか。『だから僕は…』には当時のメモの引用がある。これは「ロボット ヒューチャーの巻」の後に書かれたものだが、どういうつもりで『アトム』、そしてアニメに臨むのかという所信表明のような文章になっている。

メモは「ロボット ヒューチャーの巻」を振り返り、「アニメとしては邪道で、アトムとしては極端にシリアスだった」と始まる。しかし、次元の低いものと思われているアニメだが『ヒューチャー』では、アニメにもこれだけのものができるんだぞと信じてやった」と続けていく。それは「ヒューチャー」に対する自負というだけではない。「後は、他のドラマ媒体と同じく、同等のドラマ的価値を持つ、他の媒体と同等の市民権を有するものに育っていくはずなのだ」と、アニメというジャンルそのものへの可能性を信じていることと繋がっているのである。[6]この可能性を前提に、手塚治虫の漫画が持っている文学性と比べたときに、アニメがそこに追いついていない、追求する意思が希薄であることを問題視する言葉が続く。

そして富野は「ヒューチャー」で目指したこととそれに対する自己判定をこう綴る。


僕は第一回作品に当って意識したことは、シリーズからの脱皮ということなのだ。それはシリーズのなかの一本であっても、一本の完結した作品として通用するものを作ること。この点から厳密に考えると『ヒューチャー』は明らかに脱皮はしていない。ことにあのテーマ〝科学の悪用の拒否――もしくは希望の不在〟は、二十四分のなかで未消化だった。テーマをアトムにこじつけることによって消化不良を起こし、結局、アトムの作品群のなかの一部でしかないと思える。これが僕の結論だ。[7]

メモの締めくくりはこうなっている。

今後は、アニメは他の芸術的ジャンルに匹敵するジャンルを形成するときがくると確信している。

僕以前のスタッフは、アニメをあくまで市民権を持たない子供として扱うことに興味の焦点を置いていた。これがアニメが市民権を得ない原因なのだ。自ら首をしめている。こう考える僕はアニメの世界で異端者なのだろうが、異端は発端と考えたい。[8]

このメモは、後に富野の作品が目指すところを先取りしたような文章であり、本人も同書の中で「今と考えが変わっていない」と驚きを記している。この意気込みを踏まえると、「ロボット ヒューチャーの巻」から「青騎士の巻」へと続くロボットをテーマとした五つのエピソードは、初心の実践だったと考えられる。

ストーリー主義をめぐるジレンマ

ロボット・テーマ以外のオリジナル脚本についてはどうだろうか。ロボット・テーマ以外の富野のオリジナル脚本は、第128話「インカ帝国の宝の巻」、第131話「ムーン・チャンピオンの巻」、第149話「カンヅメ狂騒曲の巻」、第188話「鞍馬の天狗の巻」、第192話「メドッサの館の巻」がそれに相当する。

「インカ帝国の宝の巻」は古代の秘宝を巡る冒険もの。「ムーン・チャンピオンの巻」は月面ロボット競技会を題材に、旧式ロボット・トンビーとポンコッツ博士の関係を描いた人情ドラマ。「鞍馬の天狗の巻」は、京都を舞台に烏天狗姿の美術窃盗団が登場するという和のテイストが印象的な一作。写真を使った背景が独特の雰囲気を醸し出している。対して「メドッサの館の巻」は、雪の中の洋館を舞台に兄妹の情愛を描いたリリカルなテイストの作品だ。

異色ともいえるのは「カンヅメ狂騒曲の巻」。これは空から降ってきた謎のカンヅメを巡る争奪戦を描いたドタバタギャグ。ゲストキャラクターとして、人気がイマイチなバンド〝七代目ビートルズ〟という四人組が登場する。彼らは、代々〝ビートルズ〟を襲名してきた存在という設定だ。なお、本エピソードは一九六六年一月一日の放送。ビートルズ来日の年の元旦だが、ビートルズ来日の第一報は四月なので、来日にひっかけたアイデアというよりはあくまで当時のビートルズ人気をギャグのネタにしたというところだろう。

これらのエピソードは、当時のＴＶアニメらしく毎回違った趣向で視聴者を楽しませることを目的に書かれており、同時に富野自身が自分の創作の引き出しをいろいろ試していたことがうかがえる。

ただ、こうした自作について富野の自己評価は低めだ。富野は「僕が入社したころのアトムは完全にストーリー主義に陥《おちい》っていた。とにかくストーリーさえ基本的にドラマであればいいという自信だけで、僕はアトムを演出していた[9]」と記している。しかし、ストーリー主義に寄りかかることで、『アトム』に本来あった手塚作品らしいリリシズムの欠如を招き、さらにアトムを支えた脚本家の一人でＳＦ作家の豊田《とよた》有恒《ありつね》のいう「（ＳＦ的な）アイデア」もなくなってしまっていたのではないか、というのが富野の反省の弁だ。

この反省は次のような手塚の悩みと表裏一体でもあった。

> テレビ漫画の「アトム」は、四年つづいた。つまり二百本の「アトム」のフィルムができたことになる。ぼくの原作通りのアトムは一年半ほどでおしまいになったが、そのあとも間に合わせるために、スタッフが片っぱしからストーリイをつくりあげていった。いちばんかんたんなのは、アトムをなにかとたたかわせることだ。だんだんアトムの対決の相手が怪物になっていき、それにつれてアトムもかわいらしさがとれて、忍者みた

いなスーパーマンになってしまい、現実ばなれがしてきた。なによりも漫画映画のたのしさがなくなってきた。漫画独特のギャグやユーモラスな画面が消え、やたらに正義や、カッコよさをふりかざした作品が生まれた。そのほうが台本を作るのに楽だったからである。[10]

富野の「ストーリー主義」をめぐるジレンマ。そして手塚のフラストレーション。これは結局、シリーズを統括し、『アトム』という作品で何を描くべきかを選別する監督の不在といえる。『アトム』では後半、文芸部の課長を担った石津嵐《いしづあらし》が中心になった時期もあるようだが、この時点で、現在考えられているような、主体的にシリーズを牽引する監督の職能が確立していたとは考えづらい。もちろん手塚なりのなんらかのチェックはあっただろうが、多くは各話の脚本・演出担当に任されていたと考えるほうが自然だろう。

これが『アトム』と並行して始まった、『ジャングル大帝』（林重行《はやししげゆき》チーフディレクター）や、『アトム』の後番組である『悟空の大冒険』（一九六七、杉井ギサブロー監督）になると、監督のカラーがぐっと作品に反映されるようになっている（ただしこれは同時に、虫プロの制作現場からの〝手塚はずし〟の現れでもあった）。富野によるストーリー主義の冒険は、監督の職能が確立する以前の『アトム』だったからこそ自由に行うことができたのだ。

アイデアが先か、ストーリーが先か

また富野のいう「ストーリー主義」は、もう一つ対照先がある。それは『アトム』脚本家の中心的な存在であった、豊田有恒である。

一九七八年に出版された『ロマンアルバム　鉄腕アトム』(徳間書店)に、『アトム』スタッフの座談会が掲載されている。メンバーは、当時アニメーターでその後、画家となった紺野修司《こんのしゅうじ》、当時脚本家でSF作家の豊田有恒、それに富野というメンバーで、司会も当時演出だった杉山卓が担当している。

ここで富野が、当時の『アトム』がストーリー主義に陥っていて、という趣旨のことを話すと、豊田が「いや、アイデア、ストーリーですよ」と返すのである。この短い発言は「まずアイデアがあり、その後にストーリーだろう」という意味だと思われる。

富野はこれをこう回想する。

その僕の発言にたいして、豊田氏は明快に、
「いや、アイデアです」
と答えられた。氏はそれをもってアトムに参加していたというのだ。そのときの反応

の素早さに、氏と僕の足場のちがいをあらためて実感した。

僕は、ストーリーの組み立てと、ストーリーの訴求するものは何かという視点からアトムの演出をしたのだが、氏の場合はアイデア先行なのだ。ＳＦの素材として面白いかどうか、そのアイデアがストーリーを組むに価《あたい》するか否かがまずあって、脚本なり小説にむかわれるというのである。[11]

富野は現在でも「ＳＦはわからない」という発言をしているが、一方で富野の監督するアニメはＳＦ的な設定が導入されているものが多い。これも富野が、豊田のようにアイデアからストーリーに進むタイプの発想をしていないと、自己認識していると考えるとわかりやすい。富野は、描きたいストーリーあるいはシチュエーションがあり、それを直接的にではなく、フィクションとしてエンターテインメントに昇華するためにＳＦ的設定を使っているのだ。そのスタンスが、豊田の発言へのリアクションから垣間見える。

富野は、ストーリー主義を決して好意的な意味合いで使っていない。「ストーリー主義」という言葉はおそらく「目先の展開のおもしろさ・刺激で観客を誘導していく」ということを指している。富野は後年、いわゆる物語や物語づくりを指すときに「劇」「戯作」という言葉を使うようになる。この「ストーリー主義」と「劇」「戯作」の差分にこそ、富野の考える物語作りの重要なポイントがあると考えられる。そこについては、第5章で改めて触れたい。

再編集の経験がもたらしたもの

もう一つ『アトム』における富野の仕事として無視できないものがある。それは「再編集エピソードの制作」である。過去のエピソードのラッシュフィルムを編集し、多少の新作を加えたりしながらも、まったく新しいエピソードを作るというアクロバットのような作業のことである。富野はこのやり方で、第120話「タイム・ハンターの巻」、第138話「長い1日の巻」、第163話「別世界への道の巻」の三本を制作している。

「再編集エピソード」の制作はラフなストーリーを提案し、手塚のOKをもらうところからスタート。次に、ストーリーに使えそうな話数からラッシュフィルムを選び出し、台詞やアクションなどに分類する。そして選んだフィルムを見ながら、背景の繋がりが気にならないように編集し、ストーリーを構成していく。当時は背景の密度もかなり低く、アップの時の背景には何も描かれていないこともあったからこそ可能になった再編集ともいえる。この作業の難しいところは、すでに出来上がっている口パク（口の動き）にあわせて台詞を作らなくてはならないところだという。

この再編集作業には「最低五日はかかる」[12]という。ゼロから制作するよりは圧倒的に早いから、制作がうまくまわらず放送に穴が空きそうになったときに、こうした対応が必要となったのだった。

最初の第120話「タイム・ハンターの巻」は、非常にシンプルな作りだ。ここでは、第11話「タイムマシンの巻」の骨格はそのままに、第69話「恐竜人の反乱の巻」の恐竜（ロボット）が大暴れするシーンを組み合わせたもので、ドラマ面も「タイムマシンの巻」で描かれた未来人の親子の物語をほぼ手を加えずに使っている。

続く第138話「長い1日の巻」は、天変地異が次々と起こり、その原因が特殊電波を出す小惑星にあると判明するという内容。天変地異のシーンなどは第94話「アルプスの天使の巻」、第65話「勇敢な脱走者の巻」のシーンを使っている。後半、アトムが原因の小惑星に向かって以降は第38話「狂った小惑星の巻」、第110話「水星探検の巻」、第121話「ガニメート号の巻」を構成してクライマックスを作り上げている。

そして三本目の第163話「別世界への道の巻」は、一番凝った編集内容になっている。本作は、三〇〇〇年前に滅びたミュー文明の銀貨をマクガフィンとして、女郎蜘蛛兄弟一味と渦潮が争奪戦を行うというストーリー。使われたエピソードは第42話「黄色い馬の巻」、第49話「透明巨人の巻」、第58話「13の怪神像の巻」、第75話「空とぶ町の巻」が中心となっているが、前の二話以上に各話は細かくバラバラにされ、一部に新作カットを加えながら複雑に再構成されている。

例えば「別世界への道の巻」に、渦潮がＴＶ局に到着し、彼の到着後すぐに別の車でギャングたちがやってくるというシーンがある。この一連のシーンはもともと、「透明巨人の巻」におけるウズ博士（渦潮と同じデザインのキャラクター）がギャングの事務所を訪れるシーンと、ウズ博士の依頼でギャング団がＴＶ局に押し入るシーンという本来は別の場所で起きた出来事を描いたバラバラのシーンなのである。これを編集し直して、どちらもＴＶ局に到着するシーンとして物語に組み込んでいるのだ。

また「透明巨人の巻」でウズ博士がギャングに立体テレビの破壊を依頼するというシーンが、「別世界への道の巻」では台詞を変え、渦潮が銀貨を女郎蜘蛛兄弟の兄に売りつけようと交渉するシーンに作り直されている。

印象的なのは、ミュー文明の名残が残る島に到着し地下の洞窟へと繋がる扉を開けるシーン。元となった「13の怪神像の巻」では悪人たちが扉を開けようとしても開かず、アトムがその力で扉を開けるシーンとして描かれている。これが「別世界への道の巻」になると、まずアトムが扉を見つけて洞窟へ入り、その後に悪人たちは別の扉を見つけて洞窟へ入る、という展開に変わっている。扉を開ける順番を逆にしたうえに、さらに間にほかのカットを挟み込むことで、もともとは同じ扉として描かれていたものを、別の扉として見せているのである。

映像のダイナミズムへ

過去の本編映像をもとに編集で物語を構築していく手法は、アニメでありながら、極めて実写映画的な編集作業といえる。というのも、アニメの編集は、あらかじめ絵コンテで設計されたカットの並びをベースにしつつ、時に変更を加えながら、カットの長さを微調整して流れを整えることが中心だからだ。

それに対し、実写映画の場合は撮影されたフィルムの中からカット（カットはアニメ業界特有の呼び方。実写映画の場合はショットと呼ぶ）を選び出し、それを組み合わせることで映画を形作っていく。映画の全体像を見通すためのガイドとして脚本が存在するが、編集の結果、脚本とは異なる内容の映画が出来上がることもある。

この作業は、キャリア初期の富野にとって大きな意味を持っていた。それは初期の演出回と後半の演出回を見比べると、明らかに後半のほうが映像の流れがよくなっていることから推察できる。担当話数を重ねて経験が積み上がったこともあるだろうが、それだけとは考えにくい。先述のストーリー主義に対する述懐を踏まえると、富野はこの再編集作業を通じて、ストーリー展開のおもしろさとは別に、映像の流れそのものにおもしろさを感じさせる力があることについて、正面から考えることになったのではないか。

例えば最初の「タイム・ハンターの巻」は、ストーリー主義で構成されたエピソードといえる。第11話「タイムマシンの巻」のストーリーという骨格に、それ以外のエピソードの動画を使って〝お化粧〟して、新しいエピソードに見えるようにした、という出来栄えで、これは映像が完全に従となっている。まずストーリーありきで発想したというふうに考えられる。

これに対し、続く「長い1日の巻」は、序盤に世界各地が天変地異に襲われるというインパクトあるシーンを連続して見せるところからスタートする。つかみとなる見せ場を畳み掛けるこの構成は、ストーリーが求めるものというより、インパクトの強い映像を配置することで映像的にメリハリを作り出すところに狙いがある。大まかなストーリーのプランを立てた段階から、映像ありきで発想していることがうかがえる序盤だった。

富野は著書『映像の原則』の中で映像の特性を次のように記す。

　映像＝視覚的なダイナミズム（時間的経過をともなう強弱、緩急）があるもの。／映像の変化が、語り口を構成する。／観客は、作品を同時的に鑑賞して、感情を喚起する。

そして映像のダイナミズムについては

　映像的なダイナミズム＝映像のテンポの緩急＋視覚印象の強弱[13]

と説明する。

少し抽象的だが、ここで富野は、映像のテンポや視覚印象（画面に映っているものが観客に与える印象）をコントロールすることによって、ダイナミズムを生み出し、それが観客の感情をゆさぶるのが映像メディアの本質であると語っているのだ。

ダイナミズムへの志向は、使える映像が決まっているという厳しい条件の中で、「どの映像を選ぶか」という問題が前景化した結果、意識されることになったのだろう。使える映像が決まっている以上、ストーリーはその幅の中でしか展開できない。となれば、映像のダイナミズムを獲得しない限り、そのエピソードはおもしろいものになりえない。それがなければ、先行するストーリーの縮小再生産でしかなくなってしまう。そのことに自覚的になることで、富野は映像のダイナミズムに意識的になっていくのである。

なお富野は、この後、『無敵超人ザンボット3』で一本、『無敵鋼人ダイターン3』で二本、既存のフィルムと最小限の新作で新規エピソードを作るという方法を実践している。そして『機動戦士ガンダム』の劇場版では、こうして積み上げた再編集の技を駆使してTV版から映画を作り上げることになる。そういう意味では、「ロボット ヒューチャーの巻」以上に、「別世界への道の巻」へと至る三つの再編集エピソードも、富野の演出の原点ということができる。

「ロボット市長の巻」の演出を読む

最後に映像のダイナミズムに注目して、富野が『アトム』で獲得したものを確認したい。映像のダイナミズムが意識的に取り入れられていることがわかるエピソードは、先に触れた第158話「ロボット市長の巻」だ。「ロボット市長の巻」で特徴的なのは、要所でしっかり間をとることで、映像の流れにメリハリがつき、ドラマ性が増しているところだ。

例えば冒頭では、アトムたちがエアカーで町に到着する様子が描かれる。疾走感あるエアカーの動きのある画面の後に、動きではなく背景中心で見せる町の風景という印象の異なるシーンが続くことで、映像の肌触りを変化させることに自覚的に演出が行われていることが伝わってくる。

中盤以降でも、アイザック博士を拘束しようとする市民とアトムが対峙するシーンや、宿泊したホテルに閉じ込められたことにアトムが気づくシーンなど、アトムの電子頭脳がその性能を発揮するところは、台詞なしの長い間でそれを表現している。また暴走するレイモン市長が部下をヘリコプターから突き落としたにもかかわらず、ヘリコプターのバランスが崩れたためとウソをつくシーンも、その答えを聞いた部下ロボットが無言で目を見合わせるカットが挿入され、ここでも間を生かすことで、登場人物の内面を想像させる演出が使われている。こうした間を生かした演出の延長線上に、死んでしまったレイモンを見つめるアトムの無言のアップも位置づけられる。

この後、最終回までに富野は、八本のエピソードを演出する。この中で、映像のダイナミズムが特にうまく表現されているものは「青騎士」前後編、「幽霊製造機の巻」(第181話。第8話のリメイク)、「メドッサの館の巻」である。

富野演出の原点

先述の通り「青騎士」はドラマ的にも一つのピークであり、演出的にも非常に見応えがあるエピソードだ。冒頭の草原を疾走する青騎士のカットの積み重ねは、無言の中に青騎士の意志の固さが感じられる。序盤は、中盤のアトムとの戦いまで、合計三回の青騎士のバトルが描かれ画面を活気づける。前編のラストでは青騎士がロボットのための国家ロボタニアの建国を宣言するが、ここではアトムと青騎士の無言のままのカットバックが登場し、台詞がないことが逆にアトムの複雑な内面を感じさせている。

後編は人間とロボタニアの戦いから始まる。前半はウランとコバルトが絡むコミカルなシーンとエスカレートしていく戦闘が、織り交ぜられながら進行する。中盤、アトムの質問に青騎士が答える形で、なぜ青騎士が人間を憎み、ブルグ伯爵と因縁があるかが回想で語られる。ブルグ伯爵は、青騎士の妹ロボット・マリアを見初めて結婚したものの、もとからロボットに差別感情を持っていたため、マリアに暴力を振るうようになった。そしてマリアと、それをかばった弟トントをともに破壊したのだった。そして後半はより激しさを増す戦闘と、青騎士とブルグ伯爵の決闘を中心に描かれる。

「青騎士」というエピソードは、「青騎士の正体」が物語を牽引する謎として設定されている。青騎士は、破壊されてしまった弟トント、妹マリアの電子頭脳を内蔵し、それぞれの姿に変身できるロボットである。だから本作は「顔」が重要な意味を持つ。ブルグ伯爵との決闘で、青騎士はマリア、そしてトントの顔を見せ、その憎しみを突きつける。この二人の顔を見て驚愕するブルグ伯爵の顔の切り返しは、顔の上下がフレームから切れるほどのクローズアップで、強い印象を残す。そしてその後、決闘の勝利者となってもなお人間への復讐心を燃やす青騎士の目元のアップが登場する。

こうした「青騎士」の映像の流れを見ると、ドラマチックなストーリーを伝えるため、動きのある画面と動きの少ない画面のメリハリ、台詞のないシーンの効果的な挿入など、映像のダイナミズムを駆使して語っていることがわかる。

富野が最後に演出を担当したエピソードは、最終回の一本前となった「メドッサの館の巻」。湖畔に立つ洋館を舞台にして、そこに一人で住む謎の美女ドリームと、兄のジーク・フリードの関係を描く神秘的なエピソードだ。こちらはSF的な理屈付けはされているものの、演出的な語り口はメルヘンそのもの。ゆったりとしたカメラ移動、イメージシーンの挿入など、「青騎士」のような戦闘中心のエピソードとはまた異なる映像のダイナミズムに挑戦している。

このように『鉄腕アトム』の各話を追っていくと、富野が「ストーリー」とそれを「どう語るか」を、『アトム』を通じて手探りしながら掴みつつある過程が浮かび上がってくる。そして『アトム』に関わった二年あまりの試行錯誤が、演出家そして戯作者である富野の原点であるのは間違いない。

富野は後に絵コンテを描く時の重要な点として、脚本家の野《の》田《だ》高梧《こうご》の『シナリオ構造論』（宝文館）に触れ、著作でこう記している。

> このシナリオ構造論にしたがえば、コンテを切りながらシナリオを考える場合、台詞のディテールにこだわるのではなく、作品の全体構造にとって、そのシーン、そのカット、その台詞、その芝居が、適確に積み上がっているかと考えればいいのです。[14]

また、この指摘の前の部分では、絵コンテを推敲していく過程で「バランスをとる」ことの大切さを説き、「この整理ができるバランス感覚を手にいれるためには〝訓練〟しかありません。場数を踏む必要があるのです」とも記している。

富野にとって『アトム』とは、映像の「的確さ」を判断できるようになるために「場数」を踏んだ作品であり、挑戦の場であった。

COLUMN

富野監督作品全解説1 1968~1979

主要作品外から見えるキャリア

ここでは監督作品**『海のトリトン』**の前後の時期に注目し、主要なプロフィールからははずれてしまういくつかの作品について触れたい。

まず富野が初めて監督として仕事をした一九六八年の**『夕やけ番長』**について。

同作は梶原《かじわら》一騎《いっき》・荘司《しょうじ》としおによる原作のアニメ化で、制作スタジオは東京テレビ動画、放送局は日本テレビ。当時同局は月曜から土曜にかけて、一八時三五分から一〇分の帯枠をアニメにあてており、以前は海外アニメの短編を放送していたが、一九六六年の『とびだせ！バッチリ』（日本放送映画制作）から国産アニメを放送するようになった。これは一九六〇年代を通じTVアニメが、海外（北米）作品から国産へと切り替わっていく大きなトレンドの中で起きた変化でもある。

『とびだせ！バッチリ』の後『冒険少年シャダー』を制作し、日本放送映画は解散。同社出身の新倉雅《にいくらまさ》美《み》（本名：渡邊清《わたなべきよし》）が日本放送映画のスタッフなどと新たに設立した会社が東京テレビ動画である。日本放送映画に引き続き日本テレビとの強いパイプを背景に、一九六八年から一九七一年の解散までアニメを制作している。『夕やけ番長』は、同社の第一作となる。

『夕やけ番長』は当初、一九六七年にスタジオロータスを構えた木下蓮三《きのしたれんぞう》が監督、キャラクターデザインとして参加、富野は木下から紹介され、その後任という形で監督となった（ただしオープニングクレジットでは演出と表記。富野は自伝の中でチーフ・ディレクターと記している）。『TVアニメ25年史』[1]の作品解説には、演出助手だった富野が木下の降板により監督になったとの記述もある。いずれにせよ本作は、一時的にアニメ業界から距離をとり、CMの仕事をしていた富野が、本格的に業界に復帰するきっかけとなった作品であった。

しかし本作の制作現場の状況は芳しくなかった。スケジュールの破綻、打ち合わせ不足に起因するリテイクの連続などの問題が多く、富野は社長（新倉であろう）あてに、改善の請願書をつきつけて一人で闘争したと回想している。しかし状況は改善しなかった。最終的に、これではチーフ・ディレクターとして責任が取れないからという理由で、現場には介入せず、全話の絵コンテを担当することに徹した。[2]あとは、出来上がった映像を編集し音響監督に渡す「最低限の取りまとめ」[3]をしたに過ぎないという。以上のような経緯から、富野自身も本作を〝初監督作〟と呼んではいない。

アニメの監督に求められるのは〝作家性〟よりなにより、現場を回す――成果物のOKとNGを判別し、NGであればスケジュールを考慮に入れつつリテイクを含めた対策を講じる――ことである。しかし富野が改善を求めた『夕やけ番長』の現場は、こうした監督の通常の仕事を行うのが難しいレベルであったのだ。

なお最初の監督だった木下はTVアニメの黎明期から仕事を始め『ビッグX』『オバケのQ太郎』『鉄腕アトム』に携わってきた人物。その後、さまざまなCMなどを手掛けたほか、一九七二年の自主作品『MADE IN JAPAN』が国際的評価を得たことをきっかけに個人作家としても広く知られるようになった。TVアニメ・シリーズの監督としては本作が唯一の作品だ。木下監督が降りたのも、もしかすると制作体制の悪さがあったのかもしれない。

ちなみに富野は「NTVサイドのプロデューサー藤井《ふじい》賢祐《けんゆう》氏のアドバイスで、とにもかくにも務めあげたのだが」[4]とも回想しているが、藤井は新倉から金銭などの贈与を受けていたという指摘があり、その見返りに東京アニメ動画に仕事が発注されていたのだという。[5]

制作体制に問題があり、さらにテレビ局と制作会社が癒着をしている状況。しかし、生活のために仕事は受けざるをえない。富野は『夕やけ番長』の後番組**『男一匹ガキ大将』**（一九六九）について「やるのがいやだった東京テレビ動画の仕事」と書きつつも、「現場に参画すると制作体制の不備を背負うことになるので」[6]ということで全話の絵コンテだけは担当している。

　こうした生活のための会社との付き合いの中から、貴重な経験を得られることもある。それが**『シートン動物記』**（一九七〇）だ。

『シートン動物記』は日本テレビの朝の五分枠（本編は二分）で放送された帯番組で、狭い意味でいうならアニメではない。止め絵の連続で見せる紙芝居形式の番組だった。

　この作品の絵コンテは手間のかかるものだった。それは脚本が「漫画なりの低俗なものになっておらず、真っ当にやることを求めているもの」だったからだ。

「〝シートン〟で語られている時代のアメリカ、その地方によって異なる建物、植物、動物、人物のファッション等々、一匹の野うさぎの話であっても、そのうさぎが住む森が北アメリカの中、南北部等によって木々の形がちがうだろう。雑草の生え方が違うだろう、と考えたのだ。」[7]

　絵コンテは資料を自腹で集めながらの作業となり、それは同時に自分が何を知らないかを知ることでもあった。

「たとえば、読者のなかの何人が、西欧人がベッドで目を覚ましたあと、顔を洗うまでの一般的なプロセス（過程）をご存知か？（略）

　そんなひどくあたりまえのことが分からなくなって、一枚の画にできなくなることがイッパイあったのだ。

　そんな風俗習慣を知らぬことが演出家にとって致命傷であるということを知り、考証がいかに大切で、いかに膨大な時間と金のかかるものかを知ったのである。同時に、絶対考証が不可能であることも知った。

「これは貴重な体験であった。」[8]

この時の経験は、その後『**アルプスの少女ハイジ**』(一九七四)に絵コンテで参加したとき、同作の高畑勲監督がどのようなことを求めているかを──概念だけとしても──理解するうえで大きな役割を果たすことになった。

またこの時期、富野は竜の子プロダクション(タツノコプロ)の仕事も手掛けている。参加作品は『**昆虫物語みなしごハッチ**』(一九七〇)、『**いなかっぺ大将**』(一九七〇)、『**けろっこデメタン**』(一九七三)、『**新造人間キャシャーン**』(一九七三)。

タツノコプロは絵コンテと処理演出を分業にせず、一人が担当する仕組みだった。

「絵をフィルムに定着させるのが演出家の仕事である以上、フィルムをカッティング(フィルム編集)できない演出家は未熟であると信じていた。一年以上カッティングをしないのは危険だと考える僕は、自身をコンテマンに徹しきれさせないでいたから、カッティングまでさせてもらえる竜の子プロの仕事は、心からありがたく思ったのだ。」[9]

東京テレビ動画のような制作体制が弱いところでは矢面に立って消耗しないよう限定的な関わり方を選び、体制がしっかりしているタツノコのような会社であれば、自分の腕を磨き維持できるような関わり方をする。いかにもフリーランスの仕事師らしい仕事ぶりといえる。

また『海のトリトン』の後の一九七五年に知られざる代表作も手掛けている。教育用映画として制作された『**しあわせの王子**』である。教育映画とは学校などの教育現場での鑑賞のために制作される映画のこと。本作は教育映画を手掛ける共立映画社が企画し、和光プロ(現・ワコープロ)が実制作を行った一九分の短編である。本作は高い評価を受け、教育映画祭一般教養部門児童劇・動画部門の最優秀作品賞と第一七回厚生省児童福祉文化賞を受賞している。

本作はタイトルのとおりオスカー・ワイルドの

『幸福な王子』のアニメ化だ。街の中心に立つ王子像が、不幸な人を救うため、ツバメの協力を得て、自らを飾る宝石や金箔を分け与えるという自己犠牲の物語である。原作はラストで、すべてを分け与えみすぼらしくなった王子像を心ない人が溶鉱炉で溶かしてしまう展開があるが、本作はそこを省略し、冬になり力尽きたツバメが息絶えると、王子像もひとりでに崩れてしまうという描写になっている。

本作はその多くがまったく動かない王子像と小さなツバメの掛け合いで構成されている。それだけにカット割りと編集が重要で、説明的でかつ単調にならないように心が配られている。また王子とツバメの自己犠牲の先にある悲劇を煽って盛り上げるのではなく、少し引いた視線で「お話」としてプレゼンテーションしているのも本作の語りのポイントといえる。

本作は、漫画原作のアニメのようにビジュアルのイメージが先行して存在しているわけではなく、またTVアニメの各エピソードのようにすでにある設定の枠内でエンターテインメントを目指す作品でもない。演出としてゼロから作品世界を構築し、一つのトーンで作品をまとめあげることができた経験は――そしてそれが評価されたということは――富野にとって大きな自信になったはずだ。

富野は翌一九七六年にも和光プロ制作でグリム童話原作の『紅ばら・白ばら』を手掛けている。

初監督作品で追求したテーマ性
海のトリトン
一九七二年四月一日より放送　全二七話

『海のトリトン』は、一九六九年からサンケイ新聞(現・産経新聞)で連載された、手塚治虫の漫画『青いトリトン』(後に『海のトリトン』と改題)を原作とするアニメである。だが本作の成立過程は複雑である。

手塚は一九六八年から一九七三年にかけてを「冬の時代[10]」と回想している。そのとおり当時は、手塚作品全体の人気が低落しており、さらにアニメ制作の虫プロ、版権管理・出版を行う関連会社虫プロ商事の経営も思わしくなかった。そんな中、一九七一年に『青いトリトン』のパイロットフィルムが制作されたものの、お蔵入りの状態だった。

その企画を成立させたのが一九七〇年に入社した手塚治虫のマネージャー、西崎義展だった。いうまでもなく西崎はその後プロデューサーとして『宇宙戦艦ヤマト』を大ヒットさせた人物である。最終的に「プロデュース権というか©権を西崎さんが買って、手塚先生から『トリトン』をひっぺがした」[11]ことにより、制作をアニメーションスタッフルーム（後のスタッフルーム）が引き受けることになった。

アニメーションスタッフルームは虫プロ出身の鈴《すず》木芳男《きよしお》が社長。さらに虫プロの制作部出身で東京ムービーで働いていた黒川慶二郎《くろかわけいじろう》が制作プロデューサーとして引き抜かれて参加していた。富野は東京ムービー時代にも黒川から仕事を発注されており「気心はよく知っているつもりであったからだろう、僕に白羽の矢をたててくださった」[12]と語っている。ただ企画の経緯から、虫プロダクションの関係者の参加は難しい状況で、制作協力として加わった朝日プロダクションは東映動画（現・東映アニメーション）関係のスタッフが集まったスタジオだった。キャラクターデザイン・作画監督の羽根章悦《はねゆきよし》も東映動画出身で『マジンガーZ』（一九七二）のキャラクターデザインなども手掛けている。

原作は、少年・矢崎和也が海棲人類トリトン族の赤ん坊トリトンを拾ったところから始まるものの、物語は盛り上がらず、途中で和也を失踪させ、主人公をトリトンに変更して冒険ものの要素を打ち出すという内容だった。富野は原作について「イントロダクション部分を追いかけているだけ」で「完結にいたる気配の見えないものだった」[13]という印象を持っていた。プロデューサーらも同様の意見で、アニメ化にあたっては独自に物語を構築する必要があると判断が下された。

こうしてアニメ『海のトリトン』は、人間に育てられたトリトン族の生き残りの少年が、自分の素性を知り、海の平和を求め、両親を含めた一族の仇であるポセイドン族と戦うという、一種の貴種流離譚として制作されることになった。トリトンとともに旅をするのは、母性を感じさせる白いイルカ、ルカーと、コメディリリーフの三匹のイルカ、イル、カル、フィン。そして同じトリトン族の生き残りの人魚・ピピ。このグループは、ある種の疑似家族のような雰囲気を持って描かれている。

ポセイドン族の幹部が人間と別の生物を組み合わせたデザインの怪人であるなど『仮面ライダー』(一九七一)の大ヒットの影響がある一方[14]、主人公がナイーブさを感じさせる少年であることでまったく新しいドラマが生まれていた。

例えば第20話「海グモの牢獄」(脚本:松岡清治《まつおかせいじ》、絵コンテ:斧谷稔)は、ポセイドン族でありながら海の上の世界に憧れ、海グモの牢獄に閉じ込められたゲストヒロイン・ヘプタポーダが登場するエピソードである。彼女は、トリトンを倒せば自分は自由になれると思い、トリトンと戦うことになる。ここではポセイドン族の側にも願いや思いを持った人物がいることが描かれ、その願いがその人物を悲劇へと追い込む様子が描かれている。

さらに視聴者に強い印象を残したのは最終回である。富野は最終回のアイデアを一クール目の作業が終わる頃に思いついたが、それを話すときっと関係者に否定されるだろうと考え、メインライターであった松岡清治にも明かさず、最終回は自らの脚本・絵コンテで完成させた。

第27話(最終回)「大西洋陽はまた昇る」の展開はこのようなものだ。

トリトンたちはついにポセイドン族の本拠へと到着する。トリトンのオリハルコンの短剣の輝きに反応して動き出したポセイドンの神像は、おそろしいことが起きるから短剣を収めろと叫ぶ。トリトンが短剣を収めると、確かに神像は動きを止めた。トリトンは、神像を動かしているのが誰かを知るため、さらに進んでいく。すると神像の足元に空洞が広がっていることがわかる。

その空洞へと降りていくトリトン。そこには古代遺跡のような海底都市が広がり、大勢の人々が死んでいた。遠くから神像と同じ声が響き「これがトリトン、お前の犯した罪だ」と告げる。その声の源であった法螺貝《ほらがい》は、トリトンのオリハルコンに反応して真実を語り始める。

かつてアトランティス大陸に住んでいたトリトン族は、ポセイドン族を神像の生贄として支配していた。しかし生贄として捧げられながらなんとか生き延びた一部のポセイドン族は、神像のオリハルコンの力をエネルギーとするようになっていた。彼らはそのエネルギーを使ってトリトン族への復讐を実行する。アトランティス大陸を一夜にして沈没させたのだ。一方、トリトン族もポセイドン族に対抗するためマイナスエネルギーのオリハルコンを作っていた。これがトリトンに託されたオリハルコンの短剣だった。

トリトンが神像を破壊したため、そのエネルギーを太陽として海底都市で生き延びてきた一万人たらずのポセイドン族は全員が死んでしまった。その事実を知ったトリトンは衝撃を受ける。そしてトリトンと再び動き出した神像の最後の戦いがきっかけとなり、海底火山が爆発しすべては失われてしまう。

子供らしい正義感と、一族の生き残りであることを背負った復讐心の根底にあった「自分は被害者である」という事実がひっくり返されるという非常に苦いラストである。

このラストについて富野は、毎週トリトンが攻撃されるという展開を踏まえて「それはつまり、トリトンたちはポセイドンに『悪だ』って思われていて、とても怖い存在だっていうことです。そこの部分の話をちゃんとしないと、トリトンが攻撃をかいくぐるという形で描いてきたお話が、ウソになってしまうでしょう」と説明する。

「驚きがなければ、『だから、トリトンは毎週毎週、怪獣に襲われていたんだ』という納得が得られない。それを欠くと『マント着た子が海で暮らしてる。人魚のネーチャンも暮らしてる。まんがだからそれでいいよね」っていうところで終わってしまう。[15]」

こうした「主人公の正義を揺るがす最終回」というアイデアは、『無敵超人ザンボット3』にも受け継がれている。

一方、『海のトリトン』はファンカルチャーという点でも大きな存在である。放映後も『トリトン』のことを語り続けたいという動きがあり、ファンクラブが結成された極初期の作品となったのだ。放送後しばらく経った後に、ファンの集いも開かれたという。

「オンエア中のリアクションはほとんど皆無でしたが、オンエアが終わって一年半目ぐらいに、ファンの集いが文京公会堂だかでありまして、僕はあの時初めて一〇〇〇人を超えるお客さんというのを、ひとつの場所で見ることが出来ました。（略）作り手は自分の好きなものを勝手に作っていいわけではない。作り手の最低限の想いをきちんと入れておけば、こういう風に人を掴めるんだ。『海のトリトン』で僕自身が極めた演出法は正しかった。読者なり視聴者なりが子供であればあるほど、作り手は自分の全てをさらけ出さなければいけない。（略）その時からもうアニメでもいい。むしろアニメだからこそ、実は一番大事な年代に自分の作品を観るための時間を割いてもらえるんだ。[16]」

このエピソードは、東京アニメーションアワードフェスティバル二〇二一で功労者に選ばれた時のスピーチでも披露しており、富野にとって原点のひとつであることがうかがえる。

ロボットアニメ初挑戦。そして降板。
勇者ライディーン
一九七五年四月四日より放送　全五〇話

経営難に陥った虫プロダクションから独立したスタッフは、東北新社の出資を受け、一九七二年に企画・営業を行う創映社を設立。その下に実制作を行うサンライズスタジオが設けられた。ここで『ハゼドン』（一九七二）、『0《ゼロ》テスター』（一九七三）が制作され、続く企画が『勇者ライディーン』だった。

企画の発端は東北新社の植村伴次郎《うえむらばんじろう》社長（当時）の「東映動画ではマジンガーZやって儲かっているから、でかいロボットをつくればいい」[17]という一言だった。当時は『マジンガーZ』（一九七二）のヒットが口火を切りシリーズ化され、『ゲッターロボ』（一九七四）も人気を集めていた。ロボットアニメに改めて参入するには、それなりの新しい切り口が必要だった。

そこで導入されたのが当時ブームになっていたオカルト要素と「玩具で再現可能な変形ロボット」という要素だった。ムー帝国を中心とするオカルト要素は、原作者でもある脚本家の鈴木良武《すずきよしたけ》が、他のロボットアニメで扱われていない要素ということで選んだもの。玩具については企画段階からキャラクター玩具を得意とするポピーと連携し、玩具デザイナーの村上克司《むらかみかつし》による「鳥の姿になるロボット」というアイデアを取り入れ、これをキャラクターデザインの安彦良和がブラッシュアップする形でデザインが決められた。『マジンガーZ』以降のロボットアニメは、映像のメカが先行し、玩具はそれを「再現」するものだったが、本作により「玩具開発が先行し、それがアニメの中に登場する」という構図が当たり前になっていく。

この企画で監督に抜擢されたのが富野であった。

「『勇者ライディーン』に課せられた最大の課題は『マジンガーZ』と『ゲッターロボ』を抜くことだった。／その突破口を原作者・鈴木良武氏はムー大陸の歴史から語ることによって見い出した。／それに素体ロボットにフェードインする主人公とゴッドバードに変型するメカニックなアイデア。／この二つでわれわれは、まったく新しいロボット物を作り上げる自信を得た。」[18]

フェードインとは、主人公・ひびき洸《あきら》がライディーンに乗り込むこと。洸はこの掛け声を叫ぶことで、フェードインを行う。

しかし思わぬ情勢の変化がある。

「ところが、メカニックと神秘世界の出会いという基本テーマにとって不幸が起こった。時の社会風潮

が神秘世界へ挑戦することを拒否したのである。」[19]

富野がここで語る「拒否」とは具体的には、テレビ局NET（現在のテレビ朝日）からの修正要求であった。富野の回想[20]によると、すでに一クール分のストーリーの概略が決まり、四本目の作画に入ろうというタイミングで、ストーリーの変更を求められたのである。この背景には、『週刊朝日』一九七四年五月四日号で、超能力「スプーン曲げ」のトリックを暴き、世間でオカルト批判が高まったことがあるという。『週刊朝日』を出版する朝日新聞社はNETの大株主であった。

「既に第三話までの作画に入り、第一クール（十三話）の物語が固まったころ、後から決まったテレビ局のプロデューサーから指示が出た。

「オカルト路線に便乗するのはやめてくれ」

当時は〝超能力者〟ユリ・ゲラーが話題を集めていた時期で、その風潮を批判する声も世間にはあった。「スポンサーは出資者でしかない。局には公共に向けて番組を送り出す責任がある」

しかし既に作った話は直せない。富野は第四話から路線転換を図ったが、制作現場、広告代理店、商品開発担当者、局プロデューサーがそれぞれ自分の意見を富野に言う。「そんなことできない」「局の言いなりになるな」「ちゃんと直っていないだろ」……

「ごたごた騒ぎの中で結局、『富野は無能だ』となったんです」。第三クールからは別の監督が立った。「降板を通告されたときは愕然《がくぜん》としましたけれど、これが世の中なんだと了解しました」[21]

富野の後任は、『巨人の星』などのヒット作を持つ長浜忠夫。富野は一演出として『ライディーン』に関わることになった。

こうした経緯で第1話はかなりオカルト色が濃く始まるものの、作品は「ロボットバトルのカタルシス」へと集中する方向でまとめられている。特に戦闘シーンでは挿入歌がかかることが多く、ストレートに視聴者の感情を鼓舞する作りになっている。敵

である妖魔帝国が戦闘ロボット・化石獣を作り出すシーンはオカルト色が多少残っていたが、監督交代のタイミングで敵キャラクターが一新されたことで、このシーンもなくなった。

　安彦は『ライディーン』に参加したことでそれまで持っていた「手が早いわりに、面倒な絵コンテを描く、軽い人」という印象が変わったと語っている。

「彼は意外と二枚腰三枚腰というか、当時は特に粘り強いところがあったんです。局からクレームがついた時に、もっと視聴者サービスをしなければいけないんだといって、既に出来上がって納品寸前のフィルムに、ラッシュフィルムを探して来て繋いだり、ズタズタにして再編集したり、そういうことを彼は自分でやったんです。[22]」

　テレビ朝日で路線変更を言い渡されたとき、安彦は「降りようかな」と漏らしたという。

「そうしたら富野さんは、「そういうもんじゃないよ」と言うんですよね。その時の彼の印象は、非常に粘り腰を持った人だなあと思いました。（略）今までの軽い富野というのではなくてね。[23]」

　富野にとって『ライディーン』は、テレビ局やスポンサーといった〝大人の事情〟の中でものを作るということを実践を通じて学んだ作品だったのだ。

ロボットと現実に接点を作る
無敵超人ザンボット3
一九七七年一〇月八日より放送　全二三話

　一九七七年、創映社サンライズスタジオは、東北新社から独立し、日本サンライズとなった。日本サンライズ初のオリジナル作品として企画されたのが『無敵超人ザンボット3』である。[24] 総監督は富野喜《よし》幸《ゆき》、キャラクターデザインは安彦良和。原作のクレジットは『勇者ライディーン』の鈴木良武と富野の連名だ。この布陣は、路線変更せざるをえなかった『ライディーン』と基本的に同じで、同じ座組で再挑戦という側面も感じられる。

　日本サンライズの企画部長として腕をふるった山《やま》

浦栄二《うらえいじ》は富野を改めて総監督に選んだ理由を次のように語っている。

「新会社の最初の作品として、絶対に成功させなければならないという状況の中で、カッコいい言い方をすれば、彼しかいなかったということなのかも知れません。

　監督としては、僕は『ライディーン』の初期をやっていた頃から高く評価していました。（略）彼を降ろしたのは僕ですから。能力を買っていても降ろさざるを得ないというのは一番嫌な事ですね。悔いが残りました。だから『ザンボット3』を任せるときには、なんの悩みもなかったです。『ライディーン』の初期をやった彼なら安心して任せられる、そう思っていました。[25]」

　富野が原作に加わったことについて鈴木は次のように語っている。

「最初は山浦さんと僕が企画して作っていたのが、やっていく中で彼の力の程がわかっていった結果なわけですよ。絵コンテを描くスピードがあるし、監督としてのある種の決断力もあるんですよね。（略）これはただの監督をやっているよりも、原作者という立場で仕切った方がいいんじゃないかと考えて、「富ちゃんの原作にしよう」という話を山浦さんにしたわけです。[26]」

　駿河湾の港町に突如、宇宙の破壊者ガイゾックの尖兵〝メカブースト〟が出現する。それがガイゾックの侵略の始まりだった。神北《かみきた》兵左《へいざ》衛《え》門《もん》を長老とする〝神《じん》ファミリー〟は、宇宙人である先祖が残した三つの宇宙船とそこに搭載されたメカを発掘。主人公・神勝平《じんかっぺい》と、いとこの神江《かみえ》宇《う》宙太《ちゅうた》、神北恵子《かみきたけいこ》は三つのメカが合体したザンボット3でガイゾックに立ち向かっていく。しかし地球の人々は、その戦いに巻き込まれて被害が出たことに怒り、「神ファミリーがいるからガイゾックが攻めてきたのではないか」と神ファミリーを排斥する。理解が得られない中で、神勝平たちは孤独な戦いを続けていく。

　独立したばかりの日本サンライズが改めてロボットアニメを選んだのは、弱小の会社で人気漫画のアニメ化権を獲得するほどの実績も資金力もなかったから。そしてキャラクター玩具を強化したい玩具メーカー・クローバーと縁ができて、ロボットアニメの企画が動き出した。広告代理店の東洋エージェンシー（現・創通）がキー局として名古屋テレビを決めて、番組制作が本格的に決まる。日本サンライズは初の自社作品。クローバーもロボットアニメのメインスポンサーは初めてで、東洋エージェンシーも名古屋テレビもアニメの製作に関わるのは初。ここをスタートとして名古屋テレビ・創通とサンライズの関係は長く続くことになる。

本作は「外宇宙からの侵略者」と宿命を背負った人間（子供）との戦いという、巨大ロボットもののパターンを踏襲し開幕する。しかしその後の展開の中で、その「ロボットアニメ」という〝ジャンルのお約束〟をリアリズムによって相対化する。

例えば第2話「燃える死神の花」（脚本：荒木《あらき》芳久《よしひさ》、絵コンテ：斧谷稔）。警察署長は兵左衛門が海底から発掘した宇宙船ビアルI世を前に、これが神ファミリーの持ち物である証拠はあるのかと迫る。署長はその後も、ロボットが道路を歩いたら道路交通法違反になる可能性も口にする。一方、勝平が自分の戦闘機ザンバードで隕石に調査に飛べば、所属不明機扱いされ、所属や飛行プランの有無を無線で問いただされる。それまでのロボットアニメでは特に取り上げられることのなかった〝普通〟の描写に、リアリズムの光を当てることで、新たな切り口を示すことになった。

そしてリアリズムによって巨大ロボットを相対化するこのアプローチは、巨大ロボットのヒーロー性を相対化する形で、ドラマにも反映されていく。

第5話「海が怒りに染まる時」（脚本：五武《ごぶ》冬史《ふゆのり》、絵コンテ：貞光紳也《さだみつしんや》）では、ザンボット3とメカブーストの戦いが周囲の街並みや人々を巻き込んで大惨事となる。それまでヒーローロボットの視線でしか描かれていなかったロボットバトルに、アリ＝人間の視点が持ち込まれたのである。このエピソードをきっかけに、神ファミリーに対する反発、排斥は表面化していく。

またシリーズ中盤以降は、ガイゾックがメカブーストよりも効率のよい攻撃方法として「人間爆弾」を採用。これは人間を捕え爆弾を埋め込んで市中に解き放つという作戦で、恐怖による支配を目的としたまさにテロリズムの実践である。しかも神ファミリーの持っている技術では人間爆弾化された人をもとに戻すことはできないのである。そして第18話「アキと勝平」（脚本：星山《ほしやま》博之《ひろゆき》、絵コンテ：山崎和《やまざきかず》男《お》）で、勝平は友達のアキを人間爆弾で失う。この回では、勝平はザンボエース（ザンバードが変形した小型ロボット）でメカブーストこそ倒せたものの、深海へ逃げるガイゾックの要塞バンドックには迫り切ることができず、行き場のない怒りと悲しみが勝平の中に残ることになる。

こうした巨大ロボットもののヒーロー性を揺るがす展開は、当時の視聴者に大きなインパクトを与えた。そしてその驚きを裏切らない最終回が待っていた。

戦場を宇宙に移して行われる、ガイゾックの要塞バンドックとの最終決戦。兵左衛門と梅江、父・源五郎、そして従兄姉の宇宙太と恵子という犠牲を払いながらついにガイゾックの本体に迫る勝平。その正体は、コンピュータードール第8号だった。ドール第8号はガイゾック星人が作ったコンピューターで「悪い考えを持った生き物に反応するように作られている」と自ら語った。そして「再び悪い考えに満ちた星」が現れたために目覚めたのだと語る。勝平はそれに反論するがコンピュータードール第8号は「本当に親しい家族や親しい友人を殺してまで、護る必要があったのか？　悪意のある地球の生き物が、お前たちに感謝してくれるのか？」と問い詰める。

兄たちが犠牲となり、九死に一生を得て地球へと生還した勝平は、朝日の中で静かに目覚めていく。

アニメ・特撮研究家の氷川竜介《ひかわりゅうすけ》は、『20年目のザンボット3』の第5章「アニメの覚醒——富野監督語録とオタク元年」で、『ザンボット3』完結直後の一九七八年春に富野と初めて面会し、対話したことを回想として記している。そこで富野は『ザンボット3』で描きたかったことを「乳離れ」と話したという。それを聞いて氷川は、その少し前一九七八年一月の上映会で、『ザンボット3』第1話が上映され、質疑応答で「どうして勝平に大山のぶ代を起用したのか」という問いが出たことを思い出す。その時に富野は「いま見ていただいた感じを出したかったからだ」と説明したという。氷川の中でこの二つが繋がる。

「最初の方に登場する主人公の人物像として、活発で細かいことを気にせず、しかし人情には厚く……ということになると六〇年代に『ハリスの旋風』の国松役で活躍した大山のぶ代を起用、というのは実にわかる気がする。

クライマックスでの大山の演技は子供から脱皮しようとする勝平の痛みまで表現していて、はまり役であった。」[27]

無邪気な子供が「現実」と出会い、「乳離れ」をして生まれ直す。『ザンボット3』で導入されたリアリズムは単に表現の切り口の問題だけではなく、このように作品の主題と深く結びついていたのである。こうした教養小説的作劇は『機動戦士ガンダム』へと受け継がれていく。

なお『ザンボット3』ではこのほかにも、大河ドラマ的な語り（前回起きた出来事が、次回の出来事や感情表現に影響を与える継続的な描写）や、映像に映っていないところでもガイゾックとの戦いが起きているという世界観の広がりなども、意図的に盛り込まれており、これらも作品の印象を新鮮なものにしていた。

粋でスマートなヒーロー颯爽登場
無敵鋼人ダイターン3
一九七八年六月三日より放送　全四〇話

『無敵鋼人ダイターン3』は当初『ボンバーX』という仮タイトルで企画が進んでいたが、スポンサーを予定していた玩具メーカー・ブルマァクが一九七七年秋に倒産したため、この企画は一旦頓挫してしまう。しかし『ザンボット3』放送終了後、後番組をクローバーから打診されたことで『ボンバーX』の企画が復活し、『ダイターン3』として生まれ変わることになった。

ダイターン3や主人公の破嵐万丈《はらんばんじよう》という印象的なネーミングは、富野によるもの。シリアスに傾いた『ザンボット3』から一転、次のシリーズはコメディをやるぞという意識がこの個性的なネーミングに繋がった。玩具的な〝売り〟は企画室の山浦の発案による、三段変形（飛行機・ロボット・戦車）。企画書執筆に参加したメインライターの荒木芳久は、万丈のキャラクターに、自らが小説・映画版ともにファンであった『007』シリーズのジェームズ・ボンドの持つ魅力を反映させた。

敵として設定されたのは、宇宙開発用サイボーグとして生み出されたメガノイドたち。自らを人類より優秀とみなすメガノイドたちは、ドン・ザウサーとその腹心コロスの命令に基づき作戦を行うが、ドン・ザウサーは言葉を発せず呼吸音のみで、その意志を汲んだコロスが作戦指令を発するという構図が特徴的である。この構図については最終回で、ドン・ザウサーは長らく昏睡状態にあり、コロスにメガノイドの理想が託されていたことが明かされる。

毎回の敵役として登場するメガノイドは非常に個性的だ。作中ではその理由を「改造によりエゴが強化された」と説明する。実際メガノイドは、自らの欲望や美意識などに忠実に行動するものが多く、これが各エピソードのバラエティを支えていた。

「TVという機能は報道でなければ、芸能です。ですから、ロボット物でも、バラエティショウであるべきではないかというのが持論ですから、その作り方に挑戦したのです。それはスリリングでした。（略）が、バラエティ物はギャグ物と同じだけ難しい。なによりも演出家の瞬発力が要求される高度のものです。それとストーリーだけでなく、各所にアイデアが必要になる。」[28]

こうして時にシリアスに、時にパロディ的なギャグに触れながら、多彩なエピソードが制作された。シリーズを支えるうえで富野が重視したのは、ユーモアの表現だった。

「日本の映画人て言うのは、喜劇と言うと、要するに日本的な喜劇……おちゃらけや崩しで、無理に笑いを取るか、さもなければ下ネタに近いようなものばかりで、いわゆるユーモアじゃないほうに行くんですよ。それは僕は、基本的に喜劇とは思えないんですね。やっぱり喜劇の真骨頂といったら、チャップリンのようなね、シリアスにやってるんだけどユーモラスで笑えるものですよ。ユーモアとかギャグは、シリアスがベースにないとできない、絶対に笑えないはずなんです。（略）僕は、日本人なりのユーモアで、その延長にある笑いを表現できる作品づくりをしたくて、そのテストとして『ダイターン3』を作ったんです。そして、シリアスにキャラを立てた上で、ギャグとユーモアが発生する空間、というのが破嵐万丈と仲間たちの関係において意識したものなんです。[29]」

このユーモアの感覚は、『ダイターン3』以降のいくつかの作品に垣間見えながらも、あくまでも、登場人物や視聴者が息をつく瞬間を与える〝句読点〟の範囲に留まることが多かった。それが作品全体を支配するトーンとなってくるのは、『ブレンパワード』以降のことである。

また『ダイターン3』はユーモアを支えるシリアスな設定についても、独特のアプローチだった。破嵐万丈のメガノイドを憎む気持ちは誰よりも強い。それは彼の父、破嵐創造がメガノイドを生み出したからで、作中ではその過程で万丈の兄が死んでいることも明かされている。しかし一方で、この破嵐創造がドン・ザウサーと同一人物なのかどうなのか、さらには万丈自身も改造されたメガノイドなのかどうなのか、このあたりのシリアスな設定は明確に描かれない。含みを持たせたところが、万丈というヒーローに奥行きをつけていた。

それは第40話（最終回）「万丈、暁に消ゆ」（脚本：荒木芳久、絵コンテ：斧谷稔）も同様だ。戦いには勝利したものの万丈は未だ帰らず、レギュラー・メンバーはそれぞれ万丈邸を去っていく。そして無人のはずの万丈邸の一つの窓に灯りが灯っている。万丈は果たして帰還したのか。それとも朝日がそのように見せただけなのか。そこもまた明確に描かれない。強い印象を残して作品は締めくくられる。富野はこのラストについて、もっと明朗に終わらせるべきだったとも語っている。[30] だがこの独特の叙情があることで、『ダイターン3』という作品の魅力が一層増したことは間違いない。

なお本作はアニメの中では『スター・ウォーズ』のインパクトがいち早く反映された作品であったという指摘もある。『スター・ウォーズ』は一九七七年にアメリカで公開され大ヒットするものの、日本公開は一九七八年と一年遅れになったため、事前にさまざまな情報が上陸し、公開前から日本でも『スター・ウォーズ』ブームが起きていたのである。雑誌『Newtype mk. II』（一九九七年七月三一日刊）の「S W《スター・ウォーズ》の落とした影」という記事でアニメ・特撮研究家の氷川竜介が、「オープニングで光線剣をいち早く登場させている」ところと「第2話では唸り声だったドン・ザウサーが、途中からダース・ベーダーのような呼吸音に変わった」ところを指摘している。また当時制作現場を訪れた際の回想として、アニメーターの金田《かなだ》伊功《よしのり》が手掛けた第12話「遥かなる黄金の星」（脚本：星山博之、絵コンテ：貞光紳也）の衛星フォボスでのドッグファイトも、『スター・ウォーズ』を見たインパクトの産物であると記している。

リアリズムと世界観の導入
機動戦士ガンダム
一九七九年四月七日より放送　全四三話

『ザンボット3』『ダイターン3』のヒットを受けて、次回作の企画が始まったのは一九七八年半ば頃。まず企画室の山浦栄二、飯塚《いいづか》正夫《まさお》、脚本家の星山博之が中心となって『フリーダムファイター』という企画書がまとめられた。これは地球から遠く離れた植民星を舞台に、異星人との戦いを描く内容で、『十五少年漂流記』を下敷きとしていた。

この時点でロボットは登場していなかったが、これは前二作のヒットを受けて、日本サンライズ側がそれまでよりも〝攻めた〟企画を試みた現れだった。しかしスポンサーのクローバーからは「やはりロボットは出してほしい」とリクエストがあり、企画は更新されてロボットアニメ『ガンボーイ』となった。

この時点で富野が企画に合流。そこで富野はかなりボリュームのある企画案を提出する。「ガンボーイ企画メモ[31]」や、それが改訂された「機動戦士ガンダム設定書・原案[32]」を見ると、一九七八年夏から秋にかけて、『ガンダム』の根本部分が確定していったことがわかる。アニメーションディレクターとして本作への参加が決まっていた安彦良和は提出されたメモ群を見て「あ、すげえ、本気なんだ」と思い、「スタッフとして目一杯がんばろう」「結構面白いものができるかもしれない[33]」と思ったという。

「ガンボーイ 企画メモ」としてまとめられたメモには、三つのポイントがある。

第一のポイントはストーリー構成。ストーリー案では、六話分を一つのテーマでまとまったブロックとし、それを七つ積み上げることでシリーズの内容を構成している。六話分ということは、本編尺を合計すると約一二〇分、つまり映画一本分の長さである。『ザンボット3』の時点ですでに大河ドラマ的な連続性のある展開が試みられていたが、『ガンダム』ではそれをもっと徹底していこうと考えていたことがわかる。そしてこの時点では、六話分×七＝四二本に加えて、番外編六本、再放送四本で、四クール五二本を構成するというプランが立てられている。

第二のポイントは作品における時間と空間にまつわる設定である。「企画メモ」には「開戦までの道のり」と題して、西暦二〇四五年からの人類の歩みが記され、いかに「ジオン皇国」(企画メモの表記)

との戦争が始まったかが記されている。また概念図として、スペースコロニーがどこに存在し、戦争初期にどこが失われたかなどの図も描かれている。こうした設定があることで、「カメラが映し出しているいま・ここ」は、現実の世界と同じように空間的・時間的な広がりがある世界から「切り取られたもの」として位置づけられることになる。これはリアリティを獲得するうえで非常に重要な要素だった。先行する作品では『宇宙戦艦ヤマト』にそうした要素を見ることはできるが、『ガンダム』はそれと比べても、はるかに徹底した世界の設定が企画メモの段階で用意されていた。

第三のポイントは一九七八年一〇月一〇日付けのメモ「なぜ、異星人を使わないか」で、敵を異星人にしない理由が明記されている点だ。それまでのSFアニメ・ロボットアニメに登場する敵は異星人・異世界人など人間以外の存在が多かった。人間が敵の場合も、犯罪者集団あるいは世界征服を企む秘密結社などで、その首領は怪しげな顔色・風体で描かれ、主人公たちや視聴者とは異なる存在であることが強調されていた。メモではおそらく『ヤマト』を念頭に置きつつ、まず敵が異星人だと一方的な戦いになってしまい「自由」という主題に迫ることができないと説明。また、人間同士だからこそ共通する問題が存在し、だからこそ「乗り越えるべきもの」が共有でき、そこに至る葛藤がドラマたりえると記している。もともとの『フリーダムファイター』が異星人との戦いを描くものだったところからの大転換を理論武装しているのだ。

このように『ガンダム』における革新的な要素のいくつかはこの「企画メモ」の段階ですでに準備されていたのである。

「ガンボーイ　企画メモ」から「機動戦士ガンダム設定書・原案」に進む過程で加わっているのがロボットの設定である。『ガンダム』のロボットは、スタジオぬえのSF作家・高千穂《たかち》遙《ほはるか》が山浦に勧めた『宇宙の戦士』（ロバート・A・ハインライン）に登場する機動歩兵（パワードスーツ）がヒントとなっている。「機動戦士ガンダム設定書・原案」の段階ですでに、モビルスーツというロボットに代わる〝普通名詞〟も考案されている。

このようにしてスタートした『ガンダム』は、当時の視聴者に画期的な作品として受け止められた。それは企画段階のコンセプトを土台にして、さまざまなレベルで「リアリティ（もっともらしさ）」を意識した作劇・演出が行われたことにある。

例えばモビルスーツは、それまでのロボットアニメによくあったように「在野のある博士が独力で作り上げた一点もの」ではなく、「工業製品として製造された兵器」として扱われている。またその運用方法についても、人の形をしていることを生かして、現実の歩兵の延長線上にあるものとして演出されている。量産化された敵ロボットというと、『新造人間キャシャーン』のいわゆる〝爪ロボット〟が先行して存在しているが、爪ロボットはヒーローものの戦闘員に近い扱いとして登場しており、兵器や歩兵といった印象はそこまで強くない。ロボット兵器の〝現実味〟は『ガンダム』のほうが勝っている。

またキャラクターの描き方も、ぐっとリアリティが増している。それまでのロボットものは、主人公サイドの人間関係は「仲間」として一括りにされていた。これに対し『ガンダム』は主人公サイドの中にある、キャラクター同士の微妙な距離感やすれ違いを丁寧に拾い上げている。モビルスーツのリアリティが「現実味」だとすると、キャラクターのリアリティは「生々しさ」ということができる。これは「青春群像を描く」という企画段階からの狙いであり、また脚本陣や安彦が「新しいことに挑戦できそうだ」と感じたポイントでもあった。

アムロを演じた古谷徹《ふるやとおる》は、『巨人の星』の主人公、星飛雄馬《ほしひゅうま》が代表作だったが、

「『ガンダム』では、本当にリアルな芝居を求められた。アムロは根暗でメカ好き。全然ヒーローじゃないんです。だから「ハロ、今日も元気だね」という第一声のセリフを肩の力を抜いてボソボソッとやってみたんです。普段僕がしゃべっているような普

通の声で。

僕は第一声がその役を決めると思っています。この第一声にOKをいただけたとき、「ああ、飛雄馬から解放された!」と感じることができました。[34]」

と『ガンダム』のキャラクター描写のリアリティについて語っている。

『ガンダム』は玩具セールスこそ振るわず放送期間短縮となったが、ティーンエイジャーの強い支持を受けて劇場版が制作され大ヒットとなった。その中で富野も〝『ガンダム』の作者〟として世間から広く認知されることになる。これは山浦の考えも反映していた。

「現場の人にもあらかじめ同意してもらっていたことなんですが、富野監督を映像作家として売っていきたかったんです。実写映画も含めて、日本の映画の悪いところは、俳優以外のスタッフが売れるのを嫌う風潮があるんですよ。(略)それではダメだと、僕は『ザンボット3』の頃から言ってました。[35]」

山浦は富野に『ガンダム』の小説を書くことも勧めた。最初は早川書房に持ち込み、当時のSFマガジンの今岡清《いまおかきよし》編集長に断られたものの、[36]最終的に朝日ソノラマから出版されることになった。これが小説家・富野喜幸の出発点となったのである。

第3章

確立されていく語り口——『無敵超人ザンボット3』まで

第二のスタート――長浜忠夫との出会い

富野は『アトム』の終了後、虫プロを辞めて、フリーランスとなる。そこから一九七七年に『無敵超人ザンボット3』を監督するまでおよそ一〇年間ある。この一〇年は大きく一九六七年に虫プロダクションを辞めてから一九七二年に『海のトリトン』を監督するまでの五年間、そして『トリトン』から一九七七年に『無敵超人ザンボット3』を監督するまでの五年間に分けられる。

この前半、一九六七年から一九七二年にかけては、序盤はCMプロダクションのシノプロの仕事を中心にしようとするもうまくいかず、最終的にアニメ業界に戻り、フリーランスの絵コンテマン・演出としてさまざまな作品に関わっていくことになる。この時期は、プロフェッショナルの演出家として基本を再確認しつつ、「幅」を手に入れていった期間といえる。また一九六八年四月からは、富野家の本家がある東京都江東区大島で暮らし始める。その後、結婚して一九七一年に埼玉県新座市へと引っ越すことになるが、一九六七年からの五年間の半分以上は、この江東区大島で過ごしたことになる。富野家のルーツである江東区大島は、富野にとって再出発の土地でもあったのだ。

『だから僕は…　ガンダムへの道』には一九六八年から一九七四年までの仕事を箇条書きで回

想するくだりがあるが、そのまとめとして次のように記している。

ともかく、ディレクターや制作デスクのスタッフから、ヤツは便利につかえる、仕事をさばいてくれる捌き屋だといわれるのが第一。そのうえで、スケジュール内でなにを創れるのかを問われるのが現場であるから、僕は食ってゆくために便利屋に徹し、徹しながらも多くのクリエーターたちと出会った。

〝富野が絵コンテ千本切りを目論んでいる〟

なかば非難と冗談をまじえてこういわれたのも、作品をえらばず仕事をしたからである。（略）

それによって、僕が得たものは大きかったと信じている。[1]

その中でも、富野のキャリアに影響が大きかったものを挙げるなら、一九六八年から放送の始まった『巨人の星』である。監督はその後も、『勇者ライディーン』などで接点がある長浜忠夫だ。

長浜忠夫監督との出会いは鮮烈だった。作品が放映される前に出会い、初期の七、八本のコンテを切らせてもらったので、あの劇画タッチというべきものが生み出される前だったのだが、人形劇をやっていらっしゃったと聞いた。ダイナミックに動き回り、アフレコ前のラッシュに、声をだして科白《セリフ》をあてて台本をチェックする監督は、長浜監督をしてはじめて知った。

コンテの直しの注文もよくいえばこまかくて、ドラマトルギー（ドラマツルギーとはちがう）的手直しと、イマジナリィ・ラインを口にされて、演出手法の根本的セオリーを指摘してきた。僕は学生時代にイマジナリィ・ラインの概念を承知していたが、虫プロ時代に一語も聞かされなかった単語で、これを野球のダイヤモンド上にいかに設定して画面を創るかを追求された方なのだ。これが氏の演出のダイナミズムを生む原動力で、このことについてはずさんな演出なれしていた僕に良い刺激になった。

逆説的にいえば、感性の発露というのは二次的な方であった。[2]

と記している。

『巨人の星』は資料が残っておらず、前半で富野が担当した話数は不明である。参加が確定しているのは第90話「ロボット対人形」だけだが、『富野由悠季全仕事』における調査に際して富野は、一クール目の終わりごろ（第10話前後）から、第三クール目の終わりごろ（第40話前後）まで、一カ月に一本のペースで参加したと語っている。

長浜の絵コンテのチェックは、かなり厳しかったようで、アニメーター・監督の安彦良和は

『超電磁ロボ コン・バトラーＶ』などで一緒に仕事をしたときのことを振り返って、次のように回想している。

とにかく要求の多い人でね。『コン・バトラーＶ』では結構絵コンテを切っていて、それがすごく大変だった。（略）
そうやって描いた絵コンテを持って作画打ち合わせに間に合わせようとスタジオに行くんだけど、そこにまだ長浜さんという人は注文を付けるんですよ。「もうちょっと盛り上げようよ」って。冗談じゃないよと。もう尺が何分も超えているんですよ、と。そういう悪夢のようなことがよくあったんですよね。
すごく熱い人で。とにかく受けたいと思っているから、こっちにしてみると、付き合うのはしんどい。[3]

そもそも長浜は、劇団民藝などの劇団を経て、一九五六年から人形劇のひとみ座に加わり演出を担当していた。ひとみ座で同期だった藤岡豊《ふじおかゆたか》が、アニメ制作会社・東京ムービーを起こしたことに合わせ、アニメの演出を手掛けるようになった。ひとみ座時代にはＮＨＫの『ひょっこりひょうたん島』、ＴＢＳで放送された忍者もの『伊賀の影丸』（原作：横山光輝《よこやまみつてる》）を演出している。

『ひょっこりひょうたん島』は、生放送のため、人形たちの演技を止めずカメラをスイッチングするという舞台中継のような方法で放送されていた。これに対し『伊賀の影丸』はフィルム撮影。映画のようにカットごとにアングルを決めて撮影したものを編集して番組としている。編集という工程がある以上、カットが繋がって見えるかどうかは重要なポイントとなる。一方で人形劇のステージは決して自由度が高いわけではないから、どうしてもステージの上手・下手をいかに使って見せていくか、ということが重要になってくる。こうした経験があったからこそ、長浜はアニメの演出においてもイマジナリーラインを強く意識したのではないだろうか。実際『巨人の星』を見ると、確かにイマジナリーラインへの意識は明確だ。

イマジナリーラインとドラマトゥルギー

イマジナリーラインとは、向かい合ったキャラクターの間に生まれる架空の〝線〟のこと。会話する二人を撮影するときは、この線をまたがず、片側からだけ撮影するのが原則といわれている。イマジナリーラインをまたがずに撮影をすれば、話者Aは画面右向き、話者Bは画面左向きに固定されるため、それぞれをアップで撮って編集しても、誰が誰と話しているかがわからなくなることはない。これがイマジナリーラインをまたぐと、反対側から撮影することになり、顔の向きが逆向きになるため、誰と誰が視線を交わして会話をしているかが不明瞭となり、観客は混乱することになる。このため、一つのシーンの中ではよほど意味がない限り、イマジナリーラインをまたがないのが原則となっている。

『巨人の星』の試合のシーンでは、ピッチャーマウンドにいる主人公・星飛雄馬を中心にさまざまなイマジナリーラインがひかれており、そこで画面に映る相手の映り方は明確に決まってくる。例えば、右バッターの花形と対峙するシーン。このとき、カメラの基本ポジションを一

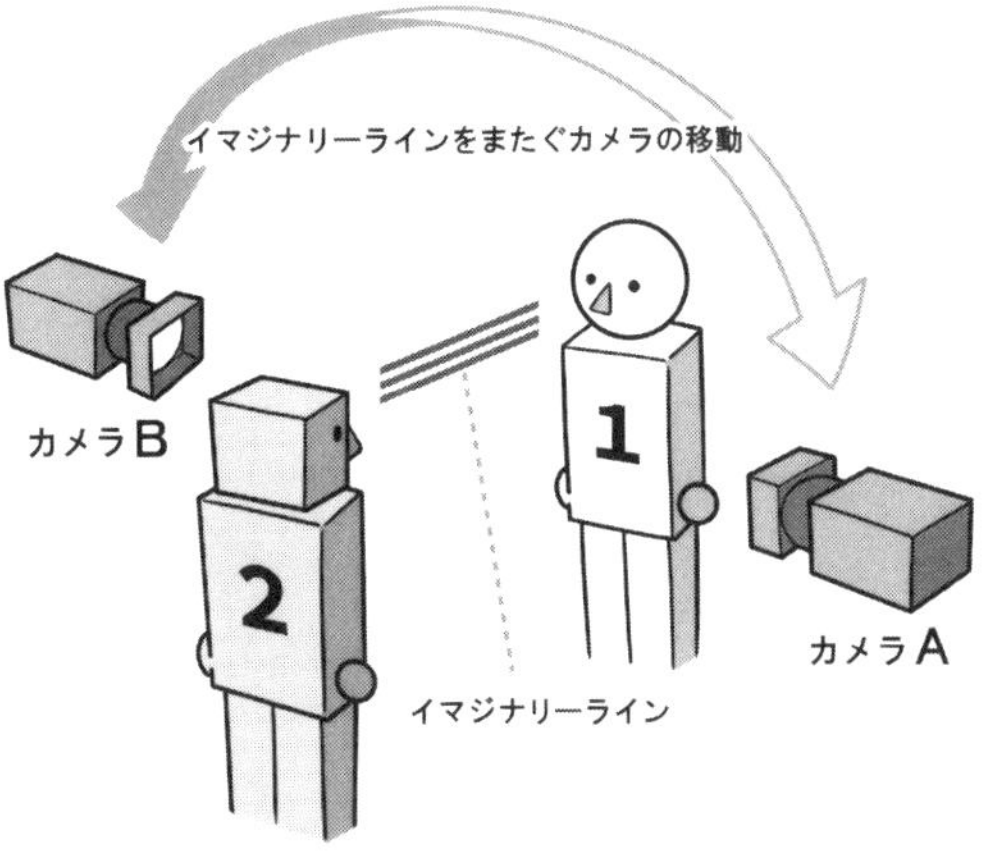

イマジナリーラインの概念

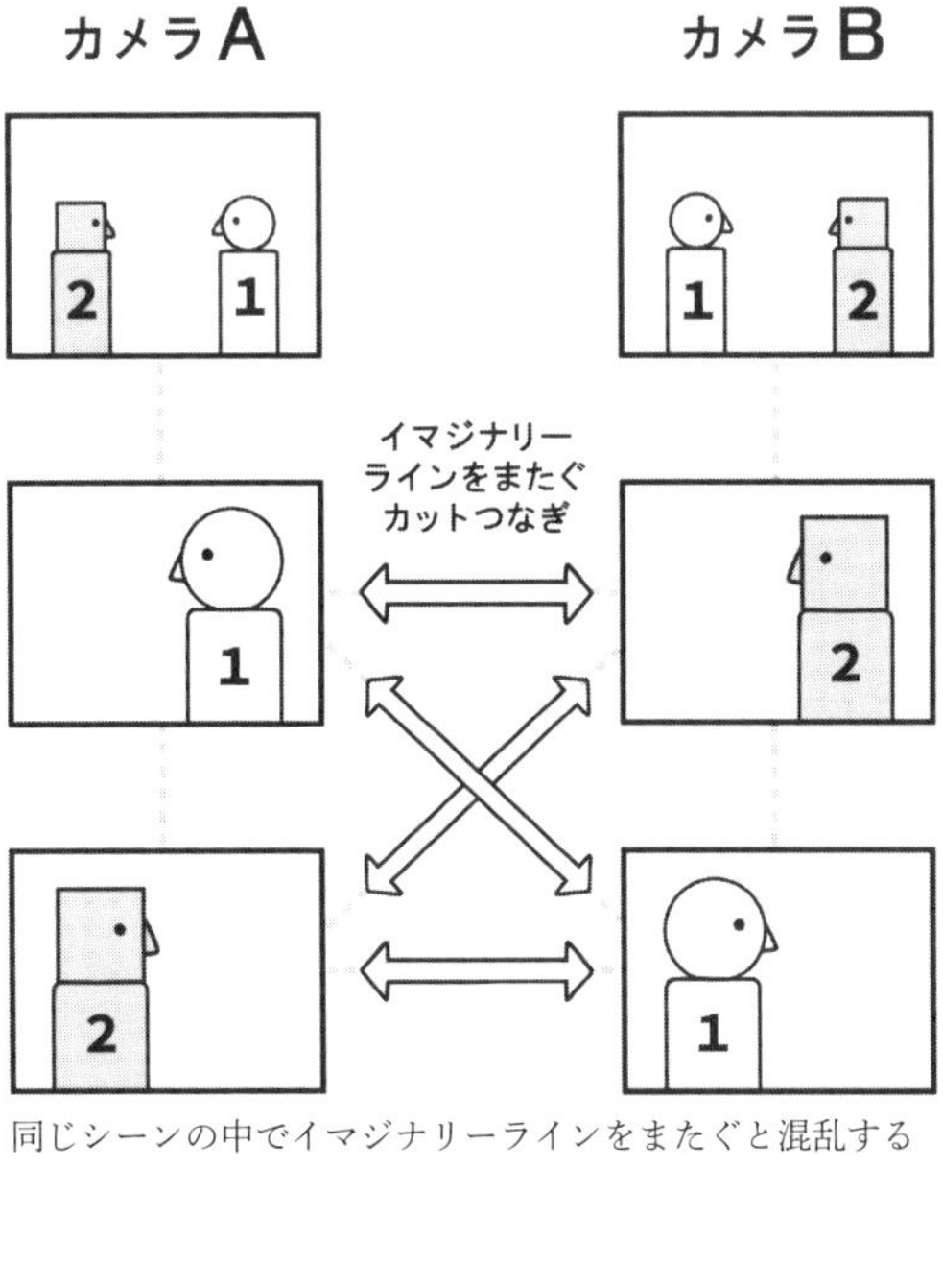

同じシーンの中でイマジナリーラインをまたぐと混乱する

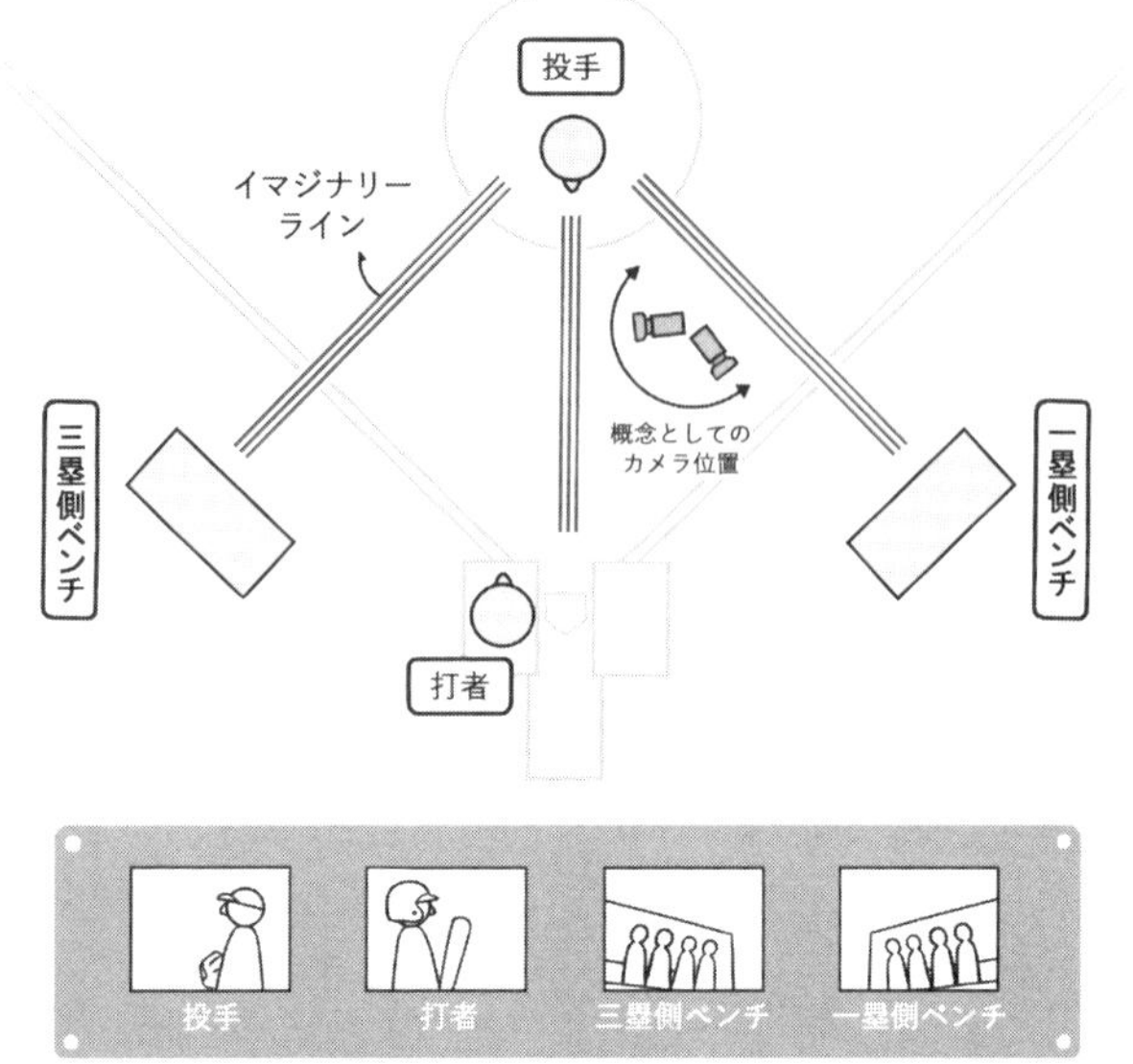

『巨人の星』におけるイマジナリーラインの設計

塁側の内野に設定する。そうすると、飛雄馬が左向き、花形は右向き、となる。同様に、三塁側のベンチにいる阪神選手は右向き、一塁側の巨人選手は左向きに捉えられる。そしてテレビを見ている父・一徹は、向かい合うように飛雄馬を見ているので、左向きである。こうした統一をはかることで、画面内の情報の整理が徹底されているのである。実際には「キャッチャー越しにピッチャーを捉えるカメラ位置」、「アップ」「三塁側にカメラを置いた逆アングル」なども組み合わせて映像は進行していく。しかし、いずれにしてもイマジナリーラインへの存在とカメラ位置についての意識は明確である。この原則に揉まれたことで、富野は映像演出の基本に改めて向かい合うことになった。

では、もう一つのドラマトルギー／ドラマツルギーについてはどうだろうか。一般的な使い方では、この二つの言葉は同じ「劇作法」などの意味で使われることが多い。富野がどのような意味合いで「ドラマトルギー」と「ドラマツルギー」を言い換えたかはわからない。しかし、長浜がラッシュフィルム（未編集の状態のフィルム）に合わせて自ら演技して台詞をチェックしていたことなどから考えるに、「大きな筋立て」を優先するのではなく、「キャラクターの感情を第一に考え、そこから普遍的な主題へと自然に繋がるような演出」を大事にしていたのではないかと考えられる。

『巨人の星』を例にとると、アニメ『巨人の星』は原作と比べて、登場人物の葛藤を物語の原動力としてストーリーを進めていることがわかる。思い通りにならない状況とそこから生まれる葛藤。そして各話のラストでこの葛藤が昇華される。このような展開の要所をはずさず、きっちりと盛り上げることを長浜は求めたのではないか。ＴＶアニメ黎明期のＳＦアクションやギャグものとは違った、より複雑化したドラマの演出に触れたことも、富野には大きな刺激になったはずだ。

『巨人の星』に代表されるいくつかの作品を経た後、富野は『海のトリトン』の監督を手掛ける。『海のトリトン』は実質的な初監督作といえる。そして一九七二年以降の五年間で富野は、演出家としての挑戦を重ねつつ、徐々に自己の世界を確立していくことになる。

方向性のコントロール

富野が演出の原則として重要視しているのは「フレームの中のオブジェクトがどちらへ動くか」という左右のベクトルの使い方である。富野は、こうした左右のベクトルを使った演出方法について、自ら著したアニメ演出家のための技術書である『映像の原則　改訂二版』[4]の中でいくつか触れている。

ここで注意しておきたいのは、映像作品の中で左右のベクトルを意識するというのは決して富野だけの専売特許ではないということだ。「安易にイマジナリーラインを越えない」という原則を守っていれば、ひとくぎりのシーンの中では基本的に各キャラクターの左右のベクトルは守られる。富野演出のポイントは、この原則に従うだけでなく、ベクトルの方向を全編にわたってコントロールすることで映像のフォルムを形作る、というレベルで徹底している点だ。

そして、このベクトルのコントロールは、作画のよしあしに左右されることの少ない要素だからこそ、たとえ作画の出来が悪かったとしても、確実に演出的な狙いを伝えることに向いている。

富野は『映像の原則』でこのベクトルのあり方について以下のように語っている。

同書はまず

Ⓐ図　右（画面左）を向く人物
Ⓑ図　左（画面右）を向く人物
Ⓒ図　ハテナマークが描かれた図
の三コマを並べる。
その上で富野はこう解説する。

　誰かが何かを見ているという場合、左向きであれば、目線は右から左へ向いていますから、カットの方向性は、右から左と考えます。右のⒶ図です。
　その目線が変われば（右のⒷ図）、なぜ変わったのかという暗示的、もしくは、観客に好奇心を喚起させる意味が発生します。

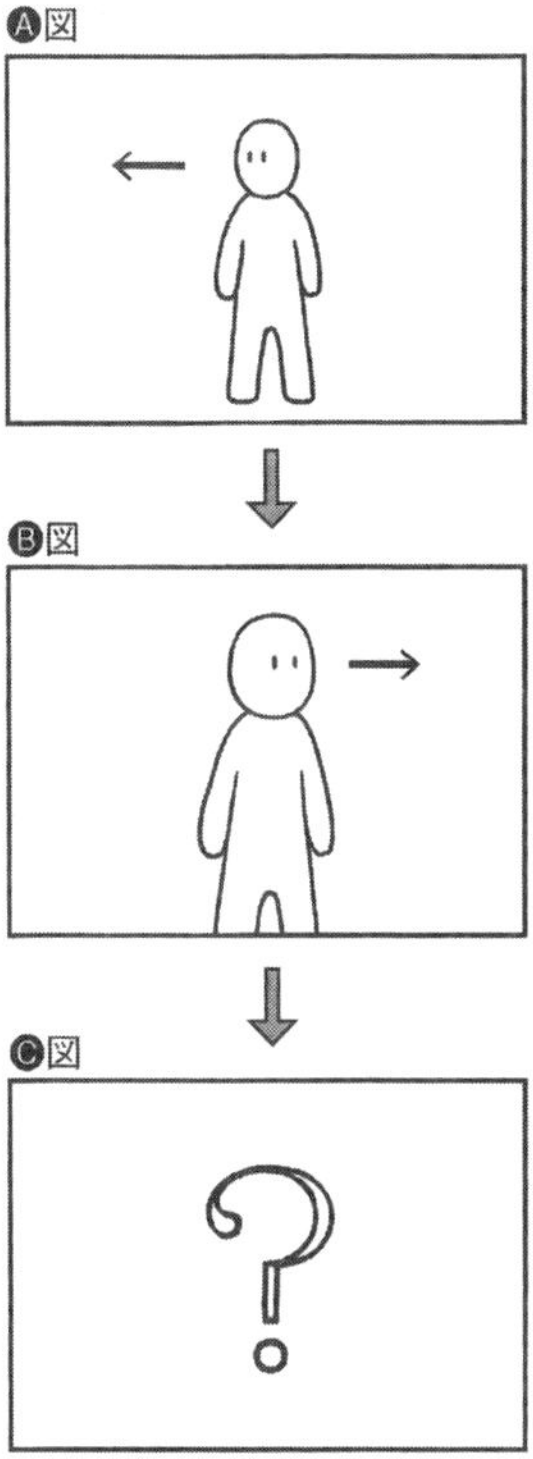

富野由悠季『映像の原則　改訂二版』79頁

　劇であれば、その意味は人物の感情が発生させたものだと理解できますから、その意味を分からせる展開にしなければなりません。

その意味は、右図のⒸ

というカットで明示されなければなりません。

右のⒶとⒷが同一カットで、同一人物であれば、目線が変わっただけで、映像的にいえば、方向性は大きく変わったことになります。

それは、映像的には、かなり大きな〝変化〟を表現したことになります。[5]

> この解説のポイントは「何かを見ているような姿」と「見られているもの」を繋ぐと、「何かを見つけた人」という意味の映像になるという話ではない。ここで重要視されるのは、視線が変わるという非常に小さなアクションであっても、画面の持つ方向性をガラリと変えてしまい、それがすでに劇を内包してしまうのだ、ということだ。

被写体は左右を見る芝居をしているわけですから、その目線の向かっている方向（フレームの外）にその視線が見ているもの（対象）、もしくは、その動きがめざしているもの（目標）があるはずです。

それをⒸのカットで明らかにするときには、その目線の方向（動きの方向）の逆のもの（対立する方向性をもったもの）を描かなければ、ⒶⒷのカットをうけたカットにはなりません。

この対立と「受け」がうまくできたカットのつながりであれば、劇的な関係を演出することができます。

　しかし、劇的効果よりも、スムースな展開を心がけるのなら、方向性を統一して描けば、抵抗感なく見易いものにすることができます。ですが、この場合は、ただ流れているだけの映像になってしまいますので、劇的葛藤は描けません。

　葛藤＝もつれ、争い（つまり、対立であり衝突）
　劇（ドラマ＝物語）＝葛藤を描くこと

　このように考えますと、映像としては、たえず対立構造を描いた方がいいのですが、それを描くためには、まずは、物理的にも感情的にもスムースな流れを構成できる基礎学力がなければ、いざというときに対立も葛藤も描けませんので、葛藤を描くという命題はいつも意識する必要があります。[6]

　つまり方向性を統一すれば、映像は違和感なく流れていき、ドラマを描く大事なシーンでは、その方向性に対立を孕ませて劇的にしてやる——ということが、富野が考える「方向性を使った演出術」なのだ。

　ここで留意したいのは、この方向性を使った演出を行う際に、富野は上手下手に意味づけを与えているという点だ。

例えば『映像の原則　改訂二版』にも「右から来るものは強い（左に向かうもの）＝ふつう。当たり前。自然的に強い印象。／左から右に向くもの＝逆行する印象があるために、そのものが強いという印象。しかし、左にあるだけのものは、安定と下位の印象」[7]と動きの方向性について説明しているくだりがある。

この意味づけの根拠について富野は舞台（演劇）にそのルーツを求めている。

> ここでは、視覚印象の機能を開拓した舞台の仕事から、視覚印象の原則を芝居に当てはめて考えてみます。
>
> 視覚印象としては、上手《かみて》である右手が上位でその逆が下位になり、それによって、人物配置も自動的に決まってきます。
>
> 上位＝力の強い者は、上手に配置するだけでその表現ができます。
>
> 強い敵も上手にいますし、上手から出てきます。
>
> 悪魔や敵になる宇宙人もそうです。
>
> 極めて自然なものも上手にあります。[8]

だからこそ方向性の変化はより劇的な意味合いを帯びることになる。

　上手から下手に登場して勝っていく人物の劇が進行して、挫折することによって、物語が佳境にはいれば、その劇中で、その人物を下手におくように動かして敗北感を強調して、そこに悲劇のクライマックスの演技をおきます。
　そのうえで、なんらかの転換があって成功に転ずるのなら、上手に向きを変えさせるというように動かしていくのです。（略）
　この〝向きを変化させたところ〟がキッカケ（劇的転換）になり、芝居の見せ場であるクライマックスは、上手にむいていく動きで表現されます。[9]

実際、演劇ではこうした上手下手について伝統的に意味づけを行っているようである。例えば劇作家の別役実《べつやくみのる》は、舞台上の空間には「目に見えない空間の癖」のようなものがあるとして、著書で次のように説明している。

　第一に、「舞台には、上手から下手に風がゆるやかに吹いている」という点である。どうしてそうなのかは、わからない。人類は右ききが多いから、右から左への動きの方が、左から右への動きより、自然と考えるのであろうと言われているが、確かなことは誰に

> もわからないのである。
> 　ともかく、事態がそうである以上、上手から下手への動きは、風にそのまま従うものであるから、いわば「順路」であり、下手から上手への動きは、風にさからうものであるから、その意味では「逆路」ということになる。このことは、舞台奥に起点を置いた場合、「時計まわり」が「順路」であり、その逆が「逆路」である、ということにもなる。（略）
> 　たとえば、「あてのない旅に出る」という場合は、上手から下手への移動がそれらしい。そして「その旅からの帰宅」は、下手から上手への移動がふさわしい。「借金を返してもらいに行く」のは下手から上手へであり、「返してもらえなくて引揚げてくる」のは、上手より下手へである、という具合である。

この風の吹く方向と、それに対する「逆路」の効果は、富野の語る方向性を使った演出とほぼ同じことを語っている。

　ただし、この上手下手についての意味づけは世界的なものではないようだ。アメリカの大学の映画学科では方向性の統一については教えても、上手下手の意味づけは教えないという話も聞いた。

　つまりまず、映像演出の原則として世界的に共有されている「方向性の統一」があり、「上手下手」はその中に含まれる、日本独自の〝ローカルルール〟と解釈するのがよさそうだ。なので、本書では、上手下手の意味にはあまり深入りせず、むしろ「方向性の切り替えによるドラマの醸成」という点に絞って一九七二年以降の作品を見ていこう。

富野はどのようにして、被写体のベクトルをコントロールする技を身につけていったのだろうか。

『海のトリトン』における上下動

例えば初の本格的監督作となった『海のトリトン』第1話「海が呼ぶ少年」（脚本：松岡清治、絵コンテ：斧谷稔）は、左右のベクトルの印象は決して強くない。第1話は、一平じいさんに拾われて育ったトリトンが自らの出自を知り、海へと旅立っていくという内容で、多くのカットで海を画面右側に配して、トリトンに右向きのベクトルを与えているが、画面からはそれほど横方向の動きは強く感じられない。それは、横方向へのPAN[11]が、あくまで物語を語る範囲で説明的に使われているにとどまり、むしろ第1話で印象的なのは縦方向のPANの使い方だからである。

第1話はトリトンが猪首岬の先端から、渦潮の中へと飛び込もうとするシーンから始まり、トリトンはその危険な行為を成功させてしまう。クライマックスでは敵であるポセイドン族が放った怪獣サラマンドラとの戦いが描かれるが、ここも、トリトンを迎えに来た白いイルカ・ルカの機転で、深く海に潜ったあと急転換をして、海面へと飛び上がるという戦法が描かれる。ルカを追いかけたサラマンドラはルカほど身軽に身を翻すことができず、海底に打ちつけられた後、今度は海面へと飛び上がって岬の突端にぶつかり、崩れた岩の直撃を浴びて死亡する。

第1話のカメラの運動量が多いのは明らかに上下動の方向であり、地平線＝水平線＝海面が本来は基準点になるはずが、「海面のさらに下」「海面のさらに上」があることが、このカメラワークによって強調されている。だが、この上下動はドラマを形作るというよりは、作品固有のアクションの表現という意味合いのほうが強い。

ただし富野本人が脚本・絵コンテを手掛けた最終話である第27話「大西洋陽はまた昇る」を見ると、この上下動がまた特別な意味を持ってくる。最終回では、敵であるポセイドンの神像の下に、一万人ほどが暮らすポセイドン族の世界があることが明らかになる。トリトンはそのポセイドン族の世界に足を踏み入れ、そこで驚愕の真実を知ることになる。

第27話のほとんどのシーンは、ポセイドンの本拠へと攻め上るトリトンと海の仲間たちの戦いが占めており、そこでは左方向へと進んでいくベクトルが強調されている。そうした左向きの方向性がありながら、まるで第1話の上下動の延長線上のように「海の底にもう一つ底（ポセイドン族の世界）がある」という形で、上下の方向性が強調されるのである。これは第1話からそう決めて構築されたというより、結果として平仄《ひょうそく》が合ったということであろう。

左右のベクトルよりも上下のベクトルで映像を形作るのが難しいのは、視聴者が生きている世界が基本的に陸上の平面の上で、結果としてそこに発生するベクトルも左右方向である、という理由が大きい。そういう意味で『トリトン』の第1話と第27話で上下動が強調されたのは、海という舞台からの要請であるとも考えられる。

吸収期――『勇者ライディーン』から『ザンボット3』へ

続く『勇者ライディーン』（一九七五）の第1話「大魔竜ガンテ」（脚本：五武冬史、絵コンテ：富野喜幸）はどうだろうか。

こちらは、主人公・ひびき洸が不思議な声に導かれるままに海に出て、海底ピラミッドの中から現れる巨大ロボット・ライディーンに乗り込むというストーリー。このストーリーには、洸が最初にいる学校から海へと向かうベクトルを感じさせるものがあるが、実際の映像は決してそうはなっていない。バイクやボートを駆使して海へ出ていく洸ではあるが、何度かベクトルの向きが変わったり、合間にベクトル感の薄い正面の構図が入ったりと、映像の流れからは、海底ピラミッドへと向かうベクトルは決して強くは感じられない。

この「バイクやボートを使って陸から海へと向かい、ロボットに乗る」という展開は、『無敵超人ザンボット3』（一九七七）の第1話「ザンボ・エース登場」（脚本：五武冬史、絵コンンテ：斧谷稔）とほぼ同じものである。だが比べてみると『ザンボット3』のほうがはるかに巧みに左右のベクトルを駆使して、一つの映像作品としてのフォルムを形作っている。

『ザンボット3』第1話は主人公・神勝平が、ライバルの香月《こうづき》たちとケンカをしてバイクで追われているところから始まる。ここからしばらくの間、勝平はひたすら画面左から右へと移動を続けていく。この右ベクトルの運動を維持したまま、香月との関係性、パトカーとのチェイス、そして敵のロボットであるメカ・ブースト〝ドミラ〟の登場までを一気に見せていく。

ドミラの登場で周囲に異変が広がっていく中、勝平は香月と勝負をするため、沖合の島へとボートで移動する。この場面転換に合わせて一旦、勝平は左方向へと向きを変えるが、この島にもドミラが現れて、勝平は再び右側へと移動していく。そして勝平は、親戚の神北兵左衛門たちが海中の〝宝探し〟を行っている洋上基地を経て、海中から出現した〝宝物〟ビアルI世に取り付く。そして勝平はこうした右移動の果てに、メカ・ブーストと戦うための戦闘機ザンバードについに乗ることになる。

本作はこの、勝平のザンバードへの搭乗をピークに設定し、そこに向かうように左右のベクトルが組み合わせられているのだ。

こうして見てみると『ライディーン』と『ザンボット3』の間の二年間に大きな変化があったと想像できる。

この時期は確かに富野のフィルモグラフィーにとってもポイントとなる時期だ。「作品全解説1」で述べたとおり、『ライディーン』で総監督となった富野だったが、基本設定に織り込んだオカルト要素が放送局NET（現・テレビ朝日）から否定されてしまう。その結果、路線変更とその混乱の責任をとる形で富野は総監督を降板。富野の後任は、『巨人の星』などでヒット作を送り出してきた長浜忠夫になり、富野はその下で各話演出としてTVシリーズを支えた。そして長浜はこの後、『コン・バトラーV』（一九七六）、『超電磁マシーン ボルテスV』（一九七七）を続けて監督し、富野もそこに各話演出で参加している（ただし『ボルテスV』は『ザンボット3』のために途中で抜けている）。

富野は、自分の演出に影響を与えた演出家として、先述の長浜とともに高畑勲の名前を挙げている。

『だから僕は…』では『アルプスの少女ハイジ』での高畑との出会いについても「いわゆる演出の考え方や画面として表現する方法を、具体的なセオリーと感性にのっていかに実現するかということを教えてもらった[12]」と記している。

富野は高畑が監督を務めた『アルプスの少女ハイジ』（一九七四）、『母をたずねて三千里』（一九七六）、『赤毛のアン』（一九七九）で絵コンテを担当しているが、この前二作は富野が長浜のロボットアニメに参加していた時期とも重なる。つまり『トリトン』から『ザンボット3』に至る五年間は、富野が長浜、高畑から演出についてさまざまなことを吸収していく時期でもあったのだ。

スタイルの確立

こうしたことを念頭に置いて一九七六年から一九七七年にかけての富野の仕事を確認してみたい。ここで確認するのは、長浜のもとで手がけた『ライディーン』『コン・バトラーV』『ボルテスV』の各エピソードになる。

どうしてこの三作品なのか。それは長浜は自ら絵コンテを描くことは非常に少ない演出家だからだ。つまり絵コンテがリテイクされたとしても、長浜からの指示を踏まえつつ本人が修正をした可能性が高いと考えられる。これに対し『ハイジ』『三千里』『アン』の絵コンテについては、最終的に高畑が（宮崎駿らの力を借りて）修正をしている部分も多いことが想像でき、完成画面を見ただけではどれだけ絵コンテマンのイメージが残っているかを判定するのは難しい。また富野がその後、ロボットアニメを中心に監督していることを考えると、同ジャンル内で演出の変遷を比較したほうがわかりやすいということもある。

『ライディーン』で富野が絵コンテを担当しているのは、自らの総監督時代に三本、長浜総監督になってから四本ある。だが左右のベクトルを使って映像全体を構築しているものはほとんどない。その中で、第16話「海竜ドローズデンの地獄攻め」（脚本：高久進《たかくすすむ》）は、暴走する豪華客船が題材となっており、珍しく左右のベクトルが重要な話となっている。続く『コン・バトラーV』で富野は一三本の絵コンテ・演出を担当しているが、その中でも一番左右のベクトルが巧みに使われているのが、第19話「戦慄！　真っ赤な妖花」（脚本：桜井《さくらい》正明《まさあき》）だ。第19話は、バトルチームの一人西川大作の故郷が、敵のキャンベル星人に襲われて、家族が捕虜になってしまうという内容だ。西川大作は、左移動を続けてついに捕虜となった家族を解放し、そこで移動のベクトルが右方向へと切り替わるように演出されている。

また第12話「決闘！　豹馬《ひょうま》対ガルーダ」（脚本：辻真《つじま》先《さき》）では、敵幹部ガルーダが左向きの移動を続け、バトルチームのリーダー・葵豹馬が左向きから右向きへと変化する移動ベクトルで描かれている。そしてこの二人が、それぞれ振り返る形で決闘が始まるのである。このほか第24話「死力だ！　ちずるよ 起て」（脚本：山本優《やまもとゆう》）は、チームの紅一点・南原ちずるが医務室へ連れて行かれ、そこから逃げ出す一連のシチュエーションを、一カットの中でキャラクターの立ち位置（上手と下手）が入れ替わる効果を生かした演出をしている。この回では、ほかにも空間の奥行きを生かした構図でドラマを描こうとしたカットがあり、演出的に挑戦をしていることがうかがえる。

このように劇的に空間を構成しようという意思はむしろ次の番組の『ボルテスV』でより積極的にみられるようになる。これは監督の長浜自身が各話演出に「演出方針」として渡した文書の中に、「先ずアングルを凝ろう」「シーンの転換にひらめきを！」といった呼びかけをしていることとも無関係ではないだろう。[13]

富野は本シリーズ前半に七本のコンテを担当。そのうち六本の演出処理を行っている。第1話「宇宙からの侵略者」（脚本：田口章一《たぐちしょういち》、五武冬史）。メインキャラクターたちが基地ビッグファルコンへと到着する直前から、ボルテスチームは画面左向きのベクトルを与えられ、その前に彼らが乗り込むボルテスVが登場する。さらにそこで、ボルテスVの開発者の一人である剛光代《ごうみつよ》は、画面右側を指差す。そこにあるのはボルテスVの搭乗口。この登場人物のベクトルの大きな変化を通じて、第1話のピークが描き出されているのだ。

また劇的な空間の構築という点では第3話「墓標が教えた作戦」（脚本：辻真先）がチーム内の軋轢を、奥行きを感じさせる縦の構図を駆使してドラマチックに描いていた。

以上のような演出への取り組みがあればこそ、この後の『ザンボット3』以降の監督作への演出が準備されることになったのだ。

第4章

『機動戦士ガンダム』第1話

一つの到達点――

到達点であり出発点

富野は、一九七二年の『海のトリトン』以降の五年の間に徐々にその演出スタイルを固めてきた。そして『無敵超人ザンボット3』(一九七七)から『無敵鋼人ダイターン3』(一九七八)を経て『機動戦士ガンダム』(一九七九)に至る過程で、富野の演出スタイルは確固たるものとなる。『ガンダム』は、演出家としてのその時点での「到達点」と位置づけることができる。

また一方で、富野は『ザンボット3』で初めて原作としてもクレジット(脚本家の鈴木良武と連名)され、それは『ダイターン3』も同様(サンライズ企画室のペンネームである矢立肇《やたてはじめ》と連名)だった。原作三作目となる『ガンダム』では、世界観設定やキャラクターとそのバックストーリー、各話のストーリー案など、前二作と比較しても膨大な量のテキストを執筆している。それは『海のトリトン』や『勇者ライディーン』のときよりも、より深く世界設定の構築や物語作りにコミットしていくようになる過程でもある。つまり一九七七年から七九年の三年間は、戯作者・富野にとっての「出発点」と呼べる時期だったのだ。ここから一九八八年まで、戯作者・富野はさまざまなアプローチでロボットアニメに新風を吹き込んでいくことになる。

『ガンダム』という作品は、このように演出家としての「(一旦の)到達点」と戯作者としての「出発点」が交錯するポイントに成立した作品なのである。

『ガンダム』の世界設定やドラマの根幹について富野がどのように思考したかは、『ガンダムの現場から　富野由悠季発言集』[1]に掲載された「ガンボーイ企画メモ」や、二〇一三年発売の『機動戦士ガンダム　Blu-ray　メモリアルボックス』の付録「HISTORICAL MATERIALS of MOBILE SUIT GUNDAM」[2]に収録された「初期設定書」「構成案」で読むことができる。

ストーリー案から見る第1話

「演出家」と「戯作者」がいかに交錯したのか、『ガンダム』第1話「ガンダム大地に立つ!!」を題材に考えたい。

コラム「富野監督作品全解説1」で記した通り、富野が一九七八年八月に書いた「ガンボーイ企画メモ」には、すでに全五二話――つまり一年分――のシリーズの構成プランが記されている。このプランは「六話連続のエピソードを七ブロック積み上げることでシリーズの軸を構成し、残り一〇本は番外編と再放送で埋める」というものだ。このとき、七ブロックには仮のタイトルが振られており、ストーリー順に「大地」「前線」「鬼神」「さすらい」「激突」「誕生」「深淵」となっていた。

この構成案を踏まえて、第1話から第6話までのストーリー案が記されている。この第1話から第6話までというのは、七つのブロックの最初の「大地」に相当する部分で、実際、ストーリー案の先頭部分に「第一章　大地よ（制作上は伏せるタイトル）」と記されている。各資料に記された日付から、おそらく一九七八年一一月から一二月にかけてのどこかで執筆されたものと思われる。

ストーリー案の第1話に相当する部分はかなり長いので、内容を要約しつつ紹介したい。固有名詞も正式決定前のストーリー案のまま記すことにする。

ストーリー案はまず主人公アムロの説明から始まる。アムロは一カ月前に建設の頓挫したスペースコロニー・サイド7に父と引っ越してきた一五歳の少年。引っ越しは、父テム・レイが戦闘用ロボット・ガンボイの主任技士で、最終慣熟テストの場所が僻地のサイド7に決まったからだった。男は世間を見知るものであるという信念のもと、母から離れて父子二人の生活が始まったが、この一カ月アムロは父と夕食をともにすることはなかった。

ただし近所のフラウ・ボウ（本編ではボゥだがここではボウと書かれている）という気さくな少女のおかげで、アムロなりに寂しくもなく暮らすことができていた。マイコンやメカの組み立てが得意なアムロが組み立てたのがお掃除ロボット・ハロ。そのハロのちょっとしたミスがフラウ・ボウを楽しませた。フラウ・ボウは「アムロ！　あなたって寂しがり屋さんだけかと思ったけど、ハロを作っちゃうなんて素敵！」とアムロにキスをしたのだった。

このキスについてストーリー案には、これはアムロに女性を意識させたのとは異なる、気さくな友達になれただけのこと、であるとはっきり書かれている。フラウ・ボウについて「アムロに女性を意識させない存在」と書かれている。

このようなアムロとフラウ・ボウのバックストーリーに続いて、アムロの父の引っ越しの影響を受けたシン・ハヤテ（本編のハヤト・コバヤシに相当）の状況が紹介され、その後に敵側であるジオン公国の赤い彗星シャア・マスと戦闘用ロボットである機動歩兵スーツの説明が続く。

ストーリー案はここで、どうして機動歩兵スーツが登場したのかという背景を記す。この時代の戦場は、レーダーを攪乱するアルミ粒子の登場により、宇宙服の兵士同士の直接戦闘や目視によるドッグファイトが中心となり、レーダーによる誘導ミサイルなどが使えない、過去の戦場と同じ状況となっていた。その中で登場したジオン公国の機動歩兵スーツは、重火器を装備した宇宙服の兵士に代わる新兵器であった。

このあたりの設定は、当時想定された未来戦争像を前提に組み立てられている。当時、来るべき戦争は「ボタン戦争」といわれる、ボタン一つで飛んでいくミサイルの応酬になるであろうといわれていた。しかしボタン戦争はアニメ映像として絵にならない。そこで、ミサイル誘導を難しくする「アルミ粒子」の設定を導入することで、ロボット同士の接近戦が必要となる舞台設定を設えたのだ。こうした世界設定は、SF考証でクレジットされ、脚本も手掛けた松崎健一《まつざきけんいち》が協力することで成立した。最終的に、ここで書かれた「アルミ粒子」は、「ミノフスキー粒子」という架空の電波攪乱粒子として本編に登場することになる。

また人型の機動歩兵スーツという設定は、ロバート・A・ハインラインの小説『宇宙の戦士』の影響下により生まれている。同作に登場する、歩兵が装着する二メートルほどの戦闘用パワードスーツのイメージが、戦闘用兵器としての機動歩兵スーツ（本編ではモビルスーツと呼ばれる）のイメージに反映されている。

シャアはルウム戦役で、この機動歩兵スーツを操り戦果を上げ、「赤い彗星」の異名をとるようになった。連邦軍は、機動歩兵スーツの性能に動揺し、歩兵スーツを捕獲・研究し開発を始めた。これによって開発されたのがガンボイだった。

そのシャアは、駆逐艦ムサイで、連邦軍の新型戦艦ペガサスを追跡していた。シャアは連邦の機動歩兵スーツの開発が進んでいるということを確信し、初陣に近い兵士三人に、サイド7への潜入を命じる。

ここから具体的に第1話の内容が記されるので、要約ではなく引用を交えて説明しよう。

ペガサスがサイド7に来る。この噂はサイド7に残る老若に動揺を与えた。人々の不安は、得てして事態の予知をする。軍令が飛び人々に禁足令が出たのと、血気にはやったシャアの先兵がサイド7の一角から、軍需研究区画に攻撃をかけたのとが同時だと言ってよかった。

人々は、保安区画の各ブロックに逃げ込むには時間がなさすぎた。

（物語の描写は、ここから入りたいわけだ。以後の斗いと防空の中、前述の状況の説明が加えられるという型をとればいゝ）[3]

ペガサス側にとっては予想外のコロニー内での戦闘。この時、アムロの父たちが民間人保護に動けなかったことが、アムロが後々、シン・ハヤテの憎しみを買うことにも繋がることも記されている。

アムロは、父に民間人の保護を要請するために走った。雲の中から舞い上がってゆくジオン三機のモビルスーツは、遠くから見ても巨大だった（二十米弱）。

アムロは、立入り禁止区域に入り、そこで父が行方不明となり、父の部屋で、ガンボイの研究資料のマイクロ・パネルを得る事が出来る。（前に伏線はるか？）

さらにペガサスに積みこもうとするガンボイを発見して、その一体にのりこみ、シャアの先兵ら三機と斗い、一機を撃破する。

他の二機はペガサスの砲撃。リュー・ショーキの操るコア・ファイターによって撃破。

その間にも、サイド7は応急修復が出来ぬまでに破壊されてしまう。生き残りの人々はペガサスにのりこみ、サイド7を離脱する。

（百人近い人々が乗り込みはするが、軍関係者はほとんど戦死。民間人ばかりの老若という事になる。）

この時点でブライ・トリュー、ミライ・エイランド、アシリア・マス、の立場が明確化する。[4]

このあと、第2話以降の展開メモが記され、「【2】」という区切りが入って第2話のストーリー案が始まっている。読んでもらえばわかるとおり、どんなことをやりたいかは伝わってくるが、プロットと呼ぶには粗く、あくまでも脚本家との打ち合わせのために書かれたメモである。

これを踏まえて第1話の脚本を執筆したのが星山博之。星山は『ザンボット3』『ダイターン3』にも参加しており、『ガンダム』にも企画の最初期から関わっている一人だ。企画部長の山浦栄二ともやりとりを重ねて、TV局向けの『ガンダム』の企画書も執筆している。だから『ガンダム』が「これまでよりも年齢が上のターゲットを狙う企画である」という意識も明確に持って参加していた。

脚本と絵コンテを比較する

『機動戦士ガンダム Blu-ray メモリアルボックス』には、星山による第1話の脚本と、富野の絵コンテ（クレジット上は斧谷稔）が付録として同梱されている。この二つを照らし合わせながら、ストーリー案に書かれた「第1話」がどのように映像化されていったかを検証していこう。

まず脚本を読んで驚くのは、ジオン公国と地球連邦の戦争のなりゆきを語るナレーションがない、という点だ。

本編にはサブタイトルが出る前に「人類が増えすぎた人口を宇宙に移民させるようになって、すでに半世紀が過ぎていた。地球のまわりの巨大な人工都市は人類の第二の故郷となり、人々はそこで子を産み、育て、そして死んでいった」と、舞台が宇宙時代であることを説明した後、「宇宙世紀００７９《ダブルオーセブンティナイン》、地球から最も遠い宇宙都市サイド3は、ジオン公国を名乗り、地球連邦政府に独立戦争を挑んできた。この一カ月あまりの戦いでジオン公国と連邦軍は総人口の半分を死に至らしめた。人々はみずからの行為に恐怖した。戦争は膠着状態に入り、八カ月あまりが過ぎた」と、世界設定を説明する。

このナレーションの前半に合わせて展開されるのが、スペースコロニーという場所を視覚的に伝える映像だ。まず斜めに傾いた大地を俯瞰で捉えた映像から始まり、カメラが動くとやがて地上に大きなガラス窓があいている様子が見えてくる。ミニマムな表現でそこがスペースコロニーと呼ばれる人工の大地であることが示されている。

続けて大地から爆煙が立ち上がり、それがコロニー外部からの砲撃によるもので、戦争が始まったことが観客に伝えられる。その後、「ニューヨークらしい」（絵コンテのト書）都市にスペースコロニーが落下する様子など戦争の様子が点描される。ナレーションも映像も簡にして要を得た内容を積み重ね、観客を一気に作品世界へと引き入れる。

脚本には存在しないこの導入だが、おそらくストーリー案の冒頭につけられた「前史メモ」がベースになっているのではないだろうか。

●前史メモ
西暦二千六十六年。人類は、スペース・コロニーを建設して、百億に近い人々が宇宙を第二の故郷にしていた。

コロニーの一つが、〝ジオン公国〟と名乗り、地球連邦に対して反逆の狼火をあげた。三日戦争、ルウム戦役は第三次世界大戦であった。人類は五十パーセントの人々を失い、コロニーの大半も失った。

そして、ジオン公国も地球連邦も、共に軍備を消耗して軍事力は、均衡を保つに至った。

しかし、ジオン公国の独裁主権者ザビ家の強行主義と連邦の傲慢な姿勢が戦争終結の道を選ぶ事をさせなかった。

戦いは、末梢的なゲリラ戦の深みにはまるだけであった。

物語は、このゲリラ戦化した時代のあるコロニーから始まる。[5]

「前史メモ」はあくまでも、別紙にこと細かに設定された開戦の背景と現在の状況を、コンパクトでわかりやすく共有するための文章だ。だが話題の流れは本編のナレーションと非常に近い。ここで記されたものをもう少しブラッシュアップしたものが、ナレーションとなったのではないだろうか。

観客を引きずり込む冒頭部

冒頭にナレーションが付け加えられた一方で、脚本の冒頭部分は絵コンテではばっさりとカットされている。

脚本の冒頭は、シャアがこれからサイド7に潜入する三人の兵士に、作戦の狙いを話すところから始まる。シャアのセリフを通じて、戦争が膠着状態であることと、連邦軍がV作戦と呼ばれる反撃のための作戦を準備中であることが語られる。

絵コンテは、これをカットした。そして、宇宙空間を進む三機のモビルスーツ・ザクの姿から第1話をスタートさせた。パイロットの呼吸音という想定（絵コンテのト書による）の特徴的な効果音とともに、静かにザクがコロニーに向かっていく。

工事中のコロニーの底面にあるハッチから内部に入ろうとするザク。その時クレーンのアームがザクの肩にあたる。アームは正面のハッチの扉の方に飛ばされると、そのまま跳ね返って静かに外の宇宙空間へと流れていく。

脚本の段階ではサイド7の構造の設定ができていなかったのか、潜入シーンは外郭のガラスを割って入るというあっさりした表現で終わっている。それに対し、絵コンテはかなり丁寧にその過程を見せている。ここから感じられるのは、それまでのアニメにあった「宇宙シーン」よりももっとリアリティを感じさせる映像にしたいという意志だ。

宇宙へとそのまま流れていくクレーンのアームの描写は、そこが無重力空間であることと、大気などの摩擦がないため一旦動き始めたものは慣性の法則に従って減速しないまま飛んでいくということを表現しており、「そこが宇宙である」ということを強く感じさせる描写となっている。

また絵コンテのト書を見ると、コロニーに接近するザクのカットについて「サイド7の底面の壁が接近してきてぶつかりそうに見えるが、ぶつからない」という趣旨のことが書いてある。加えて「ましてザクの影などうつらない」とも書いてある。

これは宇宙空間に空気がないため、空気遠近法の影響がなく、非常に遠くのものもクリアに見える、ということを反映した描写であろう。巨大なコロニーの底面がクリアに見えても、それは実際にはザクから遠く離れている。だからそこに影が落ちていたとしても、小さすぎて見えないというわけだ。アニメの映像はパンフォーカスが基本なので、ト書の効果をダイレクトに実感できる映像になっているかというとそうではないが、そういうト書を書くところに富野の宇宙描写をどう演出するかへのこだわりが感じられる。

このこだわりは、ほかの部分のト書にも見ることができる。ザクがサイド7の底面に接触するカットでは、その動きを「触壁する」と書いているのだ。富野はこの「触壁」から線を引っ張って「こんなの造語です。（下りるのでもない、上がるのでもない）」と注釈をつけている。無重力空間だから上下がない、という点にちゃんとこだわっていることが、この造語を通じて伝わってくる。

第1話の冒頭のインパクトは、こうした宇宙描写の細部から生まれるリアリティだけではない。なにより重要なのは、脚本にあったシャアによるブリーフィング（事前レクチャー）をカットしたことで、観客を「進行中の状況の中」へと放り込むように物語を始めている点だ。この語り口が、本作にリアリティを与えている。

進行する状況の中へ

ある出来事を描くときに、事の発端から順番に追っていくとわかりやすいのは間違いない。しかし同時にそれは、いかにも段取りを追っているような展開となり、作り物っぽさが際立ってしまうことも避けられない。それに対して、進行中の状況の中にポンとカメラを置いたように演出したならば、何が起きているかを把握するには時間がかかるが、その瞬間・場所を切り取って見せているような感覚は生まれる。「切り取って見える」ということは、そのフレームの前後に別の時間が、フレームの外に別の空間が広がっているということが感じられる、ということでもある。

実写は、メディアの特性としてそもそも、カメラを使って世界を切り取ってみせる、という性質を多分に持っている。だから誰も積極的に「フレームの外側」を問おうとはしない。これに対しアニメは、フレームの中に必要な要素（絵）を配置していくメディアだ。このメディアの特性上、普通に出来事をみせていくと、どうしても箱庭的に調和しがちで、フレーム外に世界が広がっているという感覚が弱くなる。空間的な広がりに限っていえば、レイアウト（絵コンテをもとにアニメーターが描く、そのカットの構図を決める絵）の描き方で補うことができるが、時間に関しては難しい。つまりアニメの場合、演出家がフレームの外を意識させようとするかどうかは、作品のテイストを決定する大きな要素となるのだ。

例えば『海のトリトン』第1話「海が呼ぶ少年」、『勇者ライディーン』第1話「大魔竜ガンテ」を振り返ると、どちらも進行中の状況を切り取ってみせるような語り口にはなっていない。そのため古典的な「見せたいものを見せる」演出の範疇に留まっている。

『トリトン』はまず、冒頭で戦うトリトンを見せる。しかし、これはあくまでツカミとしての独立したアクションでしかなく、直接ドラマに繋がる描写ではない。作品はそこから遡る形で、トリトンの旅立ちを描く。

サブタイトルが入った後、海の様子を見せ、小さな漁村を俯瞰で捉えた後、小さな船が映る。櫓を漕ぐ男性が「あれ?」と声をあげると、老人――トリトンの育ての親である一平じいさんである――が、振り向き、何かを見つける。彼の視線の先には、険しく切り立った猪首岬を登るトリトンの姿があった。トリトンは、そこから、渦巻く海面へと命がけのダイビングをしようというのだ。

トリトンの行動だけ見れば、進行中の状況の中にカメラを放り込んだようにも見えるが、映像では、一平じいさんがトリトンを船上から発見するという語りはじめになっている。そのため観客は、トリトンの猪首岬からの飛び込みを、最初から客観化された事件として見ることになる。これはこれで一つの語り口だが、進行中の状況に放り込まれた感覚は薄くなってしまう。『ライディーン』第1話は、もっと説明的で、サッカー部のキャプテンである主人公ひびき洸の日常風景を描くところから始まっている。ここで準レギュラーたちの印象づけをしようというプランもあったのだろう。映像の見せ方も至極普通で、進行中の状況を見せるというスタイルからは遠い。

これが『ザンボット3』第1話「ザンボ・エース登場」になると、進行中の状況の中にカメラを投じる形の導入になっている。

ここで描かれるのは、主人公・勝平と、ライバルで不良グループのリーダーである香月が繰り広げるバイクに乗りながらの喧嘩である。つかみとして激しいシーンを持ってきただけでないのは、香月と勝平の間には、これまでもライバル関係にあったといういきさつがあるからだ。しかもそれがこの後、異星人ガイゾックとの戦いの中で、変化せざるをえなくなるという展開がちゃんと用意されている。つまり、このバイクのケンカのシーンは、まさに二人の間に流れるドラマを途中で切り出した形になっているのである。これが香月でなく、単なるそのほか大勢とのケンカであれば、ここまで劇的な効果を果たすことはなかった。

途中、パトカーで警察官も現れるが、これもあくまで「勝平と香月のケンカ」を構成する一部として扱われており、『トリトン』の一平じいさんのように、状況を客観視する立場で演出はされていない。二人のケンカが勝平や香月の同級生であるアキやミチの目を通じて「二人がまたバカなことをやっている」という視線から始まっていたとしても、進行中の状況を切り出したような効果は得られなかっただろう。

このように過去作の第1話冒頭を比較してみても、『ガンダム』第1話は非常に完成されている。セリフを排し、説明もなく、サイド7に潜入しようとするザクだけを見せていくという表現は、「進行中の状況の中へカメラを放り込む」という演出として非常にうまく機能している。この後も富野は、物語の導入部分に際して「ある状況の中にカメラを放り込む」ことで、その世界を切り取るというスタイルを繰り返し使っていくことになる。

アムロをどう演出したか

『ガンダム』第1話に戻ろう。

サイド7に潜入したジオンのモビルスーツ・ザクは、偵察を始める。パイロットの双眼鏡にひとりの少女が、隣家に入っていく様子が捉えられる。少女は、アムロのお隣さんのフラウ・ボゥで、ここから物語の軸は、主人公であるアムロ側へと切り替わる。

アムロの家を舞台にしたフラウ・ボゥとアムロのやりとりは、脚本を書く段階で星山が気を配った部分だ。星山は、ストーリー案にあった、「ハロをプレゼントしたことで親しくなったアムロとフラウ」「アムロにとってフラウは女性を感じさせる存在ではない」という部分を受け取り、脚本で肉付けをして、二人を生きた人間として描き出した。

星山は自著『星山博之のアニメシナリオ教室』の中で、別のキャラクターを使ってあるキャラクターを描く手法の具体例として、『ガンダム』の第1話を挙げている。

> この作品はいろんな人の力が混じり合ってできた作品なので、僕が主体となった部分だけを述べたい。（略）
> 視覚的に殺伐としているなかで、いかにアムロの内面を出していくかを考えていた。

そこで僕はフラウ・ボゥという幼なじみの少女を登場させ、アムロの人間的に優しいところを出そうとした。この少女はアムロに対していろいろお節介を焼く。第一話の冒頭、フラウがアムロの部屋に上がり込んで、だらしなく下着姿でいるアムロを軽くしかったりしている。一転してその後、フラウは敵のメカに襲われ、目の前で親族を殺されてしまう。アムロはその時に、ショックを受けたフラウを励まし、彼女を逃がした上で、敵に向かっていく。このフラウという少女が媒介となって、アムロが一面的に内向的ではなく、別の側面を持つ幅のある人物であるということが描けたのだ。[6]

また星山は、このシーンについて、別のところでこういうことも書いている。

シナリオに入る時まず考えたのは、一話の中での極端なストーリー展開はさけ、視聴者（今だからいえるが、ボクはターゲットを中学生以上に考えていた）の生活リズム感、日常感覚をたんたんと、まさしくたんたんと描いて丁度いいのではないかと思った。（略）

このシーンの中で（フィルムではニュアンスが変ったが）面倒見のいいフラウ・ボウが、室にとび込んでくるなり、マイコン作りに熱中するアムロの世話を焼き「タオルと下着は？」と、アムロに聞く。

するとアムロはムキになって、「いいよ、洗濯なら自分でするから」と答える。

何故、アムロはムキになったのか。中学生にもなった男の子なら、思い当たるかも知れないが〝男の生理現象〟をアムロも知っていることを表現したかった。

いやらしいなどといわないで欲しい。こんなシーンを引き合いにだしたのは、フィルム化されなかったことを云々しているのではない。

ボクが今まで書いて来たアニメの脚本と徹底的に違ったのは、生身の人間を描きたいばっかりに、こんなささいなことを重視した、それをいいたかったのだ。[7]

では、このような工夫が凝らされた星山の脚本を富野はどのように演出したのか。

フラウがアムロの家にやってきて、リビングのテーブルに残されたサンドイッチを確認し、「まあ、また食べてない」と、二階のアムロの部屋に向かうところは、脚本通りの展開だ。フラウがアムロの部屋に入ると、脚本では「アムロが、床に座り込み、黙々とマイコン作りに、熱中している／フラウボゥ、アムロを意に介さず勝手になにやら探しものをしていく」とト書がある。

このト書に対して富野は、窓に向いた机にアムロを座らせ、マイコン組み立て用の顕微鏡を覗き込んでいるというシチュエーションを作った。通常の作業順で考えれば、第1話の脚本段階では、第1話限りのアムロの部屋の美術設定はなかったはずなので、机と顕微鏡というシチュエーションは絵コンテで決定したと考えられる。床に座って作業をしている様子は、マニアックな人間の「構わなさ」が伝わってくるシチュエーションではあるが、日常的に工作をしている人間であれば、作業台で作業をするほうが自然だろう。そのかわりアムロは、ランニングに縞のトランクスという下着姿で（絵コンテにト書はないが、そうわかるように描かれている）、そこに「構わなさ」が感じられるようになっている。

またここで重要な役割を果たしているのが、マイコンを組み立てるための顕微鏡の存在である。この小道具を用意したことで、「組み立てているマイコンを見ている」という演技が具体的になり、ト書にあった「黙々と」「熱中している」というイメージがしっかりとビジュアル化された。顕微鏡があったからこそ、突然部屋に入ってきたフラウのほうを振り向かずにいることが、「無視をしている」ではなく、「熱中」の結果であるということが伝わりやすくなっているのである。

フラウとアムロ――日常の破れへ

続いて脚本は、フラウに「こんなことだと思ったわ」といわせて、「なにやら探しものをしていく」様子を描く。フラウを見ずにアムロが「なに探してんだよ、フラウボゥ《（ママ）》」と尋ねた後「ね、バッグはどこ」「（指差し）そこにあるだろ」と会話は展開していく。

これに対して絵コンテでは、「こんなことだと思ったわ」の後に、整理ダンスを開けてバッグを取り出す芝居をしながら「朝食とらないの体のためによくないのよ」とお小言を口にし、「なに着ていくつもり、アムロ」と問いかける。

アムロはこの合間に、足元に転がってきた愛玩用ロボット・ハロに答えて「ハロ！　今日も元気だね」と第一声を発している。そしてフラウを振り返らずに、「このコンピューター組んだら食べるよ」と返事をする。

脚本と比べて台詞そのものが書き換えられているということ以上に重要なのは、絵コンテに書かれた会話は、アムロとフラウの会話がちゃんと成り立っていない、というところにある。こうやってチグハグに始まった会話が、この後の「避難命令聞いてないの」「避難命令？　さっきのサイレンそうなのかい」というやりとりでようやく噛み合う。

この一連のシーンは、会話だけでなく、映像も二人のチグハグなやりとりを踏まえて演出されている。一番のポイントは、アムロがずっと顕微鏡を覗きこんでいて、フラウに視線を送らないところにある。会話のシーンは、カメラを切り返して、会話をしている互いの顔を見せるのがオーソドックスな演出方法である。切り返しによる、視線の見交わしが、コミュニケーションが成立していることを観客に伝えるのだ。

アムロとフラウの会話の場合は、「さっきのサイレンそうなのかい」のところで、ようやくアムロは顕微鏡から顔を上げ、横向きにフラウのほうを振り向く。そして、その言葉と視線を、バストショットのフラウが「あきれた！」という台詞とともに受け止める。ここで初めて二人の視線が交錯して、台詞のレベルだけでなく、映像のレベルでも会話が嚙み合ったことが表現される。

また、アムロの部屋という空間の中で、入口のドアと整理棚を結ぶ動線上を移動するフラウは、窓側にあるアムロの机まわりの空間に進むことがない。この微妙な距離感は、アムロとフラウの関係を見せつつ、アムロの内向的な性格を見せるために機能している。

フラウの「アムロ、時間ないのよ！」というセリフで、アムロはようやく、椅子から立ち上がる。この一連の流れは、この「時間ないのよ！」の台詞に向かって、セカセカと動くフラウと、いつもどおりのアムロという対比を見せて組み立てられているのである。

こうして実際に絵コンテの段階で再構築された一連のシーンをみると、脚本とは少し語り口の軸足が変わっていることがわかる。星山の脚本は、本人も記しているとおり「日常を淡々と描く」というほうに重心がかかっており、アムロとフラウの会話も、成り立っている分だけ「いつもの二人のやりとり」といった趣きが強い。

これに対し、絵コンテの段階では、いつもどおりのアムロと、避難命令を踏まえてテキパキ準備を進めるフラウの間の嚙み合わなさが強調されたことで、「日常を淡々と描く」のとは別のニュアンスが加わった。それは「二人の淡々とした日常が、避難命令によって破れつつある瞬間を捉えた」というニュアンスだ。この雰囲気は、二人のやりとりが終わった後、窓の外を避難を呼びかける電気自動車が通り過ぎることでさらに強調される。

表面上は静かな時間の流れの中に、その後の予感が演出で色濃く加わっているのである。

細かい芝居

脚本ではこの後、アムロの部屋で、ここも戦場になるのだろうかという不安をフラウが口にするが、絵コンテではそこは描写しない。そうした不安は、家を出て電気自動車エレカ——脚本では徒歩——で退避カプセルへと向かうときの会話として拾われている。つまり絵コンテでは、アムロの部屋では「アムロの性格」を印象づけつつ、「いつもの日常が変わりつつある予兆」を描くことに集中したのだ。

富野はアムロというキャラクターを演出することについて、マイクロ・コンピューターを組み立てるアムロとハロの会話で最初に印象づけを行い、ここを突破口にしてアムロを描写しようと考えたと記している。[8] 具体的には冒頭だと「アムロが朝食も忘れて、マイ・コンの組立てをしているだろうと思わせる、フラウ・ボゥのイントロのセリフ」と「机から立ち上がり背伸びをする描写」。ストーリーが展開してからは、「防空カプセルでのモノローグの気分」や「思わずガンダムのマニュアルに見入ってしまうというアムロの演技の展開」がそれにあたるとしている。

ちなみに絵コンテでは、机から立ち上がった後のアムロの背伸びは、指定はされていない。

おそらく第1話の担当演出・貞光紳也と作画監督・安彦良和を交えた作画打ち合わせなどで、その演技を加えることが決まったのであろう。

ちなみに安彦は、富野と『ライディーン』でコンビを組む以前からいくつかの現場で富野のコンテを見ていた。その印象は「お遊びも含めて、細かい芝居が入っていたりするので、アニメーターからすると手間の多い、面倒なコンテ」というもので「自分が作画監督の時は、大事でない細かい芝居はいろいろ省いたりもした」といったことを語っている。[9]

逆にいうと、絵コンテにはないこの背伸びの演技は、アムロを描くために必要な芝居だったということになる。また『ガンダム』第1話の出来栄えがよいのは、安彦が全カットのレイアウトを自ら描き、絵コンテが伝えようとする空間感や雰囲気をうまく実際の絵に落とし込んでいることも、無視できない要素である。

初操縦の説得力

ジオンの兵士デニムとジーンは、連邦軍もモビルスーツ開発をしていることを知り、功を焦ったジーンが、先手を取ろうと攻撃を始める。ここから脚本と絵コンテはだいぶ乖離していく。特に構成上大きな変更があるところは無視できない。

脚本の展開は次のようになっている。

サイド7の民間人は、ドッキングベイ側にある連邦軍基地の近くの大きな地下壕にまとまって避難している。やがて、ジオン軍の攻撃が始まる。ジオン軍の援軍がやってきてさらに激しい戦闘になるのではと不安になった避難民は、ホワイトベースへの乗船を求めて、地上に出てくる。兵士の制止をふりきり、基地内へと入っていく住民。それが結果として住民をジオン軍の攻撃にさらすことになる。

地下壕から出てきたアムロは父テムを見つけて駆け寄る。テムは住民の避難よりガンダムの搭載を優先させようとしていた。それに反発するアムロ。そこにフラウが駆けてきて、父と母がジオン軍の攻撃で死んでしまったことを告げる。アムロが呆然としていると、ガンダムを乗せたトレーラーの運転席にミサイルが当たり、爆発とともに書類などが撒き散らされる（その前にテムが、重要書類をジープに積み込む描写があり、このジープはこのトレーラーの側に停車していた）。撒き散らされた書類の中にガンダムのマニュアルも入っており、悲しむフラウをホワイトベースへ向かわせ、アムロはガンダムに乗り込むことを決意する。

ストーリー案にあった、父の研究室に入り込んで、そこで資料を見る——だからガンダムを操縦できる——というアイデアを踏まえつつ、脚本では、アムロがガンダムに乗らざるをえない状況が自然な流れで書かれている。ポイントは、フラウの両親の死と、ガンダムのマニュアルを手に入れるタイミングが非常に接近していること。つまり「絶対のピンチ」（戦う動機）と「反撃の鍵」（戦う手段）が同時にアムロのところにやってくるという構成で、第1話のストーリーで一番伝えるべきことがクリアに伝わってくるようになっている。

これが絵コンテでは構成が変わっている。

ジオン軍の攻撃が始まり、アムロはホワイトベースに避難させてもらえるよう父に掛け合ってくる、と防空カプセルの外へ出る。その後、父の居所を尋ねた連邦軍の士官の車が流れ弾で破壊され、そこに積まれていたコンテナの中からガンダムのマニュアルが降ってくる。アムロが、それを思わず読み始めてしまうのは、先述のとおり、アムロの性格を感じさせる演出の一環だが、重要なのはここでCMが入るということだ。

脚本ではCMが入るタイミングは、ジオン兵が攻撃を始めるところとなっている。これはこれで「引き」の効果は強い。これに対し、アムロがガンダムのマニュアルを見つけるというのは、主役メカの登場の前触れだから引きの効果もあるが、それ以上の効果を作品にもたらしている。それはCMを間に挟むことによる省略の効果だ。

脚本の構成では、アムロの心理の転換点は明確に伝わってくるが、アムロがマニュアルを読んで理解する時間はほとんど存在しない。乗り込んでから後に、マニュアルを見ながら操作をするというト書はあるが、マニュアルをその場で繰りながら操縦するという行為が、映像になったときにどこまで説得力を持って見えるかは難しいところだ。

これに対し、絵コンテにおける構成の変更によって、アムロがマニュアルを理解する時間が確保されたという点は、作品のリアリティを担保するという意味で大きい。しかもさらにCM

明けはジオン側の描写から入っている。CMの時間と、このカメラを別のところ＝ジオン軍側に振っていることによる「省略」の効果により、実時間以上にアムロがマニュアルを読んでいる時間があるように感じられるのである。もちろんマニュアルなど素読しただけで、ガンダムのような兵器が動かせるわけはないだろう。だが、「省略」を含めたこうした時間を取ることで、視聴者の感じる「もっともらしさ」は増す。

過去のロボットアニメにおいて、「操縦を覚える」プロセスは、あまりフィーチャーされてこなかった。このジャンルの元祖といえる『マジンガーZ』では第1話で、うまく操縦ができず、マジンガーZが暴走してしまう描写がありはするが、多くの作品で操縦の習熟には時間をあまり割いていない。先行する『ザンボット3』ではそこを「睡眠学習」という設定を導入することで、説得力を持たせようとしていた。

その点で、一〇代に向けてよりもっともらしい作品世界の構築を目指した『ガンダム』が、マニュアルを読み込む過程を「省略」を生かしつつ描いていくのは、非常に自然なことであった。

ガンダムに乗り込んだアムロは、慣れない操縦に苦心しながらも、なんとかジオン軍のザク二機を倒す。ちなみに脚本では、三機のザクを倒し、そこにはホワイトベースからの砲撃と、リュウの乗ったコア・ファイターの援護もあったという展開になっている。これは当初のストーリー案に則った内容なので、オーダーとして脚本に反映されたのだろう。絵コンテでは、ガンダム一機の活躍になっており、より第1話がアムロの物語であることが強調された形になっている。このように、脚本を踏まえつつも、さまざまな演出によって、アムロというキャラクターを鮮烈に印象づけたのが第1話だったのだ。

シャアはいかにして生まれたか

脚本から絵コンテで大きく変わったポイントはもう一つある。それは、アムロたちのライバルキャラクターである、ジオン軍の将校・シャアの描写だ。推測するに、おそらくシャアのキャラクター性は、脚本段階ではそこまで明確に決まっていなかったのではないだろうか。

そもそも富野が書いた「ガンボーイ企画メモ」や「初期設定書」[10]を見ても、シャアに関する記述は少ない。七ブロックに分けて書かれたストーリーのメモでは、第一部「大地」の終盤、地上での戦いで敗れ、死んだと思われるが、第六部「誕生」で復活し、ペガサスへのこだわりを改めて語り、その後アムロに敗れる、という役回りとして描かれている。このメモでは、ジオン公国を興したジオン・ズム・ダイクンの遺児であるという設定も導入されていない。「ガンボーイ企画メモ」の中に含まれたジオン・ズム・ダイクンの家系図があり、そこには子供が四人書かれている。そして年長の二人は死んでおり、第三子のアイリシア・ダイクンと第四子のハロム・ダイクンが生きているというふうに書かれている。

一方、セイラの前身といえるアシリア・マスのキャラクターについてのメモでは、ダイクンの遺児であり、メラン・コリ夫妻の養子であることが書かれている。おそらくこのアシリア・マスは、アイリシア・ダイクンと同一のキャラクターであろう。このようにセイラがジオンの子供であるという設定は初期から考えられていたが、シャアについては記述がない。これがストーリー案の段階になると第2話分には、本編と同様に、シャアとセイラが兄妹であるという記述が出てくる。

こうして時系列を追って設定の変化を追いかけてみると、シャアとセイラが生き別れの兄妹であるという設定は、ストーリー案の段階で初めて浮上したアイデアのようだ。そもそも主人公サイドの人物像は初期からさまざまに練られているが、もともと敵方のキャラクター全般について、バックストーリーに関する記述は見当たらない。ここは脚本チームの個性やアイデアで膨らませることを期待していたところもあるだろう。そしてバックストーリー以上に、シャアの性格付けも決まったのはギリギリであるということがうかがえる。

一方、シャアの造形に関しては『ライディーン』の仮面を着けた敵役プリンス・シャーキンが原型といわれている。シャーキンは、プライドが高く冷酷な性格である一方、武人としての誇りも持ったキャラクターで、徐々に一〇代のアニメファンが目立ちつつあった時代に、女性ファンの人気を集めたキャラクターのひとりだった。このような前段を踏まえ、シャーキンをデザインした安彦が、仮面の敵役としてシャアもデザインしたのである。

「私もよくよく運のない男だな」――キャラクターを作るセリフ

第1話のストーリー案には、偵察が任務の先兵たちの暴走を知ると「敵のモビルスーツの機密を得ることが出来るか、否かのほうが大きいのだ！」と激怒するシャアが書かれている。極めて普通の敵役的な感情表現である。

これは脚本にも受け継がれている。暴走を知ったシャアは「（激怒）誰がそんな命令を下した！」「敵に姿を見られた以上、何がなんでも新兵器の機密を盗み出せ！」と強い語気で語っている。ラストシーンでも、モビルスーツ三機を失ったことを踏まえ「見ていろッ、必ず私が叩いてやる……」と「唇を震わせ一点を睨んでいる」（ト書）。こうした描写は、ストーリー案から受ける印象と連続している。ところが、これが絵コンテで一変するのである。

冒頭のブリーフィングがなくなったため、絵コンテでシャアの初登場は、サイド7を巡洋艦ムサイのブリッジから眺めているシーンである。ブリッジの遠景に「サイド7に潜入したデニムからの連絡は？」と尋ねるオフ台詞（画面に顔が出ない台詞）が重なる。続いて仮面の姿のシャアの顔が映し出され「私もよくよく運のない男だな。作戦が終わっての帰り道であんな獲物に出会うとは……。ふふ、向こうの運がよかったのかな？」と台詞が続き、副官ドレンとのやりとりで、サイド7で連邦の秘密作戦が行われていてもおかしくないと説明される。

この「よくよく運のない男」という台詞はかなり特殊で、とても自然とはいいづらい。「連邦の秘密作戦の端緒を摑んでしてやったり」という気持ちであるはずなのに、わざわざ自分は運がなく連邦軍こそ運がいいと逆説的な言い方をしている。非常にもってまわった言い方だ。芝居がかっているといってもいい。しかし、それによってシャアというキャラクターが猛烈に際立つことになった。

経緯を見てきたとおり、シャアというキャラクターの実態は、企画段階ではそこまで明確なものではなかった。おそらく絵コンテでこの芝居がかった台詞が書かれた瞬間に、シャアというキャラクターが固まったのだろう。もしかすると、仮面の敵役というルックスが決まったことが、具体的にどういう芝居をさせるかということに繫がったのかもしれない。このあたりは富野が原作も兼ねているからこその荒業で、だからこそ脚本打ち合わせの段階ではその片鱗もなかったキャラクター像を、絵コンテで打ち出すことができたのだ。

ストーリー案と脚本では怒声を発していた、ジーンの暴走の報告についても、絵コンテでは、見張りに残ったスレンダーから報告を受けると「連邦のモビルスーツは存在するのだな」「デニムに新兵が抑えられんとはな」と極めて実務的な応対をしている。なにより不測の事態に対し即座に怒ったりしないことで、シャアというキャラクターがかなりの自信家であることも垣間見える。

そしてシャアというキャラクターの極めつきが、第1話最後の「認めたくないものだな。自分自身の、若さゆえの過ちというものを」という台詞である。現在は、シャアの名台詞として知られているが、これもまた「うまくいくと思った積極的な作戦が失敗したことに、自分の若さを感じるが、それを認めたくもない」という、複雑な自意識が反映された構造の台詞になっている。

星山は第1話の試写を見た感想として、

> 正直いって衝撃を受けた。演出の切れのよさといい、アムロとフラウ・ボゥの戦火の中でのからみの時の演技の表現力といい、宇宙空間での遠近感といい、実に見事だった。シャアの唐突なセリフにムッとしたことを差し引いても、驚きに値する出来栄えだった。
>
> マイナー作品ばかりを作らされて来たスタッフの、〝みていろ！〟という意気込みを、そこに感じた。
>
> 一話にして、早くもボクの世界が犯されることを予感した時、監督と喧嘩したって最後まで付き合ってやると、不思議に燃えたことを今でも覚えている。[11]

と記している。

星山がいう「唐突なセリフ」は、シャアのラストの「認めたくないものだな」という台詞を指している。また「監督と喧嘩」については、星山は次のように語っている。

富野さんがこういう話でいこうと方針を出す。僕はチーフだからその後で残りのライターと四人で、ここでこいつの性格を思い切り出そうとか、こいつの性格がまだ出ていないから、そこになんでもいいからワンエピソード入れてくれとか打ち合わせをしていた。ライター陣はそんな感じで態勢を固めて、富野監督に「あんまり脚本を変えないでくださいよ。脚本を生かしてくださいよ」とお願いしていました。彼もそこで「わかった、わかった」と言うんだけど、でも彼は彼で自分の世界に入っちゃっているからやっぱり変えてしまう。そこに引っ張り合いがあったんです。[12]

富野はストーリー案を第6話まで書き、その後、ストーリー案を書いたのは第22話以降になる。その間は、星山が語るように、脚本家のアイデアと演出家の世界が拮抗しながら、引っ張り合いの中でシリーズが進行していったのである。

方向性が生むメロディ

ここまでは脚本と絵コンテを照らし合わせながら、映像に変換されていく過程で何が、どのように付け加えられてきたかを確認してきた。そこで富野は、脚本を踏まえつつも「進行する状況下にカメラを置く」アレンジをしたり、構成に手を加えたり、「キャラクターの印象付けの徹底」なども行った。それは演出という作業を通じて、脚本を改めて自分なりにブラッシュアップするという側面も持っていた。星山の語る「引っ張り合い」の部分である。

しかし第1話の演出面でもっとも重要なのは、「被写体が画面上のどちらを向いているか／どちらに向かっていこうとしているか」という〝方向性〟のコントロールが徹底していることだ。方向性のコントロールとは、第3章で触れたとおり、被写体が画面のどちら側へ向かっていくかということを、物語の展開と連動させながら展開していく方法論で、ドラマの変化を視覚的に表現する原則の一つである。これが『ライディーン』第1話では見られず、『ザンボット3』第1話になると、はっきり画面に現れるようになる。そして『ガンダム』第1話もまた、しっかりとこの原則が反映された画面になっている。本章の冒頭に、富野の演出家としての、その時点での到達点と書いたのは、この方向性のコントロールという大原則の上に、先述の「キャラクター描写の徹底」や「進行する状況下にカメラを置く」といった演出の技が駆使されているからだ。

第1話のサブタイトルが出た後、三機のザクは、画面右側から左へ向かって移動していく。その後も、ザクは基本的に左向きで画面の中に登場する。第1話の「ザクがサイド7を襲う」という本作の基本的なストーリーは、このザクの左向きの移動が大枠となって語られている。

この「左の方向性を持つザク」という大枠の中に、アムロのドラマが織り込まれている。アムロはまず自宅を出てシェルターまで、左向きの方向性で進んでいく。しかし、ザクが攻撃を開始し、退避カプセルの中で振動を感じたところで、その方向性が切り替わる。ここでアムロは、右方向に進み出し、軍属である父テムに民間人をホワイトベースに避難させるよう頼んでくる、と退避カプセルの外に出るのである。

次に大きく方向性が変わるのが、フラウと避難する途中でテムの姿を認めた瞬間。ここでアムロは左へとまた進んでいく。しかしテムは、避難民よりもガンダムの搬入を優先させようとしており、アムロが画面右方向にいる避難する人々のほうに戻ろうとした瞬間、大きな爆発が起き、フラウが吹き飛ばされる。

両親を失ったフラウを励まし、彼女が画面右側にハケると、アムロは左方向へと進み出し、ガンダムに乗り込む。ここからガンダムの戦いは左向きの方向性で進んでいくことになる。ここで、冒頭から左向きに進んできたザクの方向性が変わる。ガンダムの登場でザクの方向性が右向きへと転換し、ここでザクとガンダムの持つベクトルが正面からぶつかることになって、戦いが発生する。そして一機目のザクを倒した後、背後から迫る二機目のザクを倒すときは、ガンダムはまた右向きに変わる。

このように、「ザクのサイド7襲撃」という、左向きの方向性で描かれていくベースの上に、アムロの状況変化を方向性の変化で印象づけていく〝メロディ〟が乗っており、それが一体となって『ガンダム』第1話は出来上がっているのだ。

第1話の映像の流れの原則である方向性の取り扱い方。脚本を踏まえて、より印象的にキャラクターを演出するスタイル。特徴的な台詞回し。こうした特徴は、『ガンダム』第1話で明確に確立されたのだ。

『新世紀エヴァンゲリオン』の庵野《あんの》秀明《ひであき》監督は『ガンダム』の第1話について、次のように語っている。

構成と脚本の部分ですね。あと、面白さです。ロボットが出てくるアニメーションとしてはガンダムの一話が最高なんですよ、第一話ということでは、一番シンプルに作って、一番いいところをついている。シンプルだから崩せない。富野（由悠季）さんでさえ、あの一話は越えることができない。あの見事な構成と脚本。カメラの持って行き方も含めてすごくきれいですから。何の疑問もなく普通の少年が……いまから見れば〝アムロ〟って普通じゃないけれど、いままでと違った熱血タイプじゃない普通の少年が、ロボットに乗り込むっていうのをすごく素直に見せているんです。あれには勝てなかった。[13]

では、このように第1話を演出した富野は、『機動戦士ガンダム』というシリーズをどのようにまとめようと考えていたのだろうか。演出家として明確な「スタイル＝文体」を手に入れた富野が、それを使って戯作者として何を語ろうとしたのか。そこでは「ニュータイプ」というアイデアの扱いが大きな意味を持つことになる。

第5章

ニュータイプとは何か——戯作としての『機動戦士ガンダム』

「とんでもない展開」が触発する

第4章で触れたとおり、富野は『機動戦士ガンダム』第6話の後、第7話から第21話までは、ストーリー案を書いていない。

第7話から第21話は、地球上に降りたホワイトベースが北米から太平洋を越え、ユーラシア大陸を横断していく過程を描いた内容だ。第7話から第15話までは、敵の司令官ガルマ・ザビとの戦いから始まり次なる敵となるランバ・ラルの登場を描くが、各話完結のエピソードも多く含まれる。第16話から第21話までは、ランバ・ラル隊との死闘とそれが、アムロたちの兄貴分であったリュウ・ホセイの死によって一区切りを迎えるまでが描かれる。

「HISTORICAL MATERIALS of MOBILE SUIT GUNDAM」には、一五話分のストーリーメモが存在しない理由が富野自身の寄稿「ファースト・ガンダムの構成案の欠落について」[1]によって説明されている。

それによると、この一五話分の脚本作業を進めていた時期は、ほかの監督業務と重なって忙しかったことと、脚本作業にも勢いがある時期だったので打ち合わせで方向性の話をするものの、脚本に先立って富野がストーリーメモを書くことはなかったという。だからこそ「この時期の物語が独立性の高い物語になり、固有なキャラクターが登場して、とんでもない展開に」

なっているのに対して、「ホワイトベースを中心にした物語にするための努力」が必要だったと語っている。しかしその「とんでもない」展開に触発されたことで、『ガンダム』という作品が豊かなものになったことも、富野はそこで認めている。

例えば第13話について、シナリオにアムロの母「カマリアには同棲している男がいるとは書いていなかったはずなのだが、（略）画面上で背後に男を置くという隠し技を使った。（略）これは、当時のぼくが、シナリオを無視するコンテ・マン、演出家という悪評があったからで、それを回避する作戦」と語っている。

さらにラルと彼のパートナーであるクラウレ・ハモンについては、「ライター任せであればこそ、ライター独自のアイデアと物語性がまず提示されて、それを演出的にいかにガンダム的物語に調和させるのかという仕事がぼくに課せられたわけで、このカップルを演出するに当たっては、燃えた」「（引用者注：二人の印象的なシーンも）シナリオでラルとハモンの組み合わせを創作してくれたからこそ、発想できたことなのだ」と記している。ちなみに第16話から第21話の六話分のうち、富野は五話分の絵コンテを手掛けており、独立性の高い第18話のみ貞光紳也が担当している。

ラルの名前は前述の七ブロックのストーリーメモの段階で登場しているが、素直な戦士という程度の記述にとどまっている。その前に記述されている、ククルス・ドアンのほうが「坊ず！　この命、貴様にならくれてやる」という台詞と相まって、本編のラルに近いイメージを持っている。いずれにせよガルマ退場後の、新たな敵キャラクターとして設定されたラルとハモンは、脚本家陣が仕込み、富野がそれを演出していく過程で大きな膨らみを持ったキャラクターとして描かれることになった。

ランバ・ラルとクラウレ・ハモン

ラルとハモンをどう演出したかについて、富野は次のように触れている。

夫婦のようでありながら、普通の夫婦とは違う、という科白《せりふ》の展開には苦労した。つまり、「本来なら、部下と指揮官のわたしたちだが、一緒に生活している仲だから……」とかの、説明的な科白ではなく、二人の関係を表現するにはどうしたらよいのか?ということを集中して考えたということだ。[2]

ランバ・ラルとハモンの登場するファーストカットは、宇宙船ザンジバルのブリッジに、二人が入ってくるカットだ。ハモンがドアを開け入ってくると、ドア脇の兵士がすぐにハモンに対し敬礼をする。ハモンは軍服を着ていないが、この兵士のリアクションでハモンの立ち位置がまず見える。その後、続いてラルが入ってくるが、ハモンはそれにともなって一旦脇に退き、ラルが入ると、ドアを閉めてその後へとついていく。ここで今度はハモンとラルとの関係性が見えてくる。

続いて部下からホワイトベースを発見したことが伝えられる。しかしラルたちは、大気圏突入中で、ザンジバル以外は小型の大気圏突入用のポッドのため、ホワイトベースのいるところまで赴くには航続距離に難がある。

状況を検討する会話の中、ハモンが椅子の後ろからランバ・ラルの肩にさりげなく手を置く。椅子に座ったラルも、自然にそこに自分の手を重ねる。そして「しかし手を出さずに行き過ぎる男なぞ、お前は嫌いだったな」という台詞。スキンシップの自然さと、ラルの、自分がハモンにどう見えているかをよくわかっている言葉から、今度は二人の男女としての関係が見えてくる。

ラルがパイロットスーツに身を包むと、ハモンが「やはり指揮官らしく収まっているあなたより、こうやって出撃なさる時のあなたを見るほうが好きだわ」と語り、ラルもごく自然に言葉を肯定する。その後、二人は軽くキスを交わす。このキスも、ラブシーンというほど大げさなものではなく、自然に重ねられる手と同じぐらい当たり前の風景として、さりげなく演出されている。

二人がお互いのことをよく理解していることが伝わっているダイアローグと、自然なスキンシップ。こうして夫婦ではなく、まして若い恋人同士でもない、男女のムードを出そうとしていることが伝わってくる。

空間による演出

アムロがこの二人と出会うことになるエピソードが、第19話「ランバ・ラル特攻！」だ。ブライトに反発してホワイトベースを脱走したアムロ。彼は中立地帯の食堂で、ランバ・ラルの部隊と出くわしてしまう。

富野はこのシーンの演出について、ハモンとラルという〝一対の男女像〟をアムロに見せたかった、という趣旨のことを書いている。[3] それは、アムロに目を留めたハモンに対しラルが「フフ、あんな子が欲しいのか？」と投げかけ、ハモンが「ふ、そうね」と答えるあたりに現れている。ここは先述の初登場のシーンの演出の延長線上にある。

加えて、このシーンで注目したいのは、食堂という空間を巧みに使うことで、アムロとラルたちの関係性を浮かび上がらせる演出だ。

この食堂は演出的に三つの空間に分かれている。まず一つは、アムロが座っているカウンターの席。これは店の奥のほうに位置している。次が、ラルたちが入ってきて腰掛ける、入口に近いテーブル席。そして三つめが、このシーンでキャラクターが出入りすることになる、食堂の入口だ。

アムロは、店の奥の席で硬いパンと水だけの食事をとっている。そこにジオン兵が入口から入ってくる。緊張するアムロ。そこでアムロの目に映ったのがハモンだ。屋外の強い光でホワイトアウトした背景に、スカーフを脱ぎながらハモンが入ってくる。このとき、ハモンはちらと進行方向とは違うほうに視線を送ったように見える。

　カメラを切り返して、カメラはアムロにT.U.（トラックアップ、被写体に接近するカメラワーク）していく。これは〝ハモンの見た目（ハモン自身の視線）〟の表現で、実時間以上に長いT.U.の間が、ハモンがアムロに注視している印象を与える。そこでさらに切り返して、ハモンのアップになると、ここで彼女は目を細め、少し笑ったように描かれる。

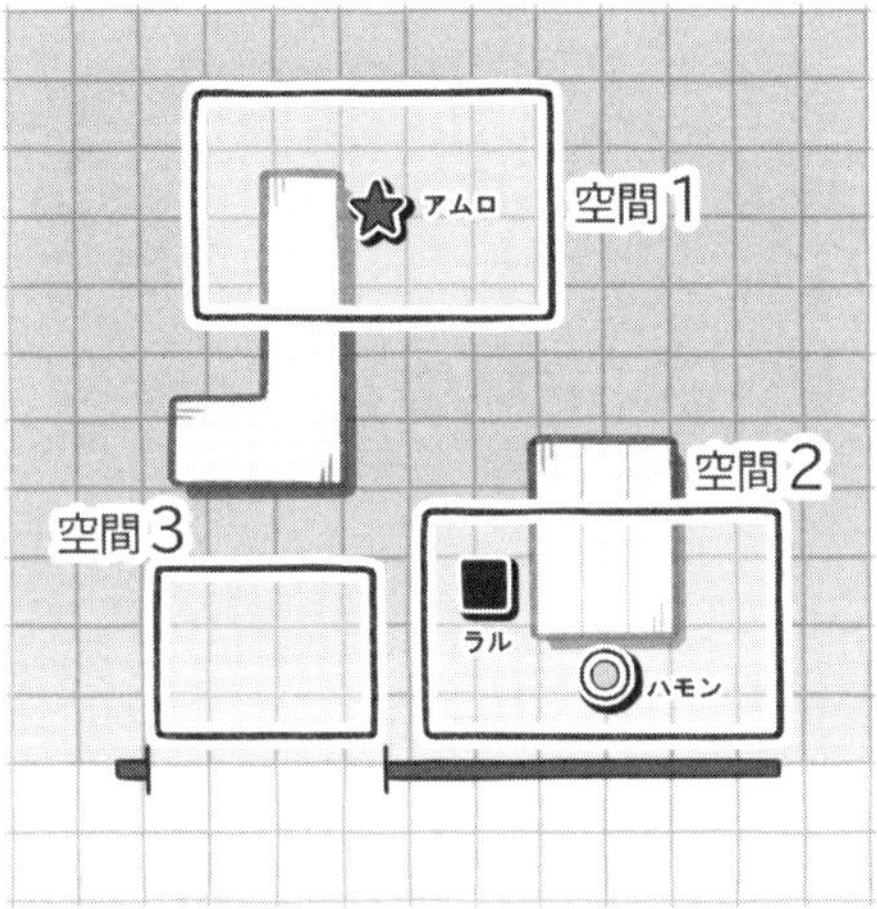

食堂の３つの空間

　ハモンは、自分たちが食事するのに合わせ、アムロにもおごろうとする。これに対しアムロは、ハモンたちの座るテーブルの近くまで移動して、自分は乞食ではないので理由もなくおごられるいわれはない、と断る。この時のアムロは、ハモンと視線の見交わしで生まれた〝線〟に導かれるように、店奥の自分の空間を出て、ハモンたちのい

「おごらせてもらうよ」

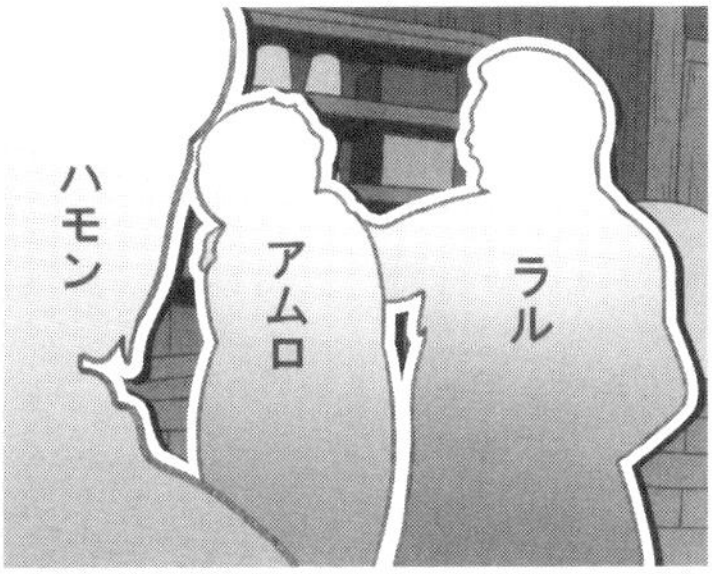

狭まれるアムロ

るテーブルの空間へと足を踏み入れたのである。

しかしその度胸がかえってラルに気にいられ「俺からもおごらせてもらうよ」といわれてしまう。このとき画面は、ハモンの後頭部を画面左側にナメて（後頭部越しに）アムロを捉え、画面右側にはラルが立っている。アムロは画面の中で、ハモンとラルに挟まれた形となり、アムロがこのテーブル周辺の空間から出るのが難しくなっていることが視覚化されている。

この膠着状態に変化を与える存在が、食堂の入口から新たに入ってくる。脱走したアムロを探しにきたフラウ・ボゥだ。ジオン兵に捕らえられたフラウが入口に姿を見せたことで、新たにテーブル近辺の空間と入口の間に線が生まれ、今度は、こちらの線上でドラマが発生する。

フラウをよく見るため、入口まで移動するラル。緊張するアムロ。ハモンのほうを振り返ったラルの視線とアムロの視線が正面でぶつかり合う。ここから、それまでの「囚われた状態」ではなく「アムロ対ラル」を印象づけるカットが続く。

アムロの困った様子に気がついてハモンが助け舟を出す。「その子、この子のガールフレンドですって」。それを聞いて、ラルは入口からテーブル近くのアムロの前まで戻ってくる。ラルがマントをめくりあげると、アムロはそこで拳銃を握っている。この緊張感がもっとも高まるくだりは終始ラルの視線とアムロの視線がぶつかり合う状況で進行している。この視線のぶつかり合いは、テーブルと入口を結ぶ線上で発生している。

拳銃を見たラルは「いい度胸だ。ますます気に入った」といい、「しかし、戦場で会ったらこうはいかんぞ」とアムロを送り出す。こうしてアムロは、フラウと一緒に入口から出ていく。

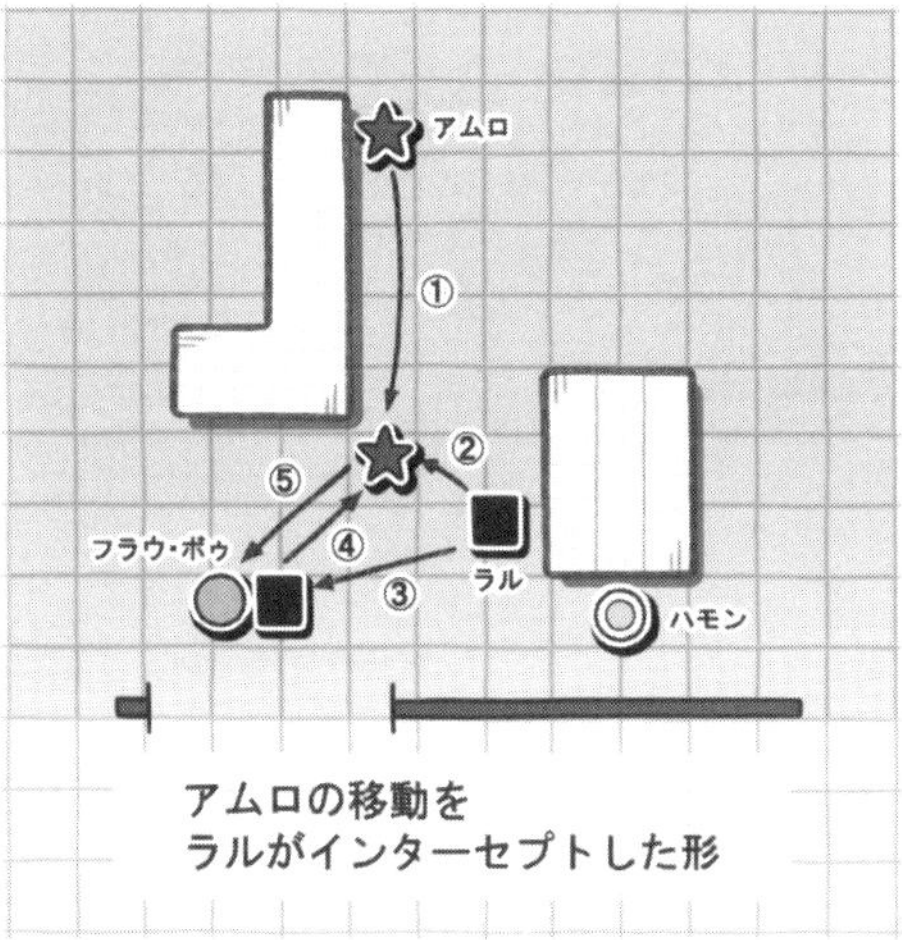

動線による演出

『ガンダム』のリアリティはどこから来るか

現代のアニメだったら、この食堂はもっと正確なパースペクティブで描かれるだろう。正確性という点では、この食堂はそこまで正確な空間として描かれているわけではない。しかし、このシーンはドラマが繰り広げられる「空間」として見事に成立している。どうしてそういうことが起きているかというと、ここで描かれるドラマが、アムロの動線という形で空間的に設計されているからだ。

先述のとおりこのシーンは「奥のカウンター席」と「テーブル付近」と「入口」という三つの空間から構成されている。アムロの動線は、奥のカウンターからスタートし、テーブル付近を通って、入口から外へ出るという形で設定されている。しかし、アムロはスムーズに移動することができない。テーブル付近でラルとハモンに捕まってしまうからだ。動線に沿った動きが阻害されることで、そこにドラマが生まれているのである。

さらにアムロがテーブル付近に留まっているところにフラウが登場したことで、アムロはいっそう進退窮まることになる。このとき、入口方向にラルが立ち、アムロの動線を塞ぐ形で配置されることになる。

動線を軸にした演出プランとそれによって伝えたいドラマ。それがこのように各カットのレイアウト（画面構成）にしっかりと反映されているからこそ、この食堂は物語の舞台となる「空間」として見事に成り立っているのである。

ラルとハモンという男女に存在感が宿ったのは、演技や台詞が持つリアリティだけが理由ではない。食堂という舞台も、ドラマと絡み合って表現されたことにより、リアリティある空間として視聴者の中に存在するようになったのである。劇作家の別役実は「舞台空間は、登場人物がそこに入りこむことによってはじめて、息づき、単に物理的な空間ではないものになる」[4]と指摘する。『ガンダム』の持つリアリティとは、まさにそういう登場人物の描き方と、舞台空間との相互作用から生まれていたことが、この食堂のシーンを見ると実感できる。

『ハイジ』で学んだもの

富野は、どこでこのようなドラマと空間の相互関係を自らの手法としたのか。第3章で触れたように『超電磁ロボ コン・バトラーV』（一九七六）、『超電磁マシーン ボルテスV』（一九七七）ですでに、空間を生かした演出が見られるので、ここより以前に、おそらくその萌芽があったと考えられる。

考えられる要素として、『アルプスの少女ハイジ』（一九七四）、『母をたずねて三千里』（一九七六）に絵コンテマンとして参加した経験は無視することはできない。両作とも監督（クレジットは演出）は高畑勲。場面設定・レイアウト（画面構成）を宮崎駿が担当している。また富野はこの後の『赤毛のアン』（一九七九）にも絵コンテで参加している。

場面設定とは、画面に登場する舞台などをデザインする役職で、美術設定とプロップデザインを兼ねたような役職だ。レイアウトは、絵コンテに描かれた演出家のプランをもとに、画面の構図を具体的な絵として決め込む役職。実写でいうならカメラマンに相当する役割といえる。『ハイジ』のレイアウト作業について、宮崎は自らが設定した山小屋の中に「カメラを持ち込んだつもりで絵を描いた[5]」と回想している。当時のアニメの背景は、絵画的な魅力は別として、書割のような扱いが多く、空間を表現するという意識は薄かった。そこに対して、ちゃんと空間の中に登場人物がいるように描こうと取り組んだ極初期の作品が『ハイジ』であった。それは単に立体的な空間を描くというだけでなく、その空間の中を登場人物がどう動くか、という動線の設計も含んだ挑戦だった。

富野が『ハイジ』などで描いた絵コンテが、どの程度採用され、どの程度画面に残っているかは具体的には不明だ。ただ『ハイジ』などにみられる、生活の細部をリアリティをもって描くことで登場人物像や世界を構築していくスタイルは、『ガンダム』にも色濃く見られる。ここから考えても、なんらかの影響はあったと考えるほうが自然だろう。

ニュータイプが生んだ二つの顔

ここで重要なのは、戯作者・富野はこのようなリアリティを感じさせる人物や空間描写を『ガンダム』という作品のゴールとして考えていなかった、という点だ。富野はそれを、ニュータイプという作品の鍵となる概念を浮かび上がらせるための、必要なプロセスとして考えていたのである。この姿勢こそ、富野のその後の作風を考えていくうえで重要なポイントといえる。

ニュータイプとは『ガンダム』の終盤に登場する、理解力と洞察力が高まった人間を指す言葉だ。「物事の本質を摑む力に優れる」という表現をされることからもわかるとおり、ニュータイプはある種の理想を込めた存在としてある。しかし同時にその能力は「勘の良さ」という形で発現するため、「戦闘力の高い人間」として強力なパイロットたりえる才能としても描かれている。

初期設定書にはラストシーンについて「恐らく、主人公に近い女性が、主人公かそれに近い男に対して、「私は、あなたの子供を生みたかった。今になって、そう思えます。」という語りで、終ることになる」というイメージが書かれている。

しかし「演出ノォト」では、これについて「局・代理店・スポンサーに対しての、基本的な作品イメージの説明」であって、「この科白をそのまま使えるようなドラマ創りは無理だ」と感じていたと書いている。

その第一の理由が、ガンダムがロボットものであり、第二にSF的作品だからだ。設定書に書いた科白そのままが使えるようなラスト・シーンは、間違いなくメロ・ドラマか、そうでなければ実写といわれている実際の人物を使って撮影したフィルムでなければ、使えない科白だと考えていた。(略)

設定書にあるような生身のキャラクターの気分を伝えながら、SF的表現は何なのか…と、これは一ヵ月近くも考えた。

そして、思いついたのが、〈ニュータイプ〉。

この単語を思いついた時の嬉しかったことは、まず、読者諸君にどこまで判って貰えるか？[6]

そして、ラルとハモンのエピソードも、このニュータイプへの助走として位置づけられているのである。

（引用者注：クライマックスで）アムロの想像力を拡大させる前に、大切なことがあるんじゃあないのか？という作者の立場の想像力が、ランバ・ラル夫妻の登場ということになるわけだ。

現実の中（オールドタイプ世界）での人の良き姿、悪しき姿をみて判っていかなければ、ニュータイプへの発生なぞありはしないんじゃあないか、と考えたんだ。

それが、ランバ・ラルの登場であり、ニュータイプへ至る伏線となっている。

つまり、人生の全体像をちょっとでも知る機会がなければ、例えアムロというニュータイプの素養をもった少年があっても、人のゆく道の目指すべき処を洞察するなぞは、できはしないだろうと考えたのだ。[7]

第4章で触れた通り、第7話から第21話までは、脚本家陣と富野が「引っ張り合い」をしながら、多様なエピソードが生み出されていた。その経緯を踏まえつつ、改めて富野は、第22話以降のストーリー案を自ら執筆することになるわけだが、それはつまり『ガンダム』という物語のゴールがニュータイプであるというところを目指して、改めて物語を組み立て直そうとしたわけだ。

この作業（引用者注：ランバ・ラルのエピソードを演出）をしながら、シリーズ全体のテーマと終着点を考えていったときに、誤解を恐れずにいえば、実写的な発想のライターの感覚だけではアニメにならないのではないか（略）、と思った。それで、ぼくは第21話以降のストーリー構成というものを書くことになった。[8]

こうしてニュータイプの導入により、『ガンダム』は二つの顔を持つようになった。一つは、内向的な少年が戦争に巻き込まれた結果、さまざまな人々と出会い世界を知っていくという「教養小説」としての顔。もう一つが、戦争という人類の愚かな行為に巻き込まれた少年が、その中で超感覚（ニュータイプ能力）を獲得し、人類がよりましに生きられる可能性を示唆するという「SF」としての顔である。

「ニュータイプ」の発明

ここで一度、初期設定書の段階から、ニュータイプの発明に至る足取りを確認してみよう。一九七九年一月六日にまとめられた初期設定書[9]には、ニュータイプという具体的な言葉は書かれていない。しかし設定などを固めている一九七八年一一月三日付のメモに「ラスト・メッセージに至るドラマとして、レギュラーの中に、エスパーの導入あり得る」と記されてもいる。[10] 七ブロックに分かれたストーリーのメモを見ても、敵役としてアステロイド・ララという一三歳のエスパーの少女が登場している。また執筆時期不明の人物相関図には「星印のついたキャラクターはエスパーかもしれない」と書かれ、テムロ・アムロ（本編におけるアムロ）とアリシア・マス（本編におけるセイラ）にその印がついている。

こうしてみると作品構想の初期の段階から、「人間の能力を超えた存在を登場させる」という狙いが富野の中にあったことがうかがえる。一九七八年一〇月三〇日付のメモには「ラスト・メッセージ（シャリア・ブルとの対話より）」とタイトルがつけられ、アムロと最終的に対峙する予定だったキャラクター、シャリア・ブルの台詞が書かれている。[11] 本編にもシャリア・ブルというキャラクターは登場するが、名前が同じだけで構想段階のこちらのキャラクターとは別ものの存在だ。

この「ラストメッセージ」には「人類には、未だ、戦いという遊戯が必要なのだ」「伝習の時代は、終った。もはや、人類は、己の力で、たかめねばならない。太陽の輝きが、銀河をのみこむまでに、成長せねばならぬ。宇宙は、新たな精神のモチーフを持っている。もはや、時はない。あと、三〇〇億年もない……」とスケールの大きなフレーズが並んでいる。これは第41話「光る宇宙」におけるララァとアムロというふたりのニュータイプが精神的交歓の中で対話したシーンの原型と見えなくもない。

富野にとっては、このラストメッセージのような方向へと進んでいくのが、想定された『ガンダム』だったということだ。アニメにしてはずいぶんと人間臭い、リアリティあふれる群像劇は、富野にとってはそこににじり寄っていくための過程であり、ゴールではなかったのだ。

> ニュータイプを一つの概念として、〝なるほど、あり得るな〟と思わせるために、ガンダムという作品の全体を、リアルな質感（タッチ）で描く必要があると判断した。
> なぜ？
> 観念が翔《と》ぶから、としか答えようがない。観念が翔ぶから、まずは作品世界をリアルっぽく描く事によって、そのニュータイプの観念を本当らしくみせることができるだろうという判断だ。[12]

この発言は奇しくもスタンリー・キューブリック監督が『二〇〇一年宇宙の旅』（一九六八）について語ったコメントとよく似ている。

キューブリックは同作は「神の探求」を扱った映画だとして「リアリスティックなハードウエアや全体のドキュメンタリーのような雰囲気は、この詩的なコンセプトに対する観客の根強い抵抗を柔らげるために必要なことだった」[13]と語っているのだ。『二〇〇一年宇宙の旅』は、宇宙に進出した人類がさらに進化しスターチャイルドとなるという物語。『ガンダム』がニュータイプという〝人類の革新〟をゴールに置いたことと重なって見える部分も少なからずある。ちなみに富野は『ガンダム』の当時、『二〇〇一年宇宙の旅』を意識していたとおぼしく、例えば劇場版『機動戦士ガンダム』（一九八一）の挿入歌「スターチルドレン」は、先述のスターチャイルドを踏まえた命名と思われる。

第22話以降のストーリーライン（以下、富野メモ）がどの時期に書かれたかは、よくわからない。スケジュールから考えると一九七九年前半頃だろうと思われる。第6話までのストーリー案よりも、プロットとしてまとまった形で書かれている。

富野メモを見ると、第37話「ハロムの罠」では「エスパーの研究者、フラナガン博士」という言葉があり、第38話「テキサスの攻防」では「〝ニュータイプ〟の人間のリスト・アップ」となっている。[14]

富野はインタビューで、ニュータイプの発想の原点を「（引用者注：ガンダムを）どうして動かせたんだといった時に、特別な能力を持たせるしかない。だから〝ニュータイプ〟にしたんです」[15]と説明している。そして第5話、第6話の作業のあたりで〝ニュータイプ〟という単語を思いついたので、第9話「翔べ！ガンダム」で、補給部隊の隊長であるマチルダがアムロに対して「あなたはエスパーかもしれない」という台詞をいわせて、〝ニュータイプ〟という言葉を登場させるための土壌づくりをしたと、回想している。

富野は、エスパーという言葉について、〝ニュータイプ〟という言葉のあくまで露払いとしてだけ使い、それを作品の鍵となる概念として使わないように意識したとも語っている。それはエスパーという言葉が、一九六〇年代からさまざまなSF作品で使われており、安易な使われ方も多かったからだ。そこで「エスパーとか超能力という言葉は絶対に使わずに、特別な能力を持った子供ということを限定出来るような言葉を見つけたい」[16]ということで、発明された単語が〝ニュータイプ〟だった。

しかし、脚本家陣や安彦にとって、この「ニュータイプ」の導入は、納得しづらいものだった。

安彦はこのようにインタビューに答えている。

表現も何も、〝ニュータイプ〟というのは、僕はわからないというか、あれだけは納得できなかったから、表現もへったくれもないと思った。（略）

「ニュータイプもオールドタイプもねぇや」、というのが僕の考えです、最後まで、人間は等身大でいて欲しいと思ったしね。ただそれじゃあ幕が引けない。それと、ＳＦのファンみたいな人たちがいっぱいついて来ましたのでね、その時に、ニュータイプのようなどうとでも取れるような概念を持ってきて幕引きに持っていくというのは、富野氏は上手いな、とは思ったんです。[17]

あるいはムックに掲載された脚本陣による座談会ではこのように振り返られている。

荒木　（略）さっき、富野さんは照れ屋だといったけど、ニュータイプ話になってはじめて臆面もなくモロ理想像を出したなァというふうに感じたな。

山本　ハッキリいって未消化だと思うけど、ま、ぼく自身、ニュータイプって半分ぐらいしかわからないもん（笑）。（略）

星山　あのニュータイプ話がでてきたころがね……いいたくないけど、ライターと作品が遊離していった時期なんだ。私なんかはさ、ニュータイプって出すならまずオールドタイプって何なのかを規定したいのね。旧タイプもなしに、突然ニュータイプが出てきちゃとまどうばかりで……ちょっとわだかまりとして残ったね。[18]

映画と戯作

このようにスタッフからもなかなか理解を得られなかったニュータイプという概念だが、富野はどうして「ニュータイプ」という大風呂敷を広げることにこだわったのか。

それは『ガンダム』を富野が考える〝映画〟にしようとしたからではないだろうか。

後年、富野は映画について「間口がひろくて、時空を飛躍できる自由度のある舞台設定ができて、それをつかって物語る機能をもっている道具」と定義し、「そんなところで、ふたりだけの恋愛ものなどやっているのはもったいない。それは、舞台でやれば良い。小説でもじゅうぶんなのだ」「映画はまず大スペクタクルであってほしいのだ。アニメはとうぜん映画だから、それをめざしていい」と記している。そして同時に「ロボットだけがいても、映画的ヴァーチャル・ワールドはえがけない。物語がなければ、物語の時間を獲得できないし、そうしなければ、観る人もおもしろくない[19]」とも指摘する。

ここで富野がいう〝映画〟は、映像メディアの一つという範疇を超え、概念としてのそれとして使われている。映像で物語るもののある種の理想像を指す言葉が〝映画〟であると考えるとわかりやすい。むしろさまざまに考えながら制作した『ガンダム』の手応えが、〝映画〟観をこのように言語化するきっかけとなった、と考えたほうが自然かもしれない。

『ガンダム』という企画は、スタート地点から、これまでのロボットアニメよりも一歩踏み込んで「リアリズム」の世界を表現しようという形で始まっていた。それはスタッフ間の共通認識でもあり、それがアムロを中心とした登場人物たちの繊細な描写にも繋がった。しかし、富野の〝映画〟に対するスタンスからすると、それだけでは「もったいない」ということになる。リアリズムに基づくキャラクター描写だけでなく、もっと大きなスペクタクルを用意しなければ〝映画〟にはならない。そのスペクタクルも、単に「ロボットの活躍」だけではつまらない。ロボットというスペクタクルに繋がる要素と、キャラクターという要素を包括する「物語」が必要なのだ。

ただし「物語」が、単に展開のおもしろさを追求した「ストーリー主義」では、スペクタクルはあってもキャラクターの物語を包括することができない。「物語」には、作品全体を包含するためのある種の哲学あるいは理念が必要なのだ。それをテーマと呼んでもいいだろう。そしてこの哲学を哲学のまま提示するのではなく、映像的なスペクタクルを駆使してエンターテインメントとして展開する。これが富野のいう〝戯作〟ということになる。単に展開の面白さを追究したストーリー主義と〝戯作〟はそこが異なるのだ。

また、もし哲学を欠いたままエンターテインメントに走れば「映画というものは、見てわかるものだから、好きにやっていいんだよな、という気楽すぎるノリでやると、すべからく素人ポルノになってしまう」[20]ということになる。ここでいう素人ポルノとは、「見たいもの見せたいものの羅列」ということである。富野にとって〝映画〟と〝戯作〟はこのように、表裏一体のものとしてある。

『海のトリトン』や『無敵超人ザンボット3』で最終回に仕込まれた「敵の正体とそれにともなう価値観の転倒」は、まだこのような〝戯作〟以前のものだった。本格的にストーリー作りにコミットした『ガンダム』で富野は、そこからさらに一歩踏み込もうとした。商業主義の代名詞ともいえるロボットアニメを〝映画〟にするにはどうしたらいいか。そのためには〝戯作〟が欠かせず、そのためにロボットとキャラクターを包括するアイデアとしてニュータイプという概念が必要となったのだ。

「演出ノォト」の中で富野はニュータイプがなぜ必要だったのかを記している。

> たかがロボットものだろう、という評価をはねのけてゆくために、この作品の主題が何か、という概念づけを極度に高度（この表現はウソに近い）な処に設定しなければ、作品のフィーリングがロボット物的になって終ってしまうのではないか？と考えて、そのことがアムロというキャラクターを、生かすも殺すものになると、やや大上段に構えたのである。
>
> これについての賛否はあろうが、この一見高度にみえるかも知れぬテーマに、〈ニュータイプ論〉を想定した、ということなのだ。[21]

この「たかがロボットものという評価をはねのけ」た先にあるゴールが、後年富野が語る〝映画〟であると考えると、この文章は一層クリアに理解できる。

ララァとの出会い

では本編の中で、ニュータイプはどのように描写されたのか。先述のとおり、富野はラルとアムロの出会いも、ニュータイプへと至る道筋であると説明をしている。しかし、本格的にニュータイプが描かれるのは第34話「宿命の出会い」におけるララァ・スンの登場以降になる。ララァ以外にも、第39話「ニュータイプ、シャリア・ブル」に登場するシャリア・ブルがニュータイプだが、アムロとの関係性は薄い。ここでは、アムロとララァの出会いと別れがどう演出されたのかに絞ってみていく。

第34話の脚本は星山博之、絵コンテ・演出は藤原良二《ふじわらりょうじ》である。ただし『機動戦士ガンダム台本全記録』[22]に転載された絵コンテ（部分）を見ると、出会いの瞬間のコマは、富野が描いていることがわかる。その前のシーンでアムロがエレカ（電気自動車）に乗っているカットも富野の絵なので、二人の出会いのシーン全体を富野が描き直している可能性は高い。

宇宙に出たホワイトベースは、中立の立場のコロニー・サイド6に立ち寄る。そこで町に出たアムロは、サイド7で生き別れになった父テムと再会をする。酸素欠乏症で精神に異常をきたしている父の姿にショックを受けるアムロだったが、その翌日もまた、父の住むアパートへとエレカで向かうのだった。

途中雨が降り出したため、アムロは湖畔に立つ小屋で雨宿りをしようとする。未舗装の道路に面した玄関前に車をとめ、軒下に駆け込むアムロ。ドアのガラス部分から、「この建物はなんだろう」といったふうに中を覗き込むアムロ。キャラクターのこの細かい芝居は、いかにも富野コンテである。

一向に雨は止まない。そのとき、アムロは湖の上を低く飛ぶ白鳥を見つける。このとき、アムロの眉間に稲妻のような光が走る。この後、ニュータイプの超感覚を表現する手段として、フレクサトーンの効果音とともによく使われることになる手法だが、この時点ではただ無音で光のみが描かれている。そしてゆっくりとアムロは左を向く。この振り向きの様子は、動く過程で残像が残るというストロボという処理がほどこされている。要するに、第六感（つまりニュータイプの力）で建物の左側に、誰かがいるということを感じた、ということを、眉間のスパークとストロボ処理の動きで伝えようとしているのだ。

アムロがゆっくり建物に沿って歩いていくと、テラスに、やはり湖の白鳥を見つめている少女が座っていた。「かわいそうに」という彼女のつぶやきの後、白鳥の飛ぶ姿、湖側から小屋を捉えたロングショット、アムロのバストショットと、長い間をとってゆったりカットが積み重ねられる。このとき、ずっとカメラはゆっくりPAN（横移動）しており、静かな中に何かが起こりそうな緊張感が漂う。

そして白鳥はついに力尽きて湖面に落下する。「あっ」と声をあげたアムロは、改めてテラスの少女の姿をまじまじと見つめる。浅黒い肌に額の印。インド系のように見える。アムロはテラスに足を踏み入れる。驚く少女。

「あの鳥のこと好きだったのかい？」と尋ねるアムロ。そうすると「美しいものが嫌いな人がいて？」という台詞が、何度もエコーのように繰り返される。このとき、カメラは屋根の上からテラスの二人を俯瞰で捉えている。アムロが完全にテラスに上がっていることがわかるカットだ。そしてカメラが少女をアップで捉えると「美しいものが嫌いな人がいるのかしら？」と、彼女が話す。

つまり、実際の台詞に先行して繰り返し聞こえた「美しいものが嫌いな人がいて？」という台詞は、アムロがララァの心情を感じ取ったことを表しているのだろう。

続けて「それが年老いて死んでいくのを見るのは悲しいことじゃなくて？」という少女に、そういうことを聞きたいのではなくて、というアムロ。しかし少女はその言葉を聞いてか聞かずか、雨が止んだのを見ると、すれ違いざまにアムロに「きれいな目をしているのね」という言葉を残して、外へと駆け出していく。アムロはテラスから降りて、走り去る少女の背中を見送る。

このシーンの動線の設計は非常にシンプルだ。アムロは、雨宿りした玄関から移動して、玄関から見えない角度にあったテラスへと上がる。しかし、アムロと少女が同じテラスの空間を共有したのは一瞬だけで、少女＝ララァはそのままどこへともなく去ってしまう。

演出される別れの予感

このシーンの演出としては、第一に、ララァのエリアであるテラスに、アムロが「境界線」を越えて入り込むという組み立てに、二人の出会いの象徴的な意味合いを読むことができる。第41話の互いの精神が共鳴するシーンで、ララァは「なぜ今になって現れたの？」とアムロに問う。彼女にとって、この邂逅は予期されない、突然すぎるものだったのだ。だからこそアムロ側から、彼女の領域へ入り込む、という描写でなくてはいけないのである。

ただテレビシリーズでは、境界線を〝越える〟という部分の表現が少し曖昧だった。画面の中に境界線が明確に視覚化されていないのである。これが劇場版『めぐりあい宇宙編』では、このシーンは新規作画になっており、テラスの柱を境界線に見立てて、アムロがララァと同じ空間に入ってきたという意味合いを強調する演出になっている。

第二に、二人が同じ白鳥を見ている、という点も重要だ。同じものを見るという演技は、その後対照的なリアクションを描かない限りは、「なんらかの同じエモーションを共有した」という意味合いが生じる。しかもそれが、老いて死んでいく白鳥の姿で、「最後の作品」を意味する「スワンソング」という単語も思い起こさせる。そこからは命の儚さと、命の純粋さが感じ取られ、これがやがてくるララァの最期を予期させるものとなっている。このため『ガンダム』のその後の物語に相当する『機動戦士ガンダム　逆襲のシャア』ではララァと白鳥のイメージが重ねられて語られることになる。

第三に、アムロとララァは一瞬、同じ空間、同じ視線を共有し合うが、それはすぐに終わってしまい、ララァはその場を去ってしまうという展開だ。これはまずララァという少女が、摑みどころのない、神秘的な存在であるという印象を生み出す。と同時にこちらも、やがて来るララァの最期の予感と結びついている。ララァは「去っていってしまうキャラクター」でアムロは「残されてしまうキャラクター」なのである。

脚本や藤原の絵コンテの段階でどれぐらいこの展開が構成されていたかは不明だが、完成した映像からは、二人の印象的な出会いが、すでに別れの予感を孕んでいることが感じられる。

なお『台本全記録』を見ると、白鳥が力尽きるあたりから、挿入歌をかけるプランがあったようで、台詞部分に「M」（音楽の意）と書かれ、歌詞のようなものが書かれている。これは内容からして挿入歌「きらめきのララァ」の歌詞の原型と思われる。「かわいそうに」というララァの台詞の後の長い間は、挿入歌をかける想定でとられた間でもあったのだろう。ただしテレビシリーズでは、挿入歌はかけずに終わった。「きらめきのララァ」も本編では未使用のままでである。

ちなみに劇場版『めぐりあい宇宙編』の時には、ここで挿入歌「ビギニング」が流れる。ララァとの邂逅のフィーリングを表現するのに、富野が「歌」が重要な要素であると考えていたことがうかがえる。

シャアとララァ

一方、ララァというキャラクターの描き方についてはアムロだけでなく、シャアとの関係性も同じように重要である。

二人がどのように出会ったかは作中では明言されていない。ただ、ララァはやはり第34話で「私のような女を大佐は拾ってくださった」と語っている。この言い回しから、世間からはあまり尊敬されないような立場あるいは職業にあったことが想像される。

この台詞は、ガンダムの戦闘が中継されているテレビを見ながら、シャアと交わす会話の中に出てくる。富野はこのシーンの演出の狙いを次のように話す。

この時は、すでに安彦君が倒れていたので画の表現としてはやや不充分だが、二人の関係を描く上で重要なニュアンスを加えているということだ。

これは、声優の池田君と潘さんにも注意して演じていただいた点でもある。

二人は昨夜一緒に寝ている。という気分をどう出すか？という点だ。かなり、上手くいっていると自負している。

ララァの甘えた気分と、それを許しているシャアの関係は、ひどく甘いのだ。ざれ合っている、気分。


ニュータイプの感応は、絶対プラトニック的な理解の仕方だと考えると、もし、シャアとの肉体関係のないララァなら、まずシャアに対する未練なぞ一瞬のうちに消滅して、アムロの同志となってしまうだろう。

　これでは41話のようなシーンは、生れようがないのだ。ララァのシャアへのこだわりが、アムロと同化できない自分を発見して、彼女が自滅していかざるを得ないのだ。[23]

　映像をみると、シャアは立って、ララァはソファに座ってテレビを見ているだけなので、画面構成的にはそれほど凝ったものではない。ただ富野が書いたように、池田と潘の演技――特に「白いモビルスーツが勝つわ」とララァが〝予言〟した後の、シャアの「ララァは賢いな」という台詞のニュアンス――には、言葉の奥に二人の関係性が感じられるものになっている。『めぐりあい宇宙編』になると、このシーンはシチュエーションは同じものの、絵コンテ段階から画面の設計を大幅に変更している。『めぐりあい宇宙編』では、シャアとララァは、ソファに並んで座っており、カメラは基本的にララァしか映さない。カメラの中のララァはリラックスして楽しげだ。逆にシャアはララァの姿に隠れて見えないか、フレームの外に置かれている。「演出ノォト」の解説を踏まえていうなら、こちらは「ララァがシャアに甘えている」という要素をもっと前面に出した形で演出し直されている。逆にシャアは、マスクをはずし素顔でいることはわかるが、表情を一切見せないことで、「声は優しげだが、本当は何を考えているのかわからない」といった雰囲気を醸し出している。テレビよりもより具体的に、二人の非対称な関係を演出しているといえる。

こうしてアムロとララァの関係、シャアとララァの関係を見せた後、第41話「光る宇宙」で、ララァとアムロの別れが描かれることになる。

「人間って、きっと素敵なんだろう」――ニュータイプという希望

第41話は、地球連邦軍の宇宙艦隊が、ジオン公国の宇宙要塞ア・バオア・クーへ向かって進軍する過程で起きる戦闘を描く。ララァはモビルアーマー（非人型大型兵器）のエルメスに搭乗。エルメスは、ニュータイプの能力を生かすサイコミュという装置を搭載し、ビット（小型の移動砲台）を遠隔操作し、敵機をあらゆる方向から攻撃できるという機体である。そして、ララ

ァとアムロは戦場で（第40話に続き）相まみえることになる。

二人は戦いの中、ニュータイプ同士でしかありえない、互いの魂に触れ合うような体験をする。最初はなぜ戦うのかをお互いに問い合うが、やがて二人は、この出会いが「運命」であると悟る。

ララァ「人は変わってゆくのね。あたしたちと同じように」
アムロ「そ、そうだよ。ララァの言うとおりだ」
ララァ「アムロは本当に信じて？」
アムロ「し、信じるさ、き、君ともこうして解り合えたんだから。人はいつか時間さえ支配することができるさ」
ララァ「ああ、アムロ、刻《とき》が見える……」

二人の会話の内容が抽象的になっていくとともに、映像もスペクタクルの実践ともいえる、壮大なイメージを中心に展開していくことになる。第41話の絵コンテ・演出を担当したのは貞光紳也。ただ『記録全集2』に掲載された、このイメージシーンの絵コンテ（一部）を見ると、貞光の絵コンテに富野がかなり加筆修正を加えている様子がうかがえる。富野はこのシーンの発想について「演出ノォト」にこう記す。

人同士の思惟《しい》が、直結する手段が発見されれば、人と人のコミュニケーション（意志の伝達）の中に誤解の発生することがない。さらに、誤解が発生しなければ、その通じ合った意志とか考え方が重なりあって、相乗効果が増幅されるのではないか？と、考えたということだ。

思考の相乗効果！これは、すごいと思う。

オールドタイプの個人の考えの、二倍も十倍も想像力とか洞察力が拡大するんじゃないか、と想像したんだ。

それが、アムロとララァの会話だ。[24]

このイメージ映像の連続も、『二〇〇一年宇宙の旅』の終盤に登場する、スターゲート・シークエンスと通ずるムードがある。スターゲート・シークエンスは台詞が一切ないが、一般的にこのシーンは、木星近くにいるモノリスに触れた宇宙飛行士ボーマンが、スターゲートをくぐって空間転移し、宇宙の誕生、地球外知的生命体と接触する様子を特殊撮影を駆使して描いたといわれている。リアルに宇宙時代の人の生活を描いてきた同作だが、ここで大きく内容が跳躍する。そしてボーマンは最終的にスターチャイルドという新たな存在に変化する。

それと相似した形で『ガンダム』も第41話のこのシーンで大きくジャンプするのである。そのジャンプで語られるのは、人間の未来への希望。このニュータイプという概念の核にあるのは、この希望なのだ。


この僕がニュータイプへのルートを語ろうと思ったのは、なぜだろう？

けっして、利口な僕じゃないんだけれど、願いなんだよね。その願いを出さなければ、物語なぞ何にもならん。（訴えかける力なぞない！）と、かすかに判断したんだ。

その判断と、ある部分での勘が、〝人間、我われオールドタイプが思っているほど、悲観したものじゃないのかも知れない……〟と考えたんだな。そう。人間って、きっと素敵なんだろうって考えた時に、ニュータイプっていう言葉を思いついたんだ。[25]

戦いの中で出会ってしまったアムロとララァ。戦争がなければ二人は出会うことはなかった。そして視覚的なスペクタクルとして描かれるアムロとララァの精神の交歓。この展開の中でニュータイプが内包する「希望」が示されたことで、等身大の若者像として描かれてきたアムロの物語と、未来戦争ものとして表現されたロボットアニメとしての『ガンダム』の二つが、見事に包含されることになった。これによって『ガンダム』は、富野の考える〝映画〟にぐっと接近することになったのだ。

仕掛けとしてのニュータイプ

富野はなぜ『ガンダム』において「ニュータイプ」を作品のゴールとし、そこにこだわったのだろうか。興味深いことに、富野は「ニュータイプ」を『ガンダム』の〝テーマ〟であると語ることは多くない。むしろ否定的なニュアンスで語るほうが目立つ。

その最たるものが『めぐりあい宇宙編』のプレスシートに掲載された文章だ。プレスシートには富野の「ファンへの感謝をこめて」という一文に続き、補足のように〈ニュータイプはどこへ〉という文章が付け加えられている。

「テレビ版以来、『機動戦士ガンダム』が大上段にふりかぶってみせたテーマにニュータイプ論があります」と書き始められた、この文章では、しかし映画版にあってもそれは具体的に語られることなく「所詮、ニュータイプ論は、『ガンダム』のポーズでしかなく、ＳＦっぽくみせようとする作者の擬態でしかなかったのでしょう」と記されている。

ファンが熱狂したポイントの一つであるニュータイプを、作品終了のタイミングで改めて否定するという点でこれは特異な原稿であるといえる。しかし、この「ＳＦっぽくみせるための擬態」という答えは、決して唐突なものではない。富野が、さまざまなインタビューで答えている「ニュータイプは、少年がロボットを操縦できるということに説得力を持たせるための方便である」という説明と、大枠では同じだからだ。

　しかし脚本家陣や安彦などから批判されつつも、作品の「ゴール」としてこだわったニュータイプが、「方便」「擬態」でしかない、というのは矛盾した姿勢ではないだろうか。すでに見たように、ニュータイプというアイデアは、『ガンダム』という作品を〝映画〟にするためには必要な要素だったはずだ。

　ここで思い出すのが、富野の『来るべき世界』（手塚治虫著）についての評価である。富野は、同作に強い影響を与えられたと語っている。

『来るべき世界』は、超大国スター国とウラン連邦の対立を背景に、立場の異なる日本と両国の少年少女がさまざまな運命を歩んでいく群像劇だ。これと併せて、日本の科学者・山田野博士が発見した、未知の知的生命体・フウムーンたちが、地球の危機に際してある計画を実行しようとする様が描かれる。もともと一〇〇〇ページほどもある長編だったが、出版社から「そんなに長い漫画は誰も読まない」と修正を求められ三〇〇ページまで削ったというエピソードでも知られる作品で、『ロストワールド』『メトロポリス』と並んで、手塚治虫の「初期ＳＦ三部作」と呼ばれ、一九五一年に大阪の不二書房より上下二巻で刊行された。

　富野はこの『来るべき世界』を貸本で借りて読んだのが、小学校五年か六年の頃だという。

　これは『鉄腕アトム』以上に衝撃的だった。ことに『来るべき世界』は、オリジナル・

ストーリーでありながら、日本と二大強国の背景のとり方、フゥムーンという宇宙人の狂言回しのうまさ、ポポーニアの色っぽさ、そのキャラクター設定のからめ手のしたたかさ……。（略）

こうして書いていくと、あの『来るべき世界』のストーリー・テリングこそが、僕が〝機動戦士ガンダム〟でやろうとしたことなのかもしれない。

幼少のころの憧れ、である。[26]

同作は富野にとって、群像を通じて、一つの世界を描き出すという作劇スタイルに触れた原点なのだ。一方近年のインタビューでは、作品の評価自体は変わらないものの、作中で最もSF的な設定であるフウムーンの存在について、このようにも語っている。

新人類のフウムーンという要素は「子供向けのマンガにするために必要な設定」という印象で、いらないいんじゃないかとも思ったりもしたんだけれど。[27]

二大国の戦争を背景に描かれる群像劇が前景とするなら、核実験によるムタチオン（突然変異）で生まれた、新たな知的生命体フウムーンをめぐる物語は後景として展開する。そこではフウムーンは、旧来の人類を相対化する役割を担う、超越的な存在として描かれている。

フウムーンに対する「狂言回しのうまさ」「子供向けにするために必要な設定」という二つの評言は、評価として逆方向ではある。しかしこれは、富野がニュータイプを語るときの「人間てそう捨てたものじゃない」という思いを込めて設定しつつも、同時に「方便です」と説明する姿勢と重なって見えないだろうか。ここに富野の、テーマに対する姿勢が見える。

テーマは、作り手が作品に込めたメッセージと同じものとして誤解されがちだ。しかしメッセージとテーマはまったく異なる。メッセージは完成した作品から浮かび上がるものだが、テーマは作品を制作する過程で、全体をコントロールする基準となるものだ。二つは重なる部分もありながら、根本的に違う機能を持っている。全体をコントロールする根拠となる以上、テーマは自動的に作品をまとめるための「仕掛け」という側面を含まざるをえないといえる。

富野の場合はすでにみたように、キャラクターとスペクタクルを包含するために〝テーマ〟を必要としており、『ガンダム』のニュータイプはそうしたアプローチの第一歩であった。その点で、ニュータイプが「方便」であったのは間違いがないことである。

しかし方便が方便、仕掛けが仕掛けとしてわかってしまってはうまい戯作とはいえない。それは手品のタネが最初から明かされているようなもので、エンターテインメントとはとても呼べない。うまい仕掛けとは、それが仕掛けとわからないよう、ドラマにとって不可欠な形で組み込まれていなくてはならない。そこが重要なポイントだ。

その点で富野から見たフウムーンは、巧みに扱われてはいるものの、あくまで「狂言回し」

の域に留まってしまっており、ドラマの一部を構成しているようには見えなかったのだろう。それに対しニュータイプは「方便」だからこそ、「人間ってそう悲観したものじゃない」――作中では「人の革新」という言葉で語られる――という希望を本気でそこに込める必要があったのだ。「エスパー」のようなすでに手垢のついたSF用語をあえて採用しなかったのも、「エスパーですね。新人類ですね」と短絡的に読解され、「希望」に思い至らないことを避けるためには必然だった。

だから富野は、〈ニュータイプはどこへ〉を次のように締めくくる。

　　では最後の外道を犯しましょう。ニュータイプとは、誤解することなく理解しあえる人たち、ではないのか？

この締めの文章は、ニュータイプという言葉を「方便」と否定して、いわば熱狂するファンのはしごをはずしたうえで、ニュータイプという言葉に込めた「メッセージ」の側面を浮かび上がらせようとしている。ニュータイプという発想のもとになった「人間ってそう悲観したものでもない」という思い。それを「ニュータイプという言葉の本質を理解しているあなたがたなら、それぐらいわかりますよね」という形で投げかけているのだ。

これは当然ながら劇場版第三作目の『機動戦士ガンダムⅢ　めぐりあい宇宙編』のラストに

流れた、“And now... in anticipation of your insight into the future.”（そして、今は皆様一人一人の未来の洞察力に期待します）というテロップの内容とも呼応している。

〝映画〟を目指すための〝仕掛け〟としてのテーマ。しかし〝仕掛け〟だからこそ、徹底に思考を深め、物語の中心として設定する必要がある。そしてそのテーマに対する思考の深まりが、メッセージとなって観客に発信される。このような一連の考え方は、『ガンダム』のニュータイプを通じて富野の中で確立したと考えられる。これが富野にとっての〝戯作〟の第一歩だったのである。

COLUMN

富野監督作品全解説2 1980~1988

イデが浮き彫りにする人の〝業〟

『伝説巨神《きょじん》イデオン』

一九八〇年五月八日より放送 全三九話

『伝説巨神イデオン』のメインスポンサーはトミー(現・タカラトミー)。日本サンライズ(現・バンダイナムコフィルムワークス)は『イデオン』の直前にトミーの提供で『科学冒険隊タンサー5』(四辻《よつじ》たかお監督)を制作しており、メカデザイン担当の会社サブマリンは『タンサー5』に続き、日本サンライズの依頼で『イデオン』に参加することになった。

玩具のセールスポイントは二段変形と合体。三台の自動車がそれぞれ飛行機や戦車に変形し、さらに変形合体して巨大ロボットになるギミックが売りだった。サブマリンの樋口雄一《ひぐちゆういち》は三台のデザインにあたり戦車、タンクローリー、幼稚園バスを想定したという。

富野の参加が決まったのは、トミーがスポンサーとして正式に決まった後。その時点でメインメカの方向性はすでに決まっていたが、富野はそれをあえて「第六文明人の遺跡」と設定して自身の物語のプランの中に組み込んでいった。

物語は、地球の植民惑星ソロ星に、伝説の無限力《むげんちから》イデを求める異星人バッフ・クランの探索隊が接近したことから始まる。ドバ総司令の次女カララが好奇心からソロ星に降り立ったために、両者の間で戦端が開かれてしまう。ソロ星の避難民たちは、発掘されたばかりの第六文明人の遺跡——宇宙船ソロシップと巨大メカ・イデオンを使い、バッフ・クランと戦いながら、宇宙へと逃亡の旅に出る。イデを巡る逃避行と追撃。戦いは次第に激しさを増し、多くの生命が失われていく。

キャラクターデザインの湖川友謙《こがわとものり》は、『無敵鋼人ダイターン3』で敵側のドン・ザウサー、コロスなどのデザインを担当したことがあったが、本作で本格的に富野とコンビを組んだ。富野は「湖川の〝女〟の部分がほしいと思った」[1]と起用の理由を語っている。湖川は最初にカララのデザインを固め、髪型や瞳の処理など『イデオン』の世界観はそこで決まったと話している。[2]さらに湖川はキャラクターの色彩設計も手掛けた。当時、『イデオン』で使えたセル絵の具の色数は九二色と少なく、青や赤の髪色やバッフ・クランの軍服の白などは、そうした制限の中で選んだ色だったという。

プロデューサーは前年に『サイボーグ009』を担当した長谷川徹《はせがわとおる》。演出も『009』班にいたスタッフが多い。音楽のすぎやまこういちも『009』に続いての登板だ。一方、脚本は『タンサー5』に参加していた渡邉由自《わたなべゆうじ》、富田祐弘《とみたすけひろ》が参加。『機動戦士ガンダム』に続いて参加した松崎健一は、そのSFセンスや知識を期待して富野が声をかけたという。

『ガンダム』のヒットは、いわゆる〝リアルロボットもの〟というカテゴリーを生み出すことになった。〝リアルロボットもの〟に具体的な定義はないが「ロボットを工業製品として扱うこと」「ロボットは軍隊などの組織が道具として運用する」「シリアスな人間ドラマを描く」などが特徴として挙げられる。『イデオン』も〝リアルロボットもの〟に分類される作品ではあるが、『ガンダム』直後の段階ではまだ〝リアルロボットもの〟としてのジャンル意識は明確ではなく、その後の〝リアルロボットもの〟に受け継がれていない要素は多い。例えばイデオンのパフォーマンスは、イデのゲージの状態に左右されることが多く、パイロットの操縦によるものだけではない。対する敵ロボットは三本脚の重機動メカが中心だが、それ以外にも戦闘機、宇宙船、手足を持たない特殊な戦闘兵器など多岐にわたる。この「なぜ動いているのかわからない異文明のロボット」という点と、異種格闘技的要素がある戦闘は『イデオン』のロボットアニメとしての特徴だ。

当初全四三話の予定だったが、玩具セールスの不調などにより、TV放送は第39話で打ち切りとなる。その後、未放送部分の公開を目的に劇場版の制作が決定する。それは一九七七年の『宇宙戦艦ヤマト劇場版』の大ヒットから始まったアニメブームの中に、大きな足跡を残すことになった。ライター・編集者の斎藤良一《さいとうよしかず》は、当時の熱気を次のように振り返る。

「劇場版『イデオン』の公開までの舞台裏を描いたゆうきまさみ氏の「イデオン　マイナーノート」及び「マイナーノート補足」は、当時のサンライズと、その周辺に集まったアニメファンたちの熱気と陶酔を伝える、迫真のドキュメントであるが、その中にこんなひとコマがある。オールラッシュの試写にアニメ誌の記者を招いた、サンライズの関係者が上映を前にして口上を述べるシーンである。

「本日お見せするイデオンのラッシュフィルムは、現時点における世界最高の映像です」

現実に私はロマンアルバムの担当者として試写を見学し、その口上を聞いたことがある。（略）あの時あの場にあった高揚感はまぎれもなくホンモノだったのだ。

怖いもの知らずで目の前の道がまっすぐ天上へ続いてゆくであろうことを疑いもしなかった。今から思えば、あれはアニメの〝青春〟であったのだろう。[3]」

劇場版『THE IDEON』は、アニメが、どんどん深化・進化していくことが当たり前に感じられた時代の最先端の作品でもあったのだ。

SF西部劇で人のバイタリティを描く
『戦闘メカ ザブングル』
一九八二年二月六日より放送　全五〇話

吉川惣司《よしかわそうじ》監督と脚本家の鈴木良武が進めていた企画『エクスプロイター』が頓挫し、新たに富野が監督を引き受けることになり生まれたのが『戦闘メカ ザブングル』だ。このため原作のクレジットが

『無敵超人ザンボット3』に続き、鈴木と富野の連名になっている。富野はここでガソリンエンジンで動くロボットが労働力として使われる、SF西部劇というユニークな世界観を立ち上げた。

舞台は惑星ゾラといわれる地球。シビリアンと呼ばれる人々は、惑星各地に存在するドームに住むイノセントたちの有形無形のコントロールを受けていた。シビリアンの少年ジロン・アモスは、両親の仇のティンプ・シャローンを追いかけていた。ゾラではあらゆる犯罪は三日間逃げ切れば免罪になる。周囲にバカにされながらも、本懐を遂げようとしぶとく頑張るジロン。無法集団サンドラットのラグ・ウラロや交易商人の娘エルチ・カーゴとも知り合い行動を共にすることになる。ジロンたちの行動はやがてイノセントにも注目されるようになり、ジロンたちは反イノセント組織ソルトに接近していくことになる。

『ザブングル』の放送枠は名古屋テレビ（キー局）土曜一七時半から。この放送枠は『ガンダム』が放送された枠で、以降は『無敵ロボ トライダーG7』『最強ロボ ダイオージャ』と、対象年齢を若干低めに設定した作品を放送していた。そのため『ザブングル』は、「〝ガンダム〟〝イデオン〟のシリアスラインと〝トライダーG7〟〝ダイオージャ〟のギャグラインの中間であるユーモア・アクションを狙っています」、と企画書[4]には書かれている。

キャラクターデザインはイデオンに続いて湖川友謙が担当。ジロンの主人公らしからぬ丸顔のデザインはインパクトをもって受け止められた。また瞳のハイライトを斜めの白線で表現するスタイルは、ほかに例を見ない個性的なデザインである。これは蛍光灯が瞳に映り込む様子をヒントに考案されたという。

湖川は『ザブングル』の作画について「●動き中心の可能性　●リアリティのある考え方　●基本を無視したデフォルメ」を土台にすることを考えたという。しかし第1話「命をかけて生きてます」以降は、劇場版『THE IDEON』の作業があったため、

第27話「うたえ！　戦士の歌を」まで半年の間は、ゲストキャラクターのデザインしかできず、作画の狙いを徹底できなかったと語っている。[5]

　その一方で本編では、動画を入れない「中なし」のアクションや、『未来少年コナン』（演出：宮崎駿）をヒントにした体を使ったアクションなどが頻出し、バイタリティあふれるキャラクターたちの存在を印象づけた。

　メインのメカデザインは大河原《おおかわら》邦男《くにお》。交易商人のエルチたちが使う母艦（ランドシップと総称される）のアイアンギアーは、『エクスプロイター』のときにデザインされたものである。その後、ガソリンで動くロボットという世界観を受けて、自動車から人型ロボットになるザブングルがデザインされた。

　玩具展開が前提のザブングル、アイアンギアーに対し、具体的に世界観を表現したのは、その周囲を固めたさまざまなウォーカーマシンである。荒野で働くガソリンエンジンのメカという泥臭さを体現したような、大小さまざまな形状のメカで、（戦闘目的を含めた）作業機械で多くのものは顔も持たない。デザインはメカニカル・ゲストデザインの出渕裕《いづぶちゆたか》が担当。富野がラフを描いたものも多く、湖川がデザインをしたものもある。

　メカの見せ方についても新しい挑戦が行われた。序盤では、主人公メカであるにもかかわらずザブングルが二台登場して対決するなど、印象的なシーンが作られた。後半はジロンの乗る機体がザブングルからウォーカー・ギャリアに切り替わり「主人公の二号ロボットへの乗り換え」を行った。本作以降、『聖戦士ダンバイン』から『機動戦士Z《ゼータ》ガンダム』まで、主人公の二号ロボへの乗り換えは定番のイベントとなっていく。

　一九八三年七月九日にはＴＶシリーズの総集編映画『ザブングルグラフィティ』が公開されている。監督は富野だが、ＴＶ版に絵コンテ・演出として参加した菊池《きくち》一仁《かずひと》が構成演出として立っている。反イノセント組織ソルトにかかわる部分をカットしてシンプルにまとめた一方で、完成画面ではない動画撮影を見せて「これが動撮だ！　まにあわないとこうなっちゃう」というファン向けの内輪ウケギャグなども盛り込まれている。同時上映は『太陽の牙ダグラム』（高橋良輔《たかはしりょうすけ》、神田《かんだ》武幸《たけゆき》監督）の総集編映画『ドキュメント　太陽の牙ダグラム』（高橋良輔監督）とギャグ短編『チョロQダグラム』（演出：三浦将則《みうらまさのり》）。

富野は一九八三年八月に文庫『増補改訂版　だから僕は…』（アニメージュ文庫）が出版されるのにあわせ、アサヒグラフ一九八三年六月一七日号に載った、TVアニメの「総集編二本立て」で商売をしようとする志の低さを皮肉った映画評を取り上げて、評へのコメントを同書の締めくくりとしている。

「まさに、御指摘のことに加担してきたわけで、この状況すべてをクリアーにする力を、我に！　と、イデ（イデオンでつかった絶対力の名称）の存在に願いたくもなる……。[6]」

異世界バイストン・ウェルの創出

『聖戦士ダンバイン』
一九八三年二月五日より放送　全四九話

『ダンバイン』は中世ヨーロッパ風の世界を舞台にしたハイファンタジーだ。これは一九八三年の国内エンターテインメントとしてはかなり珍しい存在だった。アメリカではこの少し前から、テーブルトークRPGが普及しコンピューターゲームも登場しつつある状況があり、『コナン・ザ・グレート』（一九八二年七月日本公開）や『ダーククリスタル』（一九八二年一二月アメリカ公開）といったファンタジー作品の映画化が試みられるようになっていた。このようなエンターテインメントのトレンドの変化が、『ダンバイン』登場の遠景にはあったと考えられる。

富野が創造したバイストン・ウェルは「海と陸の間にあり、輪廻する魂の休息と修練の地」と説明される。この世界には、コモンと呼ばれる普通の人間たちだけでなく、羽の生えた妖精のようなミ・フェラリオ、天女のようなエ・フェラリオ、野卑で粗暴な種族ガロウ・ランなどが暮らしている。この世界は、命あるものすべてが持つ〝オーラ力《ちから》〟によって支えられている。

キャラクターデザインは湖川友謙、美術監督は池《いけ》田《だ》繁美《しげみ》と『ザブングル』から連続するスタッフ陣も参加している。では、この世界にどのようなロボットがふさわしいか。

メカデザインはスタジオぬえの宮武一貴《みやたけかずたか》。宮武は富野にまず「変形ロボットにしろ合体ロボットにしろ、いじればいじるほど没個性になって存在感が薄くなる」[7]といわれたという。富野はキャラクター性が強い、新しいロボットキャラクターを求めていたのである。またサイズについてもパイロットのフィギュアと並んで置けるぐらいの小型サイズがいいというオーダーもあったという。このように『ダンバイン』は「玩具を売るためのロボットアニメ」における新機軸へのチャレンジでもあった。

そのうえで宮武がいくつか出したアイデアの中に、セミに手綱をつけて、その背中に乗って空を飛んでいる人物の絵があった。これを突破口にして、昆虫世界で虫の羽を持ったロボットという方向性が生まれた。まずクロカナブンをベースに一般兵士が乗るドラムロがデザインされた。そしてそこで固まったコンセプトを踏まえ、カブトムシをベースにした主人公機が描かれこれがダンバインとなった。宮武はこのほか、オーラバトラーのダーナ・オシー、それに長距離移動用のサポートメカ、ウィングキャリバーのフォウ、主人公たちが乗るオーラシップ、ゼラーナのデザインをしている。諸事情により宮武が抜けた後は、出渕裕が参加し、さまざまなオーラバトラー、オーラシップをデザインしている。

インパクトがあったエピソードは第16話「東京上空」から第18話「閃光のガラリア」にかけて描かれた、いわゆる〝東京上空三部作〟だ。これは主人公ショウ・ザマが、ドレイク軍のガラリアと戦闘中にオーラロードが開き、二人が地上界へと送りだされてしまうというエピソード。地上界へ赴くエピソードは、第三クール冒頭あたりに想定されていたが、それを前倒しにした形で描かれることになった。第16話「東京上空」（脚本：渡邉由自、絵コンテ：関田《せきたお》修《さむ》）の後半で、ショウは東京・吉祥寺の自宅にダンバインに乗った状態で出現する。

ショウの父親（シュンカ・ザマ）は経営コンサルタントと設定されているが、作中で具体的に仕事に言及はされていない。シュンカが書斎でパイプをくわえながら書き物をしていると、背後のテレビに彼が出演中の姿が映し出されている。そこに秘書がコーヒーを運んでくる。シュンカは秘書に「経済企画庁の資料はどうした」と尋ねると、秘書は「そろえました」と答えて、そのまま脇にしゃがみ込み、デスクに腕と頭をちょこんとのせている。台詞はごく普通だが、演技によってシュンカと彼女の関係性が浮かび上がってくる。

玄関が開く音がしたので、彼女（川原ヨーコ）は「嫌だ。今頃誰かしら」と行って、書斎のドアに向かう。するとドアが開き、シュンカの妻（チヨ）が入ってくる。

チヨは教育評論家という設定。台詞から講演の仕事がなくなったため予定よりも早く帰宅したことがわかる。チヨが「ヨーコさん、この家の台所は私のものですから勝手にいじらないでくださいね」などと、嫌味を言い始めたことをきっかけに、シュンカとチヨの口論が始まる。「こんなことやっているからショウが家出するのよ」「お前が教育者ヅラをして家をあけてばかりいるからだ」「ショウがほしがるものをあげるだけの甘やかしをしてるから」。仕事（と愛人）にかまけて子供を顧みない両親とその子供という構図は、『Zガンダム』でも繰り返されている。

この夫婦喧嘩のさなかにダンバインが現れることになる。しかし、二人は眼の前に現れたショウを息子だと認めようとしない。ショウが本人かどうかを見分けるための質問を思いつけたのが、父の愛人のヨーコだけというのは非常に皮肉な構図である。

〝東京上空三部作〟はこの後、地上でのガラリアとの戦闘が描かれ、新宿を中心に大きな被害が描かれる。この一連の戦闘シーンは、現実の土地や建物を、ある程度のリアリティを持って描く初期の例の一つで、さらに防衛隊のヘリや戦闘機なども登場し、「実景の中に異形の存在が現れる」という〝怪獣映画〟的趣向の魅力がある。しかし、同時に重要なのは『ガンダム』でも描かれた「子供が親を捨てる」という親離れのエピソードでもあるという点だ。

第32話「浮上」(脚本：富田祐弘、絵コンテ：斧谷稔・今川泰宏《いまがわやすひろ》)で、バイストン・ウェルの混乱を収めるため、エ・フェラリオの長ジャコバ・アオンが、オーラマシンをすべて地上へと放逐し、以降は地上界で物語が展開する。この後半戦開始の直前の、一九八三年八月にはメインスポンサーだったクローバーが倒産。バンダイがメインスポンサーとなり、番組のテコ入れのために設定された二号ロボ、ビルバインの玩具はトミー(現・タカラトミー)から発売されることになった。

後半のエピソードではジェリルの操るオーラバトラー、レプラカーンが巨大化して攻撃をくわえてくる第37話「ハイパー・ジェリル」のパワフルな戦闘が注目を集めた。絵コンテ・演出が今川泰宏、作画監督がスタジオ・ビーボォ(湖川友謙主宰の作画スタジオ)の若手大森英敏《おおもりひでとし》・北爪宏幸《きたづめひろゆき》のコンビ。今川は後に『機動武闘伝Gガンダム』で監督を務め、大森と北爪は『機動戦士ガンダム　逆襲のシャア』で腕を振るうことになる。

富野はさまざまな形で本作への反省を語っているが、ショウについては第1話での描き方が作劇ミスだったと語っている。その失敗とは、第1話「聖戦士たち」(脚本・絵コンテ：斧谷稔)で、地上から召喚されたショウを寝かせてしまったことだという。第1話では確かに、夜に召喚され、時間を飛ばして翌日になる描写があり、さらにもう一泊してダンバインに乗ることになる。時間の流れも飛び飛びで、その結果もあって画面における動きの印象が非常に薄い。

「あの人（引用者注：ショウ）、バイストン・ウェルで一晩寝たでしょう。あの間がショウ・ザマを自堕落にしたんです。降りて来た時に、完全な戦闘空間にスポーッと入っていたら、弾んだね。（略）敵味方を順々に見せていくというTVの作り方を投影させて、ショウにその中を上手くくぐり抜けて行かせよう……という穏やかなルートを作った。個人でなく世界を上手く見せようという気分がここにも出てた。」[8]

バイストン・ウェルというユニークな世界とキャラクターを並行していかに描けばいいかという難しさがここにある。

設定制作として参加した風間洋《かざまひろし》は、時代の半歩先どころではなく「二歩半先、それもかなり競歩状態で斜め上を向いていたのではないか」[9]と、『ダンバイン』という作品のユニークさと、それゆえの難しさを振り返っている。

ペンタゴナワールドの青春群像
『重戦機エルガイム』
一九八四年二月四日より放送　全五四話

『重戦機エルガイム』の舞台となるペンタゴナワールドは、一九七九年一二月に富野が描いたイメージボード『ムゲン・スター』の中にすでに登場している。イメージボードでは二重太陽と同じ軌道上に並んだ五つの惑星が登場する太陽系が描かれており、キャラクター名も含めいくつかの固有名詞はこの時点ですでに原型が見られるほか、ポセイダルの圧政と人々の反乱という構図まで描かれていたという。[10]

この企画は、一九八三年には「Spiral Flo　スパイラルフロー」と改められ、企画書としてまとめられている。『エルガイム』のプリプロダクション段階で、後にダバ・マイロードと名付けられるキャラクターの原案に、ムゲン・スターと名前が書かれている。[11]

この富野が考えた作品世界の大枠を踏まえつつ、

シリーズ構成の渡邉由自が構想したテーマ性やストーリーライン、メカデザイン・キャラクターデザインで参加した永野護《ながのまもる》の構築した世界観などが組み合わさって『エルガイム』の世界が完成したと考えられる。

当初渡邉が構想したプランでは『スター・ウォーズ』を念頭に置いて「親の仇をとってお家を再興する」というスタンダードな大枠を用意し、そのうえで正規軍に入るつもりで故郷を出たダバが、正規軍ではなくアマン商会の自警軍に入るという方向を想定していたという。このアマン商会が実は、反乱軍の後ろ盾となっており、やがて星系を支配するポセイダルが親の仇であることが見えてくるという展開に繋がる予定だった。[12]

本編は、コアムの田舎から出てきたダバ・マイロードと友達のミラウー・キャオのコンビが、山賊あがりのファンネリア・アムと、正規軍一三人衆の一人だったガウ・ハ・レッシィと出会い、ここに妖精のような先住民ミラリィのリリス・ファウをくわえたメンバーで、反乱軍に参加していく展開となった。『ザブングル』『ダンバイン』と続いた二号メカの登場も行われ、ダバの乗機がエルガイムから変形機能を持つエルガイムMk-IIへと交代する。また一年シリーズの前半と後半で主題歌が「エルガイム-Time for L-GAIM-」(MIO/現MIQ)から「風のノー・リプライ」(鮎川麻弥《あゆかわまみ》)に変更になるが、このような試みが行われた極初期の作品でもある。

本作は「若者の気分」を作品に反映することと同時に若手育成が意識された作品だった。

文芸面では富野から渡邉に「村上春樹風の若者的な風俗」を取り入れてほしいという話があったという。[13]当時の村上春樹は、長編でいうと一九八二年に『羊をめぐる冒険』で第四回野間文芸新人賞を受賞した後の時期で、一九八七年の『ノルウェイの森』で大ヒットを飛ばすかなり前。おそらく村上春樹の具体的な作品が念頭にあったというより、日本の土着の雰囲気から距離をとった都市生活者のムードというイメージだったのではないだろうか。例えば本作ではサブタイトルがすべて英語（カタカナ表記）になっている。渡邉、富田といったベテランのライターに加えて、若手の女性ライターの渡辺麻実《わたなべまみ》が参加したのも、そうした若い感覚を期待してのことだったろう。

そのような若手起用の筆頭はいうまでもなく永野護であるのは間違いない。キャリアの浅い永野を、メカニカルデザインとして抜擢しただけでなく、キャラクターデザインもすべて任せるというのは富野の大英断であった。

永野の描くヘビーメタル（この世界でのロボットの総称）は、スマートで個性的なシルエットとメカニカルなディテールの魅力を併せ持っており、アニメ業界やアニメファンに強いインパクトを与えた。ムーバル・フレームという、内骨格とそこに収まったメカニックの上に装甲がついているという発想は、モノコックボディの発想がメインだったロボットデザインにとって新機軸であった。このアイデアは、そのまま『Zガンダム』以降に登場するモビルスーツがムーバブル・フレームを採用しているという設定に受け継がれることになった。

キャラクターデザインも、個性的な髪型のシルエットと、ファッション性の高い衣装で、多くのファンの心を掴んだ。一九八四年の第二回日本アニメ大賞のファン大賞キャラクター部門では、ダバが男性部門、レッシィが女性部門でともに一位に選ばれ、永野は手塚治虫選考委員長から賞状とトロフィーを受け取った。

湖川友謙はアニメーションディレクターという肩書で一歩下がったポジションに立ち、各話の作画監督は『ダンバイン』で頭角を現したビーボォーの若手である北爪宏幸、大森英敏、遠藤栄一《えんどうえいいち》、矢木正之《やぎまさゆき》が中心となった。

シリーズ化、年代記化する『ガンダム』
『機動戦士Zガンダム』
一九八五年三月二日より放送　全五〇話

『ガンダム』終了から五年後にスタートした続編。企画の背景には『ガンダム』以降、バンダイがスポンサーとして加わった『ザブングル』『ダンバイン』『銀河漂流バイファム』『エルガイム』のセールスが、『ガンダム』を上回ることがなかったのが大きな原因としてある。この後、『ガンダム』シリーズは間を空けながらも現在まで継続して制作されることになる。

『ザブングル』、『エルガイム』で制作デスクだった内田《うちだ》健二《けんじ》が、プロデューサーとなって作品を担当。内田はこの後、『逆襲のシャア』まで富野による『ガンダム』を担当する。富野はスタッフィングについて「ファースト（引用者注：『ガンダム』）という殻を脱皮したいんだ[14]」と内田にリクエスト。このリクエストは、富野メモにある「五年後のスタッフの発見[15]」という記述や、若手育成を一つの課題に掲げた『エルガイム』の延長線上と考えることができる。結果的に前作の世界観を担ったキャラクターデザインの安彦良和、メカニカルデザインの大河原邦男に参加してもらいつつ、その周囲を若手が固めるという体制となった。

モビルスーツのデザインは当初、永野護がメインで担当する予定だった。しかし諸事情で降板が決まったため、デザインワークスとしてクレジットされている。これは、ムーバブル・フレームを持つモビルスーツのコンセプトや、コックピットのリニアシートなどのデザインなど世界観に関わるデザインを担当したからだ。モビルスーツのデザインには永野以外にも、多数のデザイナー、マンガ家、アニメーターなどがコンペ形式で参加している。

このほかにもこれまで日本サンライズとは縁のなかった新しいスタッフにも参加してほしいということで、美術監督の東潤一《ひがしじゅんいち》やオープニングの作画を担当した梅津《うめつ》泰臣《やすおみ》に声がかかり、当時注目の東映動画（現・東映アニメーション）の演出家、佐藤《さとう》順一《じゅんいち》（クレジットでは甚目《はだめ》喜《き》一《いち》）に第19話「シンデレラ・フォウ」などの絵コンテも依頼している。

タイトルメカであるZガンダムのデザイン決定が

ずれ込み、登場が第21話までずれ込んだ。そのため主人公カミーユ・ビダンは当初、ガンダムの後継機ガンダムMk-IIに搭乗し、その後Zガンダムに乗り換えることになった。この主役メカの登場遅延にあわせてバンダイからリクエストが出たのはMSV（モビルスーツ・バリエーション）を登場させることだった。MSVはプラモデルのみで展開したスピンオフ企画。当時、バンダイ開発第一部部長という立場で『Zガンダム』担当だった松本悟《まつもとさとる》によると、バンダイ側としては次のような目論見があったという。

「MSVの登場に関してはこちらからお願いしましたね。そもそも主力商品のZが20話過ぎまで登場しないわけですから、それなら〝つなぎ〟としてMSVは出してほしいというわけです。それにMSVはサンライズがガンダムの続編をなかなかつくらないので、バンダイで独自に展開したわけです。そういうものを作品にも出してもらうことで「適当に作ったものじゃないよ」と認知してもらう狙いもありました。[16]」

こうしたことの積み重ねにより『ガンダム』シリーズといわゆるガンプラは、「人気ロボットの商品化」という枠を超えた密接な関係を育んでいくことになる。

『Zガンダム』で一四本、続く『ガンダムZZ《ダブルゼータ》』で一七本の脚本を担当した脚本家の遠藤明範《えんどうあきのり》（当時・明吾《あきのり》）によると『Zガンダム』当時の作業は次のようだったという。

「まず打ち合わせして富野監督のライナーノートからプロットを構成し、再度それをもとに打ち合わせて、それから初稿という流れでした。時には富野監督がネーミングで悩んでライナーが遅れるなんてこともありましたね。富野監督とはいつも一対一で打ち合わせしたんです（略）注意点としては、ロボットものなのだから毎回戦闘シーンを入れるように、とは言われましたね。それから、子どもが画面から目を離しても物語についてこられるよう、視聴者の注意を引くために本来ならカットしてしまうようなセリフをわざと入れておくんだ、なんていうアドバイスも覚えています。」[17]

『Zガンダム』で設定的に新しく導入されたのは強化人間というアイデアだ。これは人間に投薬や催眠療法などをほどこすことで精神や肉体を改造し、パイロット特性に特化したニュータイプのような存在を作り出すというもの。精神を操作されているため、強化人間は精神的に不安定な人間が多い。強化人間はこれ以降、ガンダム世界の定番の存在となっていく。

『Zガンダム』は大ヒット作の続編ということもあり、放送当時は賛否両論であった。しかし時間経過とともに、一定の評価を獲得していく。その要因は大きく二つある。一つは『Zガンダム』が〝最初のガンダム〟だったファンの成長。二つめはシリーズの継続により『Zガンダム』がガンダム・シリーズのスタンダードとなったこと。

放送当時『ニュータイプ』の編集者だった井上伸《いのうえしん》一郎《いちろう》は次のように記している。

「富野としては全く別物を描こうとしていたにもかかわらず、その意図が思い通りにファンに伝わらなかったため、ファースト世代には「Z」に対する拒絶感が強い。一方でそれは、ファースト・ガンダムではなく「Z」を「初めてのガンダム体験」とする新しいファン世代をつくり出してゆく。七年（引用者注：五年の誤り）という発表時期のブランクが成せる技であり、「自分たちのガンダム」を求めていたファースト世代の弟世代のニーズにぴったりと合致したシリーズでもあった。」[18]

ここでいう「ファースト世代」の弟世代とは、だいたい団塊ジュニア（一九七一年から一九七四年に生まれた世代）に相当する。二〇〇四年のムック『大人のガンダム』（日経BPムック）のアンケートで『Zガンダム』は歴代二位の人気を獲得したが、得票の六割は二五歳～三四歳が占めており、団塊ジュニアの支持が多いことがうかがえる。

二つめの「スタンダード」には二つの要素がある。一つはメカ描写や科学的リアリティなど、放送から五年が経過し『ガンダム』の表現の古びた部分を

『Zガンダム』がアップトゥデートしたという要素。もう一つはガンダムを名乗るタイトルは、プラモデルを中心とするガンダム・ビジネスの中核となる存在だ、という立ち位置の確立である。

井上は先の原稿のラストを「『Z』時代の選択の数々こそが、その後の十数年において、ガンダムがアニメの、そしてホビー業界のスタンダードたりうる礎となった時期であることを、読者諸兄には御認識いただきたい」[19]と締めくくっている。

ロボットアニメの原点回帰
『機動戦士ガンダムZZ』
一九八六年三月一日より放送　全四七話

『機動戦士Zガンダム』の続編として、同じ放送枠で継続してスタートした。スタッフは基本的に継続しているが、キャラクターデザインは安彦良和から北爪宏幸に、美術監督は東潤一から池田繁美に交代している。また本作も当初は永野護がモビルスーツのデザインを手掛ける予定で、非常に個性的なデザインがあがっていたが、今回も降板となり、小林《こばやし》誠《まこと》や出渕裕など多数のデザイナーがモビルスーツのデザインを担当している。

物語は『Zガンダム』で倒されることのなかったハマーン・カーン率いるネオ・ジオンとの戦いを描く内容で、主人公はサイド1シャングリラに住む一四歳のジュドー・アーシタ。『Zガンダム』における最後の戦いの後、シャングリラに入港したアーガマに乗り込むことになったジュドーは偶然が重なり、ZZガンダムのパイロットとなる。そしてネオ・ジオンに連れ去られた妹リィナを取り戻すため戦うのだった。

このように『Zガンダム』と時系列的に直結した物語だが、作品性は「現実認識の物語」を掲げた『Zガンダム』(第7章参照)とは正反対で、「明朗な子供向けアニメ」を目指して本作はスタートした。そのため序盤では『ザブングル』を思わせるドタバタしたノリが目立ったほか、全編を通じて大型で高出力なモビルスーツが多数登場したりと、小学生に対する訴求を意識した作品として制作されている。それはメインメカであるZZガンダムの扱いをみてもよくわかる。

ZZガンダムはコア・ファイターを含む三機の航空機が合体・変形をするというシステム。額部分にはハイメガキャノン砲を装備している。第11話「始動！ ダブルゼータ」（脚本：遠藤明吾、絵コンテ：川《かわ》瀬《せ》敏文《としふみ》）では合体をした後、見栄をきるようなポーズを決めて、そのかっこよさを視聴者にアピールした。もともと一九七〇年代の『ガンダム』以前のロボットは合体や変形の後、決めポーズをとることが多かった。そういうお約束を廃したのが『機動戦士ガンダム』の新しさだったことを踏まえると、本作の「明朗なロボットアニメ」への回帰の姿勢がよりクリアに見えてくる。そのためニュータイプもシンプルに「子供の純粋な感性の発露」という形で取り扱われている。

ただし本作は中盤以降になると、次第にシリアスな方向に進んでいく。中盤以降では第36話「重力下のプルツー」（脚本：鎌田秀美《かまたひでみ》、絵コンテ：高松信司《たかまつしんじ》・斧谷稔）が印象に残る。和平を考える連邦政府に対し、ネオ・ジオンはイギリス・ダブリンへのコロニー落としを決行。ジュドーたちと行動をともにしていたネオ・ジオンのニュータイプの少女エルピー・プルは、廃墟となったダブリンで、自らのクローンであるプルツーと戦い生命を落とす。一方、プルツーもまた倒したプルに自らを重ねて動揺する。

このエピソードの前にリィナも生死不明状態となっている。ジュドーの動機である妹や妹に近い存在が姿を消し、それによってジュドーとプルツーの因縁が深まることで、クライマックスへの助走が始まっている。

ジュドーは明朗な性格だが、世の中を混乱させている無責任な大人たちには憤っている。しかし、その怒りを大人に直接ぶつけ、逆に大人に押しつぶされるようなことにはならない。それは作劇上、ジュドーを守る方向へとお話が組み立てられているからである。

例えば『Ζガンダム』でブリーフィングに遅刻したカミーユは、スポンサーであるアナハイム・エレクトロニクス社のウォン・リーから鉄拳制裁を受けている。しかし、『ガンダムΖΖ』のウォンは気合を入れようとしたジュドーに、逆に膝蹴りを入れられている。これは当然「ジュドーのほうがカミーユより強い」ということではない。『ガンダムΖΖ』の作劇のルールが、〝そう組み立てられたから〟というだけのことである。このような描かれ方をすることで「否定しきれない現実の汚さ」からジュドーは守られているのだ。その点で、ジュドーと仲間の少年少女だけが、大人たちから離れ、ネェル・アーガマに乗り込み砂漠を移動するエピソードは、いかにも『ガンダムΖΖ』らしいエピソードといえる。

作劇上〝守られてきた〟彼がはっきり大人たちのやり方に怒りをぶつけることができたのは、第47話（最終回）「戦士、再び……」（脚本：遠藤明吾・斧谷稔、絵コンテ：杉島邦久《すぎしまくにひさ》・斧谷稔）の全ての戦闘が終わった後。ジュドーはそこで、ようやくかけつけた連邦軍のお偉いさんをなじるのである。しかし殴りかかれるのはやはり「気が済むなら俺を殴れ」と、「怒りを受け止める役」を買って出たブライトだけなのである。

アムロとシャアの最終章
『機動戦士ガンダム　逆襲のシャア』
一九八八年三月一二日公開

『機動戦士ガンダム』から物語の中核に位置してきたアムロとシャアを再びメインキャラクターに据えて制作された完全新作映画。ネオ・ジオンの総帥となり、地球に隕石落としを仕掛けようとするシャアを、アムロが止めようと戦うストーリーである。

本作も永野護がメカニックデザインを担当する予定だったが、『Ζガンダム』『ガンダムΖΖ』につづいてみたび降板となった。スケジュールの余裕がない中、メインメカである新型ガンダムのデザインは難航した。複数のデザイナーにコンペの形で依頼され、大森英敏、庵野秀明のほか、若手のデザイングループ、ヴィシャルデザイン（堀口滋《ほりぐちしげる》、塚田廷式《つかだたかのり》、柳沢達彦《やなぎさわたつひこ》、桑原弘《くわばらひろし》、鈴木宏郁《すずきあつふみ》）、中澤数宣《なかざわかずのり》、鈴木雅久《まさひさ》のメンバーが参加した。新型ガンダムのデザイン要件は大きく二つ。「初代ガンダム（ＲＸ-78）のようなシンプルなスタイル」「マントを帯びている」というもの。さまざまな画稿が描かれ、それを踏まえたうえで出渕裕がν《ニュー》ガンダムのデザインをまとめた。出渕はνガンダム以外のモビルスーツも担当。また艦船や宇宙服などについてはガイナックスが担当している。

キャラクターデザインは『ガンダムＺＺ』に続いて北爪宏幸が担当。実質的な主人公であるクェスのキャラクターに苦労し、三月にさまざまな原案を描き、五月にデザインを完成させた。決定稿のクェスは長い髪をアシンメトリーにまとめた不安定さを感じさせるデザインとなっている。

また本作は３ＤＣＧを本格的に導入した黎明期の作品でもある。『Ｚガンダム』の頃から背景をスライドさせることでスペースコロニーの回転を表現してきたが、本作では３ＤＣＧを使ってスペースコロニーを表現している。３ＤＣＧを担当したのは、IMAGICA傘下のトーヨーリンクス。スペースコロニーのモデルに美術で描いたテクスチャを貼り付けるマッピングの手法を使うことで、アニメの画面に馴染むコロニーを完成させた。ちなみにクライマックスでサイコフレームが虹色の光を放ちながら地球の周囲を回るシーンで地球が立体的に回転しているが、こちらは３ＤＣＧを使ったものではない。こちらは地球儀の表面を剝がしそこに美術スタッフが新たに地球を描いたもので、それを撮影台の上で回転させながら撮影したものである。

ストーリー的に大胆に整理されたのはミネバ・ラオ・ザビの存在である。ミネバは、『機動戦士ガンダム』に登場したドズル・ザビの娘で、ザビ家の血を引く唯一の存在だ。『ガンダム』のときには赤ん坊だったが、『Ｚガンダム』では七歳になり再登場。

摂政のハマーン・カーンの指導のもとザビ家の正統後継者として傀儡的君主として存在している。『ガンダムＺＺ』でも同様の立場で登場するが、最終回で、自分は影武者であることを告白する。本物のミネバは、グリプス戦役（『Ｚガンダム』のクライマックスで行われた戦闘）以来行方不明であるという。この状況から考えると、ミネバが『逆襲のシャア』に登場してもおかしくない。富野はミネバに触れなかった理由を次のように語る。

「それをやってしまうと、シャアとミネバの物語ができてしまうからです。まるで別な一本の物語がね。そんな物語にアムロが噛んできたらややこしくなるだけです。（略）だから、本能的にそのようなストーリーは避けました。

（略）結局シャアはザビ家を問題としていなかった人ですし、ミネバを殺しても怨念話にも何にもなりませんから単純に捨てたというか、彼女のことを忘れてしまったと思ってください。[20]」

第6章

科学技術と人間と世界——『伝説巨神イデオン』で獲得したテーマ

ライナーノートの存在

『伝説巨神イデオン』は『機動戦士ガンダム』放送終了直後の、一九八〇年五月から放送が始まった。富野はこの『イデオン』で『ガンダム』以上に作劇に踏み込んでいく。また現時点から振り返ると、富野は『イデオン』を通じて、戯作者として追いかけていく〝テーマ〟とでもいうべきものを掘り当てたと考えられる。

まず富野が、『イデオン』の物語をどのように構築したかを確認しよう。

『イデオン』のメインスポンサーはトミー（現・タカラトミー）。「戦車」「タンクローリー」「幼稚園バス」が変形合体して巨大ロボットになるというコンセプトの玩具をメイン商材とした企画である。富野は『ガンダム』のときと同様、こうした玩具メーカーの要望に応えつつ、世界設定の基本的な要素を定め、物語の概要を執筆した。富野が執筆したメモは、『イデオン』の場合、総じて「ライナーノート」と呼ばれている。

最初に書かれたライナーノートのタイトルは「スペースランナウェイ　ガンドロワ（仮）」。ガンドロワは、メインとなるロボットの名称で、この段階で基本的な設定案と、第13話までのストーリー案がまとめられている。[1]

人類が外宇宙に進出し、外宇宙移民計画〝種の拡散作戦〟を開始して五〇年が経過していた。アンドロメダ星雲のある太陽系にあるソロ星でも、移民が始まって三年余りが経過。このソロ星に、バッフ・クランと名乗る異星人が来訪する。彼らは、〝イデ〟と呼ばれる無限力《むげんちから》の探索にやってきたのだ。このバッフ・クランとソロ星の人々との間で武力衝突が起きてしまう。ソロ星の人々は、遺跡から出てきたロボット（ガンドロワ、本編ではイデオン）と宇宙船（メイフラワ、本編ではソロシップ）でソロ星を脱出。バッフ・クランはそれを追撃することになる。

この「ライナーノート」をもとに一九八〇年一月二〇日に「企画書改訂稿」がまとめられる。[2]これと前後して、メインのロボットの名前が正式にイデオンと決定、富野はその後も、最初のライナーノートの続きという形でストーリー案を書き継いでいく。

『伝説巨神イデオン　記録全集5』には、最終回近くのストーリー案が掲載され「おおむねのストーリーは八〇年六月二三日に組まれたものであり、このシノプシス（引用者注：劇場版『発動篇』に相当する最終四話分）は同年九月六日に完成[3]」と書かれている。つまり『イデオン』のストーリー概要は、一九八〇年年初から同年九月にかけて固まったといえる。

このように『イデオン』では原則、富野がライナーノートとして各話のストーリー案を執筆している。[4]『ガンダム』は序盤に、富野メモが存在せず脚本チームの色合いが前面に出てくるブロックが存在し、それが作品を豊かにしていた。そういうブロックが実質的に存在しないのは『イデオン』の特徴といえる。例外的にライナーノートが存在しないのは、総集編である第

22話「甦る伝説」と渡邉由自によるオリジナルストーリーの第31話「故郷は燃えて」だけである。

もちろんライナーノートはあくまでメモなので、そのままプロットとして使えるわけではない。本編と比べれば、脚本家の手を経ることで、キャラクターのニュアンスが豊かになり、物語展開上の論理も整理されていることはすぐにわかる。

また『記録全集1』に採録されたライナーノートの第9話から第13話については「改」と記されており、第9話のところ「注＝山浦氏稿をベースに　トミノ」と附記がある。おそらく第1話「復活のイデオン」脚本の山浦弘靖からなんらかの提案などがあり、それをどこかのタイミングで反映してライナーノートも改稿されたのではないかと考えられる。ここについては脚本家の渡邉も、最初の打ち合わせの段階でいろいろ意見を交わし「カララを好奇心だけで行動させるのではなく、平和主義者にして、人類の接着剤的な役割とし、物語のキーワードとする」などの提案を行ったと証言している。[5]

このライナーノートの段階で重要なのは、最初から「イデ」を主題とした物語を展開しているところにある。『ガンダム』におけるニュータイプが、企画書には存在せず、「ＳＦっぽく見せるための擬態」などと称しながらも、作品の終盤を牽引する大きな要素となったこととは対照的である。しかし、ストーリー主義に陥らずに戯作を行うためには、主題は不可欠である。また「イデ」というのは非常に抽象的な存在で、極論すると富野の中にしか〝正解〟のないものである。それは、富野がライナーノートでなにかイデというものをめぐる手がかりを書かないと、作品が成立しないということでもある。

脚本家の渡邉は、

（引用者注：シリーズの）後半になって開き直って（と、私は富野氏に冗談を言いましたが、たぶんイデオンの先が見えたのではないかと思います。後日、現在に至るまでの富野氏の『イデオン』論が確立したのは、このころではないでしょうかね。最初からあったのなら言ってくれれば、シナリオを書くものとしてはもっと違った表現方法が取れましたもの）からは、比較的難解さが消えましたし、面白さも出て来てたと思います。でも途中で打ち切りになってしまったのは皮肉でしたけれど。[6]

と当時を回想している、「このころ」とは、前後の文脈から、一九八〇年の秋ごろと思われ、ラストまでライナーノートが書き上がった時期の少し後であろうと推察される。この渡邉の文章からも『イデオン』は富野がまずライナーノートを書くことが前提となっていたことがわかる。そして、そこで富野がシリーズの行き着く先を見極めたことで、脚本家陣も脚本を書きやすくなったということがうかがえる。このように『イデオン』は、『ガンダム』以上に戯作者・富野が作劇をリードする形で成立した。それはそのまま両作の作風が大きく異なった理由のひとつだろう。

各キャラクターを照らし出す「イデ」

富野は『イデオン』で何を描こうとしたのか。それは異星人とのファーストコンタクトをきっかけに、〝イデ〟という無限力に触れてしまった人々の群像劇である。物語のポイントは、イデという存在によって照射される各キャラクターの存在にあり、決して主人公の成長を描くというような、ドラマ面での軸が明確な作品ではない。

企画書改訂稿の「制作主旨」には、

主題　異星人と接触をした人類はどの様に〝種〟を守るか？　また、無限のエネルギーを得た時、〝種〟としていかに成長せねばならぬのか？
　この現象と観念をつき合わせた時我々はたえず、現実を切り開いてゆかねばならない、ということを視聴者に訴えたい。[7]

とある。

『ガンダム』の設定書・原案には「シリーズキャプション　君は何に命をかけられるか」「演

出テーマ　少年から青春を見上げる」とある。「物語に描かれる世界」の項目にも、戦場という極限状態の中、新たな時代へと向かって立たなくてはならないということを、「少年たちは、本能的にかぎわけて突破しようとする」と、少年たちという「個人」のフィールドに立脚点があることがわかる。これが次第にニュータイプという「人の革新」と重なり合っていくところに作品の個性があった。

これに対して、『イデオン』の制作主旨は、最初からキャラクター全体を俯瞰した、〝人類〟〝種〟というところに視点が置かれている。そこからも特定の主人公を追いかけていく物語を目指していないことがわかる。『ガンダム』では「生活感を感じさせる細部を描くことで各キャラクターを生々しく浮かび上がらせる」ということも、作品の目標であった。しかし『イデオン』ではこうしたアプローチはすでに前提となり、演出手法の一つになっている。これはキャラクターの生活感の出し方や、画面の方向性を意識した演出などが、『ガンダム』同様に採用されていることからわかる。

自我のぶつかり──第13話を読む

『イデオン』を代表する序盤のエピソードの一つの例として、第13話「異星人を撃て」（脚本：富田祐弘、絵コンテ：斧谷稔）を取り上げよう。

植民先であるソロ星を宇宙船ソロシップで脱出した地球の人々。そのまま地球に帰還すれば、地球の場所が異星人に発覚し、地球を危険にさらすことになってしまう。そのためソロシップはバッフ・クランの追撃をイデオンでかわしながら逃亡を続ける。ソロシップの中には、バッフ・クランの女性カララ・アジバが紛れ込み、ソロシップの指揮を執るジョーダン・ベスと惹かれ合うようになっていた。

第12話「白刃の敵中突破」（脚本：渡邉由自、絵コンテ：石崎《いしざき》すすむ）で、カララはソロシップを追撃する軍人の姉ハルルと接触。そこで裏切り者として、服を引き裂かれ辱めを受ける。そこを救ったのはベスだった。

第13話のライナーノートは、その展開を受けてスタートする。[8]

バッフ・クランにも居場所のなくなったカララ。そんな彼女がソロシップ内で暗殺されそうになる。そもそもバッフ・クランとの戦闘は、カララがソロ星にお忍びで降りたことがきっかけとなって始まったもの。カララのせいで身内が死んだという恨みを胸に、銃を握ったのは一人の少女だった。ライナーノートは「最も家庭的、主婦的な女の子バンダ・ロッタの殺意！」と書く。

ロッタがカララを殺害するのを止めたのは主人公のコスモ。しかし、殺害に失敗し半狂乱になったロッタの姿に、ロッタを信じていた少女リンはおびえ、コスモは自分のやった行為に自信が持てなくなる。

ライナーノートでは、以上のような内容を記したうえで、イデオンとバッフ・クランの戦闘を入れなくてはならない、というメモが併せて記されている。当時のロボットアニメは、毎回戦闘シーンがあることが必須条件なのだ。そのほかのエピソードのライナーノートでも、ドラマとは別に戦闘の推移が書かれていることが多い。

これをもとに脚本を執筆したのが富田祐弘。そこから富野が絵コンテを起こした（斧谷稔名義）。

完成した本編は、働くクルーにカララがコーヒーを差し入れるという様子から始まる。それを見てイデオンのパイロットの一人、イムホフ・カーシャが「人殺しの手先でしょ」ときつい言葉を放つ。続くシーンでも、コスモと、イデの研究を行うフォルモッサ・シェリルが、カララがソロシップ内で当たり前に振る舞っていることについてベスに対して「話にならないわね」「ちゃんとしてくれよ」ときついひとことを投げかけている。特にシェリルは、キツい性格で、本作では周囲の人間に否定的な言葉を投げかけることが多いキャラクターとして描かれている。

こうした辛辣な会話が『イデオン』序盤の独特の生々しさを生んでいる。富野は第1話のアフレコの時にキャストに対して「（今回のキャラクターは我が強い人間なので）キャラクターを嫌いになってください」と話したという。当初からこうしたギスギスした会話が作品の狙いの一つであったとわかる。

その後、カララが何者かに狙撃される様子が描かれるが、そこにバッフ・クランが襲撃をかけてきて、物語はしばらく戦闘を中心に展開する。戦闘は、小天体（スターダスト）が密集するニンバスゾーンという危険な宙域で展開される。思わぬトラブルなども発生して、ロボットアニメらしく危機感を盛り上げる。

ちなみに『イデオン』の戦闘は、「モビルスーツ」と呼称される同じカテゴリーのロボット同士で戦った『ガンダム』とはかなり毛色が異なる。人型の巨人であるイデオンに対して、バッフ・クランは戦闘機、宇宙船、三本足などシルエットが特殊なロボット（重機動メカと呼ばれる）などさまざまな戦闘メカで挑んでくる。これはイデオンの特異性を際立たせつつ、同時に文化の異なる異星人と戦っているという状況を端的に表現していた。

ようやく戦闘が終わりコスモたちがソロシップに帰還すると、そこではロッタがカララと対峙していた。

本編はここからライナーノートと展開が異なっている。富田はこの展開について、富野との打ち合わせの中で、中途半端はよくないということで、コスモが止めるのではなく、ロッタが全弾をカララに向けて撃つという展開になったと記している。[9] そのうえで、弾丸はカララの頬をかすめただけで、すべてそれてしまうという結末をつけた。そしてコスモは、死を覚悟してロッタの前に立ったカララ、泣き崩れるロッタを見て「みんな立派に見える。哀しいぐらいに立派に」とつぶやく。

傍観者としての主人公

我の強い人物たちの点描から始まり、おとなしそうな人間の中に宿る殺意に迫っていくドラマは、その結末のつけかたも含めて見ごたえがある。ここで注目したいのは、主人公であるコスモが、ロッタとカララの対決の見届け役に留まっている点だ。

そもそもコスモ（に相当する主人公格の登場人物）は、最初のライナーノートの時点では、人物紹介の項目に存在していない。この時点では人物紹介の筆頭はベスが書かれている。これが企画書改訂稿でユウキ・シンという名前で主人公として立項されることになる。ユウキ・シンが主人公になったのはイデオンのメインパイロットだからというところも大きいだろう。

性格設定に関しては、メカに強い熱血漢で「欠点は、自閉症か？」と記述されている。ここでいう「自閉症」とは医学的に正しい使われ方ではなく、一九八〇年当時の「内向的」を表す言い回しである。『ガンダム』のアムロも当時のアニメ雑誌などで、〝自閉症〟という言い回しを使ってその内向的な様子が説明されている。

ここで記された「熱血漢で内向的」という人物像からもわかるとおり、コスモの人物造形には手間取った節がみられる。アムロという画期的なキャラクターを造形した後、どんな人物を主人公にすればいいか迷っていたことの証だろう。最終的にコスモは、内向的なキャラクターではなくなっている。しかし一方でコスモは、『イデオン』という物語のストーリーラインを主体的に背負うこともなかった。

例えば、コスモと比べると、異星人カララと恋に落ちるベスのほうが、むしろ主人公的ドラマを担っているともいえる。またドラマを進展させるという意味では、博愛主義者でありその結果として、バッフ・クランを裏切ることになったカララそのものが大きな役割を果たしている。しかし、この二人にフォーカスすると今度は、ロミオとジュリエット的な要素が強調され過ぎてしまう。それでは、人間とイデという巨大なコントラストへと視聴者の目が向かわない。コスモという、中心にいながらも傍観者の度合いが高い人物が主人公だったからこそ、人間とイデの関係性という物語が見えやすくなったということはいえるだろう。そして、最終的にコスモは、「イデの思惑に最後まで抗おうとする人間」という役回りを担うことになる。

力を手にした人類の傲慢

では〝イデ〟の本題へと踏み込む物語の終盤はどのように構想されていたか。

企画書改訂稿のストーリー要約は「人類は〝イデ〟の力によって、全宇宙の支配者になろうかと自負した瞬間、物語は〝イデ〟の恐るべき力を見るのだった」と締めくくられている。[10]

その後に掲載されたもう少し詳しいストーリー紹介では、終盤、バッフ・クランの先発隊がついに地球へと迫ってくる展開が書かれている。

「全てを壊滅しない限り、バッフ・クランは地球の存在を、母星に知らせる。叩くしかない」

その意志の統一がバッフ・クランを壊滅する。あたかも、〃イデ〃そのものの力の発現であったかのように！

○「我々は宇宙の覇者になれる」

チームの傲慢が、一つの和を生む。が、パイパー・ルウ（引用者注・ソロシップにいる赤ん坊）が泣いた。

「それは、自らの死を招く」

パイパー・ルウの泣き声がそう語ったのだ。

〃イデ〃は意識を持ったエネルギーだったのだ。〃イデ〃を使う意志がエゴイズムであった時、それが〃第六文明者〃であっても、消滅させる力を、イデは持っていたのだ。

○少年たちは新たな天地を求めて地球を後にした。〃イデ〃を解放する場を求めて。[11]

赤ん坊のパイパー・ルウが〃鍵〃であることは、最初のライナーノートの第2話メモの時点で「この因果関係は伏せる」としたうえで、すでに記されている。そのうえでクライマックスは、大人たちの傲慢と赤ん坊の純真さが対比される形でドラマが構成されている。企画主旨にあった「無限のエネルギーを得た時、〝種〟としていかに成長せねばならぬのか?」という問いかけが、無限力を手にした傲慢を超越できるかどうか、という形でドラマに取り込まれている。

傲慢から業へ

では、実際の『イデオン』はどのような終幕を迎えたのか。初期案からの一番の違いは、キーワードが「力を手にした傲慢」ではなく「業」に変わっている点だ。これは劇場版で明確に打ち出される。おそらくこの、「傲慢」ではなく「業」こそが描くべきことである、という転換が、渡邉が指摘した「『イデオン』論の確立」だったのではないだろうか。

ライナーノートを読むと、30話台にはまだ初期案の「傲慢」の気配が見える。[12] 第32話でコスモは、イデオンの戦闘力に自信をつけ「(バッフ・クランから)逃げ切れる。好きな所を城として生きぬいてゆくこともできるはずだ」と主張する。第33話では、イデに運命を左右されているかもしれないということに緊張感がないソロシップのメンバーに苛立つコスモとカーシャが「救世主は自分かもしれない」と思うシーンが登場する。また第34話ではソロシップのメンバーの気分として「我々が正義となり、イデを善き形で発現させねばならぬ!」「地球にも、バッフ・クランにもその事実を知らせ、攻撃をやめさせる必要がある」という台詞も書かれている。そして第37話のラストにはナレーションであろうか「因果の線——宇宙の果てに向かおう。この人の住む時空にイデはあってはならぬのだ」との台詞が置かれている。

このあたりまでは、少なくともライナーノートの方向性は、戦いを切り抜けたことでコスモたちソロシップのメンバーが傲慢になっていく一方で、宇宙の果てを目指す流れが強調され、企画改訂稿のストーリーに近い雰囲気がある。問題はその行き着く先である。

富野が『イデオン』のラストを、最終的にどの段階で構想したかはわからない。ただ先述のとおり、ラスト四話は一九八〇年六月二三日に一旦まとめられた後、九月六日にフィックスされたことはわかっている。この最終決定に至る途中の段階の一九八〇年八月二七日に、富野は取材を受けている。そこで富野は全員が死亡するラストに触れている。

富野は、赤ん坊のパイパー・ルウが、イデの力が発揮される鍵であることを説明したうえで、以下のような展開を語っている。

> ルウのもう一歩イデに近い人が出るとなれば、登場人物を全部殺すつもりだったのを少し変えてコスモだけでも残そうかなと思っています。（略）
>
> その人（引用者注：ルウよりもイデに近い人）がコスモを守り、コスモが最終活動を始めたイデオンを

「止められるものなら止めてみよう！」と思うところで終わる……これもあんまりぱっとしないので、次に考えたのが霊界物語なわけ。全員死んだままで終わらせるんじゃなくて、新しい星に魂の形で行っている。最初にいっていた輪廻転生の話なんです。（略）しかし今の話（引用者注：輪廻転生）は、やっちゃいけないのではないかと思い始めているんです。とっても危険な話になる部分があるからで、最近若い人の自殺が多いでしょう。[13]

今後の展開の明言を避けるためか、まだラストを決めあぐねているのか、言葉は揺れ動いているが、すでにはっきりとキャラクター全員が死んでしまう構想そのものを持っていることがわかる。

そして、ライナーノート第38話からは、そこに向けて物語が具体的に展開を始める。そこで先導役となるのが、キツい口調でしばしば周囲の気持ちを逆なでしてきたシェリルだ。

シェリルは、妹リンや恋愛関係となったバッフ・クランのギジェを立て続けに失い、徐々に狂気に陥っていく。彼女の精神が安定を失っていく様子が、作品に「誰もがもう後戻りできない状況へと飲み込まれている」印象を強く与える。第38話のライナーノートにはこんなくだりもある。

シェリルは、発狂しかかっていた。が、それ故に、イデの意志を聞くこともできた。

〝我もまた、己の場を守るための力を欲するのだ〟

「イデは、力を欲しがっているのよ！　自分を守るために！　そのためには、もっともっと大勢の人が死んでゆくわ！」[14]

ここから続く第39話、そして劇場版『発動篇』に相当する第40〜43話は、当初に想定されていた「力を手にした傲慢さ」がピックアップされることはなく、イデを巡る戦いがどんどんエスカレートして、ある種のカタストロフへと突き進んでいく様子が描かれる。この「なるようにしかならない方へ進んでいく人の様」の中から最終的に浮かび上がってくるのが、人の〝業〟である。

イデオン論とは何か

ここで大事なのはイデが人を誘導しているわけではないということだ。イデは自らが求めるものを得るために、ある状況を設定することはできる。しかし、それが実現するかどうかは、その状況下で人々がどういう選択をするかに大きく左右される。これが「イデの手のひらの上で踊る」ということで、ライナーノートでそうした構図が明確に打ち出されたことが、渡邉のいう「『イデオン』論の確立」だったのだろう。

このためTVシリーズ後半のエピソードをライナーノートと比較すると、この「イデの手のひらの上で踊る」という自覚がキャラクターたちの中に徐々に生まれてきている様子が付け加えられていることがわかる。

例えば第35話「暗黒からの浮上」（脚本：渡邉由自、絵コンテ：滝沢敏文《たきざわとしふみ》）は、ライナーノートにあったコスモとカーシャが「救世主」を自認する、「傲慢」に紐づいた台詞は採用されていない。そのかわり第35話序盤で、研究中のシェリルが「（イデの）コントロールなんて不可能じゃない？」「わたしたちイデに弄ばれているのかもしれない」と不安を漏らしている。またラスト間際にもベスが「俺たちはイデにコントロールを拒否されたのかもしれないのだ。イデの力に助けられたと思ってはいけない。俺はそう思う」とも語る。

また第37話「憎しみの植民星」（脚本：松崎健一、絵コンテ：石崎すすむ）では、ソロシップをバッフ・クランに売り渡そうとする植民星の幹部コモドアが登場。コモドアが今際の際に「なぜ、我々まで巻き込む」とつぶやくと、ギジェは「我々も巻き込まれた口だ」と返す。こちらのやりとりもライナーノートにはない。

こうして「『イデオン』論の確立」により、物語はラストスパートへと加速していくが、テレビ放送は、玩具売上の不振などもあり、全43話の予定が、第39話で打ち切りになってしまったのだった。

　テレビ放送の最終回となった第39話「コスモスに君と」（脚本：松崎健一、絵コンテ：滝沢敏文）のラストでは、バッフ・クランの軍隊を率いるドバ・アジバ総司令（カララの父でもある）が、全軍にソロシップ追撃を命じる。その直後に「その瞬間であった。イデが発動したのは」とナレーションが入る。ナレーションは、イデが与えた和解のチャンスを人類とバッフ・クランが互いに拒否したため、イデは無限力を解放し、地球人もバッフ・クランも因果地平の果てに四散したのかもしれない、と語り、物語は唐突に締めくくられる。

　この最終回は当初予定した第39話の内容はそのままで、ラストのナレーション以降を付け加えて〝最終回らしく〟仕立てたものだ。当然ながら制作スタッフの本意ではない。サンライズは放送終了後も自主的に制作を続行。最終的に劇場版として、制作中だった未放送分（第40～43話）を上映することを決定。〝ダブルリリース〟と称して、テレビシリーズの内容を再編集した『THE IDEON 接触篇』と、未放送の第40～43話を中心とする『THE IDEON 発動篇』の二本立て興行という特殊な形での上映を行うことになった。公開日は一九八二年七月一〇日である。

劇場版『THE IDEON 接触篇』で変わったこと

先述のとおり『イデオン』は軸となる主人公を欠いた作品であった。そのため『発動篇』に必要な情報を説明する『接触篇』は、かなりまとまりを欠いた内容となった。構成としては、カララがソロシップクルーに受け入れられていく過程を縦軸にして、彼女の立ち位置が変化するエピソードを配置することで流れを作っている。ただしカララを主人公として構成しているわけではなく、あくまで関連のエピソードをストーリーを整理するために使っただけだ。

終盤、月面近くで繰り広げられる戦闘シーンを描くにあたり、テレビでそこを描いた第27話、第29話に加え、まったく舞台の異なる第32話を組み合わせて再構成しているあたりなどに、富野の再編集の巧みさをうかがうことはできる。ただ、全体として観客の心情を盛り上げたり、キャラクターの人生を立体的に示すような作りにはなっていない。

『接触篇』では、第25話「逆襲のイデオン」（脚本：渡邉由自、絵コンテ：石崎すすむ）でコスモが負傷し、カララの輸血を受けるというエピソードをアレンジし、終盤近くで扱った。これは第一にバッフ・クランと地球人が決して遠い存在ではないということを示すエピソードで、この点はテレビのときと意味合いは変わらない。『接触篇』ではそこに、コスモが夢の中でイデと対話するシーンが新規映像として組み合わされている。これはもともと第34話「流星おちる果て」（脚本：富田祐弘、絵コンテ：菊池一仁）で病床のベスが夢でイデと対話したときの内容を、コスモに置きかえて描いたものだ。これは当然ながら、コスモを主人公として認識してもらうためのアレンジでもある。ただコスモとイデの会話は、ベスとのものと大きく異なっている。

第34話でイデは、意思の集合体であることを語り、ベスが投げかける疑問に一部答えたりもする。しかし『接触篇』は異なる。

イデ「我自らを守り生かすために、新たなる力を」
コスモ「そのために俺たちを戦わせるのか」
イデ「新たなる力のために、我は汝らに」
コスモ「自分で示せ。自分でしなければ生き延びられるものか」
イデ「我は幾億幾百の意思の集合体たる」
コスモ「俺たちは生贄じゃないんだ！」

イデとコスモの対話はベスのとき以上に噛み合わないものになっている。特にこちらでは、イデが同じような言葉を繰り返すことによって、イデが人格を持っている印象がより薄くなっている。富野はアニメ雑誌の「イデとはなんですか」という質問に対し、「所詮イデはイデでしかなくて、一口にいいますと《知的生物の認識力の集中した場所》だと思ってください」と語っている。[15]『接触篇』の対話は、そうした〝場〟としてのイデを強調した会話になっているのである。

このコスモとイデの対話の後、月面での戦闘を挟んで、ソロシップのメンバーによる「イデとはなんなのか」という議論が描かれる。ここで「イデはイデオンなどを開発した第六文明人の意思の集合であること」「パイパー・ルウのような純粋な防衛本能に反応すること」が確認され、「イデは、自らの存在を守るために他者を滅ぼすこともありうる」ことが示唆される。そしてシェリルが、自分たちはイデに取り込まれている、とつぶやく。テレビシリーズでは、徐々に匂わせていた「イデの手のひらの上にいる」という意識を、夢の中のコスモの「生贄じゃない」という台詞と併せて、『接触篇』のラスト間際で駆け足ながら一気に表面化させるのである。

ドバの業——『発動篇』で描かれたもの

そして、この「イデの手のひらの上」で、「そう生きるしかなかった人々」の〝業〟の物語が繰り広げられるのが『発動篇』である。

『発動篇』は、ライナーノートと異なるところもあるが、バッフ・クランの執拗な攻撃と、それに応戦するイデオンとソロシップの戦闘が、どんどんエスカレートしていき、大勢の人の命があっけなく失われていく姿を描くという点では目指すところは変わっていない。

最後の決戦の中、〝業〟に言及するのがバッフ・クランの総司令官、ドバである。それまで物語の展開の中心にいたソロシップのクルーではなく、敵軍の総司令官が終盤になってドラマを担う中心的な人物となるのは興味深い。ドバは、イデオン、ソロシップとの総力戦を戦いながら、イデという存在を理解する。

「知的生物がなければイデは存在しえないのに、なぜ殺し合いをさせるのか、わかったような気がする。知的生物に不足しているのは、己の業を乗り越えられんことだ。欲、憎しみ、知恵のこだわり……そんなものを引きずった生命体がもとでは、イデは善き力を発動せぬ。となれば、自ら善き力の源たる知的生物を作るしかないと……」

さらにイデオンが、乗艦であるバイラル・ジンに迫る間際にも、停戦を迫る士官に対してこう言う。

「巨人（引用者注：イデオン）は、まっすぐにこのブリッジに向かっている。そのわけがわかるか。バッフ・クランとしての業を持った男が、この私だからだ」

どうして終盤にきてドバがクローズアップされたのか。それは娘のカララがソロ星に降り立ち、地球人のベスと惹かれ合ったということがすべての始まりだからだ。それによってドバの中には「無限力イデを地球人が手に入れてしまうかもしれない恐怖」という政治のレベルと、「娘を異星人に奪われた怒り」という個人のレベルの屈託が重なり合って存在することになったのだ。

ソロシップのクルーは、もともとイデを求めて主体的な行動をしていたわけではない。偶然にも遺跡を発見し、その直後の不幸なファーストコンタクトにより家族やソロ星を失ったのである。その点で、ソロシップのクルーは受け身で、そこにある〝業〟は、「生き延びるためにバッフ・クランと戦うしかない」というシンプルなものだ。これに対しドバのほうがコスモやベスよりもはるかに、自分のアイデンティティと今回の出来事が深いところで結びついている。ストーリーの落着点が「ソロシップ側の傲慢」から「そのようにしか生きられない」という〝業〟の物語へとシフトした段階で、ドバが要になるのは、必然だったといえる。

父として、指揮官として

『発動篇』の白眉は、ドバと長女ハルルの対話シーンだ。カララの姉であるハルルはソロシップに潜入しカララを射殺。旗艦バイラル・ジンに戻ったハルルは、ドバと二人きりで対話をする。

ドバに、ソロシップへの恐れと憎しみを薄れさせてはいけないと告げるハルル。ドバはそれに対し、自分はあくまで正義という大義名分で戦っている、と答える。それに対してハルルは「カララが異星人の子を宿していた……と、聞いたときもでしょうか?」と問い詰める。

「あの子はこの事件の元凶であったにもかかわらず、抜け抜けと子供を宿し、銃を向けた私に向かって子を産むと言ったのですよ。アジバ家の血の繫がりを持った女が、異星人の男と繫がって子を産む……許せることでしょうか？　ですから私はあの子を撃ちました。即死でした！　私は妹を殺してきたのです、父上！」

このハルルの発言に対し、ドバはよくやったと褒める。「これで、アジバ家の血を汚さずにすむ。即死させたのは肉親の情けというもの」と、家ひいてはバッフ・クランという国家・民族の立場から公の言葉で返す。

これに対し、ハルルは自分が殺したのは、そんな〝公〟の論理ではないと告げる。かつての恋人の遺言すら受け取れなかった自分に対し、愛した人間の子供を妊娠したという妹が憎かったのだ、と。つまり自分の心の底には幸福なカララに対する嫉妬があったのだ、と告白している。

ハルルは、どうしてこんな心情を吐露したのか。それは父に甘えたかったからではないか。もともとハルルは傑物といわれ、隙のない人物である。彼女の数少ない弱みが、かつての恋人ダラム・ズバに今も思いを残しているところである。しかしそのダラムも死んでしまった。自分の弱音を言えるのはもはや父ぐらいしかいないのである。

しかしドバは、この長女ハルルに優しい言葉をかけることはない。だからハルルはすぐにいつもの様子に戻り、「ロゴ・ダウの異星人すべてへの復讐は、果たさせてください。そのために軍の指揮はとります」と軍人らしく宣言する。ドバも「おう、とってもらおう！　私はお前を女として育てた覚えはない！」と応じる。だから、ハルルにできるのは、ドバが退室した後で「助けて、ダラム……」と死んだ元恋人の名前を呼ぶことだけなのだ。

ちなみにこのシーンは、ライナーノートではあっさり「ドバはハルルを見舞った。／「カラが子を宿していた、と？」」とたった二行書かれているだけである。[16] 渡邉の脚本で加わったか、絵コンテで深掘りをしたのかはわからない。ただ絵コンテを見ると、ト書きにドバの心理が書き込まれていて、ドバの〝業〟を描くうえで大切なシーンと意識して演出されていることがわかる。[17]

このシーンではドバは完全に、ハルルを突き放して見ている。ハルルの嫉妬の告白にドバは内心「やってられんなぁ」（ト書き）と身を引き、さらに「俺には男の子がいなかった！　と考えている」（同）とも書かれている。

この絵コンテのト書きは言うまでもなく後にドバが漏らす「ハルルが男だったらという悔しみ、カララが異星人の男に寝取られた悔しみ……。この父親の悔しみを誰がわかってくれるか……」という台詞に繋がっている。

最終決戦の中、本星の最高権力者ズオウ大帝が死に、全軍を指揮するドバは実質的に最高権力者となっている。最高権力者としての「脅威となる無限力イデは、手に入れられないのであれば殲滅するしかない」という大義と、私的な父としての憤懣が、渾然となった状態でドバは戦闘指揮をとっているのである。このように公私が入り混じった複雑な内面を持つ人間像は、それまでのアニメには登場しなかった種類の人物だった。

自分の内面にこれだけのものが渦巻いているからこそドバは「知的生物に不足しているのは、己の業を乗り越えられんことだ」と喝破する。ドバは己の中の「欲、憎しみ、知恵のこだわり」といったものを自覚したうえで、そう語るのである。そして実際、ドバは自分の〝業〟に縛られて、ハルルの〝業〟を理解しようともしなかったのである。

業からの解放

こうして〝業〟を体現するドバ率いるバッフ・クラン軍とイデオン、ソロシップは激しく戦い合う。バッフ・クランが行う、彗星の軌道上にソロシップをおびき出して直撃を狙う作戦や、超新星のエネルギーを集約して発射するガンド・ロワの攻撃など、スケールの大きな作戦が連続して繰り出され、メインキャラクターたちは子供であっても容赦なく死んでいく。

そしてドバとコスモのイデオンが、刺し違える形になりすべての戦闘が終わる。やがてハッピーバースデーの歌とともに、カララの胎中にいた子供〝メシア〟が現れる。メシアが導くのは、登場人物たちの魂（半透明な裸の姿で表現される）である。魂となった人々は、穏やかで優しく、〝業〟から解き放たれていることがわかる。彼らは、無数の光となって惑星の海へと降り注いで映画は締めくくられる。このラストは、ほぼライナーノートどおりである。

キャラクターが全員死んでしまう展開を悲劇ではなく、世界の理、一つの世界観として示すこと。ミクロな人間関係の積み重ねから始めてそこに到達すること。演出としては――各要素はよりソリッドになっているものの――『ガンダム』の延長線上にある本作だが、戯作としては『ガンダム』よりもさらに観念的な内容に挑み、最終的に〝業〟というキーワードを発見することで、それを表現することを達成した。

『発動篇』のラストは実写映像による海の風景である。これは絵コンテの段階から想定されていた演出である。どうしてここで実写が選ばれたのか。それは死んだコスモたちが転生した先が、観客・視聴者の生きるこの世界であるからだ。

TVシリーズ終了直後のアニメ誌の取材で富野はこう答えている。

ソロシップに乗っている人たちが死んだあとに、第2段目の輪廻転生の話が当然出てこなくてはならないのだがじつはその世界は私たちのこの現世なんだといいたかった設定部分がみえなかったことを反省しています。彼らが私たちの地球の祖先であるかもしれないというところで、話は帰結しているわけです。[18]

つまり、業に縛られたコスモたちがなしえなかった「善き生命体であること」は、今生きている私たち人類に渡された〝バトン〟である、ということが実写の海のラストに込められているのである。こうして『イデオン』は無言のうちに、「我々人類はより良く生きることはできるのか」と問い掛けて締めくくられる。『イデオン』は「全員死んでしまうしかない」というようなニヒリスティックな作品ではないということができる。

自我／科学技術／世界

富野はこのような一連の『イデオン』における戯作を通じて戯作者としてのテーマを獲得した。本人に具体的な自覚があったかどうかはわからない。しかし『イデオン』を経たことで、戯作するうえでのベースが出来上がったことは間違いないように考えられる。

そのテーマはひとことでいうと「自我と科学技術と世界の関係性を描く」ということになる。「自我」とは、キャラクターが心に抱えているある種の欲望のあり方だ。これは私的なものから、社会的な立場に基づく公的なものまで幅広く存在する。ちょうどドバが、父親としての屈託を抱えつつ、バッフ・クランの大義を行おうとしていた構図がそれにあたる。この「公私にわたる欲望」が登場人物の根本の行動原理となる。

「科学技術」は、富野がメカものを演出するうえで避けられないファクターである。科学技術は便利だが同時に、人間をそこに取り込んで堕落させるものでもある。『イデオン』では、イデのエネルギーはイデオナイトという特殊な鉱石によって、イデオンとソロシップに集約されているという設定であった。

また、放送終了後のインタビューで富野はイデについて次のように語っている。

つまり、イデの設定の第一条件として、人間に無関係のところには置きたくなかった。イデが宇宙を作り、人を作ったという〝絶対的存在〟にはしたくなかったんです。ようするに、ぼくは、人間の智恵が生みだした〝神〟という概念に相対するひとつの〝力〟として、イデを考えてみたんです。[19]

つまりイデという無限力は、その全貌は人間にうかがいしれないものの、オカルティックなもの、宗教的なものではなく、あくまでも科学技術の延長線上にあるものとして扱われているのである。なおこの発想の根底には、別のインタビュー[20]で名前を挙げているとおり、映画『禁断の惑星』（一九五六）における「イドの怪物」の存在があるのはいうまでもない。つまり『イデオン』は、イデという科学技術を人間がいかに理解しうるか、という物語であったのだ。「世界」は別の言い方をすると「世の理」である。『イデオン』であるなら、すべての魂がやがて新たな生命に生まれ変わるという輪廻の仕組みがそこにあたる。富野の説明するとおりイデは〝場〟であり〝科学的な存在〟ではあるが、同時に「命を巡らせ、より善き存在を目指す」という、命――というよりも魂か――の大きな循環という「世の理」を体現している。

富野作品の原型

ではこの三つはどのような関係性で結ばれているのか。それは「科学技術」をインターフェースとすることで、「自我」は「世界」に触れることができる、という形なのである。『イデオン』はこういった形で描かれるドラマの原型（アーキタイプ）といえる。

「自我」は「世界」へと直接触れることはできない。それはシャーマンのような特殊な人間か、シェリルのように狂気の淵に接近した人間でないと不可能である。普通の人間は、そこに「科学技術」というインターフェースを挟むことが必要なのである。

例えば強いロボットがパイロットの身体の延長として表現されることからもわかるとおり、「自我」は「科学技術」というインターフェースによってしばしば強化される。しかしそれは常に「自我」を「世界」へと導くものではない。「自我」は「科学技術」によって強化されることで、時に暴走して自滅に至ることもありえる。この暴走をコントロールできるのが〝智恵〟と呼ばれるものになる。

これに則って『イデオン』を語り直すと、イデオン、ソロシップという「科学技術」をインターフェースにして、〝業〟に縛られた「自我」が、より善き存在が求められる「世界」を垣間見ることになる物語であった、ということになる。

本書で『ガンダム』と『イデオン』にこれだけの紙幅を割いたのは、戯作者としてのテーマが明確になる過程をちゃんと確認したかったからにほかならない。

このテーマ性を念頭に置くと、『イデオン』から連続性のある作品は『聖戦士ダンバイン』であるということがはっきりする。一方で『戦闘メカ ザブングル』と『重戦機エルガイム』は、少し傍流に位置することもわかる。『機動戦士Zガンダム』以降の『ガンダム』シリーズが、最初の『ガンダム』とどこか違う雰囲気を身にまとっているのも、この「自我」「科学技術」「世界」の要素が盛り込まれているかどうか、によると考えることができる。

変奏される主題——『聖戦士ダンバイン』から『機動戦士Zガンダム』へ

第7章

富野は『伝説巨神イデオン』で戯作者として「自我／科学技術／世界」という主題を掴んだ。富野はその後、いくつかの作品でこの「自我／科学技術／世界」という構図を生かして戯作を行っていく。正確には自覚的にこの構図を採用しているというよりも、『イデオン』で体の中にこの構図がしっかりと定着し——それが主題を掴んだということだ——戯作のときにそれが自然とにじみ出てくるようになったということだろう。では富野は「自我／科学技術／世界」の構図をどのように戯作の中に生かしていったのか。

一九八〇年代の仕事

富野は『イデオン』以降も毎年新作を発表している。『機動戦士ガンダム』を放送した名古屋テレビをキー局とする土曜一七時三〇分からの枠で、『戦闘メカ ザブングル』（一九八二）を皮切りに、『聖戦士ダンバイン』（一九八三）、『重戦機エルガイム』（一九八四）とそれぞれ独特の世界観を持つ三作品を発表。そして一九八五年には同枠で『ガンダム』の続編である『機動戦士Zガンダム』（一九八五）、翌年は『機動戦士ガンダムZZ』（一九八六）を手掛ける。またTVで新作の放送がなかった一九八一年は春に劇場版『機動戦士ガンダム』、夏に劇場版第二作『機動戦士ガンダムII 哀・戦士編』が公開されている。一九七七年の『無敵超人ザンボット3』から一九八六年までの九年間に、TVシリーズ七作品、総集編映画六作品を送り出した仕事量は圧倒的といえる。

『エルガイム』以降、富野監督は『ガンダム』シリーズの新作が続く。『ガンダム』シリーズ以外の作品は、OVA『バイストン・ウェル物語　ガーゼィの翼』（一九九六）があるが、『ガンダム』シリーズ以外のTVシリーズは『ブレンパワード』（一九九八）まで一四年の間隔が空くことになる。それだけにこの『ザブングル』、『ダンバイン』、『エルガイム』の三作の時期は、次々と新しいロボットアニメに挑戦した特別な時期ということができる。

アニメ特撮研究家の氷川竜介は、『ザブングル』、『ダンバイン』、『エルガイム』の三作品について次のように総括する。

①ウォーカーマシン、オーラバトラー、ヘビーメタルなど新規のメカニズム総称とコンセプトを一作品ごとに立ち上げ、惑星ゾラ、バイストン・ウェル、ペンタゴナワールドという異世界の世界観と合わせてプラモデル全盛期時代に毎年新たな刺激を与えたこと。これによって、メカを中心としたプラモ市場を持続させ、新作を作る土壌をも意図的に維持したのは、重要な成果である。
②二号ロボット登場、女声主題歌など、新時代のロボットアニメを象徴する新フォーマットを築いた。成功し一般化した後では当たり前に思えるが、作家性とのバランスを崩さず、商売をにらんでこのような展開を実行するのには信念と勇気が必要なのだ。

③湖川友謙とアニメスタジオ、ビーボォーのキャラクター、作画パワーを思う存分引き出して、立体感と存在感あふれる映像空間を創出したこと。その中でバイタリティと情念あふれたドラマを展開し、その後のアニメ演出作法に大きく影響を与えた。[1]

氷川はこのあとさらに④として「若いクリエイターたちを取り上げたプロデュース力」、⑤として「アニメ雑誌などのマスコミに登場し積極的に自作を語ったことによる媒体への影響」を取り上げている。

氷川の端的なまとめのとおり、『ザブングル』、『ダンバイン』、『エルガイム』の三作は、その二作での達成を背景に、ロボットアニメの可能性をさまざまに追求した作品ということができる。

このように並べて語られることの多い三作品だが、戯作者・富野の仕事という観点から見ると『イデオン』の直系といえるのは『ダンバイン』のみだ。『イデオン』で掴んだ、「自我／科学技術／世界」という主題は、ほかの二作品にはなく、『ダンバイン』でのみ形を変えて取り扱われているのである。そしてこの主題は『Zガンダム』と『機動戦士ガンダム　逆襲のシャア』へと受け継がれることになる。

つまり富野のフィルモグラフィーは『イデオン』、『ダンバイン』、『Zガンダム』、『逆襲のシャア』という一本の柱があり、『ザブングル』と『エルガイム』は、この系譜上から少しズレた場所に位置している。この〝少しズレた位置〟が、富野のフィルモグラフィーをバラエティに富んだものにしているのは間違いない。ここではまず、『ザブングル』『エルガイム』の個性的な魅力は一旦カッコの中に入れておき、富野が両作品にどのような関わり方をしたかを確認したい。

『ザブングル』の世界観

『ザブングル』の企画は、もともと脚本家の鈴木良武が、監督の吉川惣司と進めていた企画『エクスプロイター』が発端だ。これは当時の岸本吉功《きしもとよしなり》サンライズ社長が個人プロジェクトとして進めていた企画で、[2]人工衛星に残った地球の落ちこぼれたちが、敵と戦いながら宇宙移民を目指すという、宇宙を舞台にしたロボットアニメだった。[3]しかし吉川が監督を降りたため『エクスプロイター』の企画は頓挫してしまう。一九八二年二月の放送開始に間に合わせるため、新たに監督に起用されたのが富野であった。

監督を降りた吉川としては、まさか富野に監督の依頼が行くとは思っていなかったようだ。

僕もタカをくくっていたのだ――「ガンダム」「イデオン」のフィーチュア、連載の準備などで超多忙の彼に、まさかオハチがまわるとは予想していなかった。[4]

実際、監督の依頼を受けた一九八一年秋は、富野は大変忙しい状況にあった。まず一九八二年春の公開を目指して『機動戦士ガンダムIII　めぐりあい宇宙編』の制作が進んでいた。同作は総集編映画ではあるが非常に多くの新作カットが新たに加わり、新作映画に近いボリュームの仕事であった。

また一月に放送終了した『イデオン』も、未放送に終わったラスト四話分を映画として上映する方向で制作が続行していた。同年五月には二部作同時公開が正式決定となり、六月には『接触篇』の最初の編集がアップしている。また一二月八日には映画の公開を発表する記者会見が行われることになる。そのような仕事が重なっているさなかに、一九八二年二月放送開始の新番組の監督という仕事が加わったのである。

富野は一九八一年九月三〇日に、鈴木良武が書いた企画書などの資料を持ってホテルに泊まり、そこで一気に作品の骨格を固めたと回想している。二月の新番組の準備としては非常に遅いタイミングである。

> ロボット物をらしく創る要素は、ロボットを動かしてもいい世界観をつくることであるという一点に絞り、三時間ほどその事を考えていった。が、先にある企画書を読むだけでヒントはなかった。（略）

十二時になっても、ガソリンで動くロボットにするという条件しか思いつかなかった。（略）

アイデアというのはこんなものだ。矢立（引用者注：サンライズ企画室の集団ペンネーム矢立肇のこと）は西部劇にしろといっていたな、という事を思い起こし、場合によってはもう一晩泊まってやろうか、と考えていた時に、西部劇なら荒野、荒野なら地球全てを荒野にしてしまえと思いついた。（略）

とにかく、一度、全地球的な破壊があって、再生すべく戻った人類がいかに生きてゆくか、生きつづけてゆくのかの活劇にしようと思いついたのだ。

こうなるとものの二時間とかからずに、基本的な世界設定ができた。[5]

こうして富野が整理した企画をもとに、鈴木とのすり合わせが行われ、『ザブングル』は走り出すことになる。企画書には「ユーモア・ロボットアクション」と銘打たれており、作品の狙いについては「落ちこぼれの復権」「人間性の讃歌」と書かれている。作品の狙いは『エクスプロイター』で考えられていたものが受け継がれた部分でもある。

『ザブングル』の舞台は、地球と呼ばれた惑星ゾラ。どこまでも荒野の広がるゾラには、シビリアンと呼ばれる人々が暮らしている。シビリアンはブルーストーン鉱石の採掘を行うロックマン、運び屋と呼ばれる交易商人、用心棒から犯罪まで荒事が得意なブレーカーなど、さまざまな立場で、西部劇を思わせる日常を生きているという設定だ。

そのようなゾラの各地に存在するドームの中で暮らしているのがイノセントと呼ばれる人々だ。彼らは進んだ科学を持ち、シビリアンにその技術を提供するなどしながら、その社会の様子を観察している。やがて物語の進展の中で明らかになるが、イノセントは、全地球的な破壊の前から存在した旧来の人類で、現在の地球環境に適応した人類を生み出し、文化を再建しようとしていたのである。シビリアンはそうした実験の成果で生まれた存在だった。

当初の「落ちこぼれ」というキーワードにある「成績が悪くとるに足らない存在」という意味合いを拡大解釈し、「イノセントが作った枠組みの中では愚かで暴力的な人間として考えられているシビリアン」というSF的な構図に落とし込んだところが富野らしいアプローチといえる。

キャラクターが動き出す

そして富野は、イノセントのお仕着せで生きているシビリアンたちが、精神的に自立していく過程をドラマの縦軸としようと考えた。そして展開としてはそのとおりに進行しつつ、最終的に出来上がった作品は、その展開が前面に立つことはなかった。むしろ主人公ジロン・アモスを中心とする、敵味方の多彩なキャラクターの人間臭さが強い印象として残る作品として完成したのである。

富野は、そうなった結果について、一度走りだしてしまったキャラクターを止めるのはエネルギーがいるという言い回しで、作品が思惑と違う形になっていったことを語っている。[6]

それが、トラントランやらアコンやらエル・コンドルの話だったはずなのだ。ところが不幸にしてご存知のような態で、全てはじきとばされて異質なストーリーとして浮き上ってしまっただけで終った。その破れかぶれともいうべきキャラクターがトロンの話であって、本当をいえばカタカムの代りにトロンあたりが頑張るという図式があったはずなのだが、真にトロンこそ僕にとっての最後の歯止めのためのキャラクターであったはずなのだ。

ところが、連中ときたらトロンが死んだ痛みなぞどこ吹く風、作者だけがなぜトロンを殺したんだよ、という非難をうけてしまう材料にしかならず、一体、ザブングルって何なのだろう、というのが今日までの実感なのだ。[7]

トラントランは、イノセントが最初に遺伝子操作で作り出した人類で、シビリアンよりも未開な暮らしをしている種族。エル・コンドルは、ヒロインの一人エルチと出会う優男で、先祖が守ってきた遺跡のためにイノセントに抵抗した人物。もう一人のヒロイン、ラグが家出した先で出会った無骨な男が、アコン。続くカタカムは、シビリアンによる反イノセント組織ソルトのリーダーで、トロンもソルトのメンバーの一人である。

富野はこれらキャラクターについて「シチュエーションを動かすためにはどういうふうに刺激を与えていくとか、（略）ゾラという地球の構造を見ていくためにはこういうシチュエーションもありうるんじゃないか？[8]」と考えて投入したが「その場しのぎでストーリーを設定しすぎてしまったということです[9]」と総括している。必要だろうと思って後から加えたキャラクターの仕掛けよりも、メインキャラクターの存在感がすべてに勝ってしまったのである。富野は、先述の不発に終わった仕掛けのことを振り返ったうえで、こう書いている。


しょせんそれは、番組を維持していくための、最低限度の要素でしかない。なにより描きたかったのは、ジロン、ラグ、エルチたちが走っていけるか、いけないのかという部分だけだったのに。

　そのへんの方向性がようやくつかめたのが、もう終わりも近いころだったんです。終わり近くなってようやくキャラクターが自由に動きまわりだした。スタッフも理解してくれて、楽屋オチみたいなことをやる余裕もできてきたんです。[10]

富野は第20話「アコンは伊達男か？」（脚本：伊《い》東《とう》恒《つね》久《ひさ》、絵コンテ：関田修）あたりで、仕掛けがうまくいっていないことに気づいたが軌道修正が難しかった、と語っている。[11] その後、ソルトのカタカムが退場するのが第41話「カタカムは終った」（脚本：伊東恒久、絵コンテ：大地《だいち》瞬）なので、富野がいう終盤は第42話以降であると推察できる。

このように『ザブングル』は、富野作品には珍しくキャラクター・ドリブンな作品であった。ただ、そのことが発見されるのは遅かった。それはスタッフがそのことになかなか自覚的になれなかったからということはいえるだろう。一年間の放送期間を通じて、作品がその作品らしくなっていくというのは、いかにも当時のTVアニメらしい。第50話（最終回）「みんな走れ！」（脚本：伊東恒久、絵コンテ：菊池一仁）のラストシーンに、作中で死亡したキャラクターも含めて登場人物たちが勢揃いでカーテンコールのように登場する。この締めくくりはキャラクターたちに主導された本作の特徴をストレートに表していたといえる。

『エルガイム』と渡邉由自

『エルガイム』の原型は、富野が『ガンダム』放送中の一九七九年一二月に描いたイメージボード『ムゲン・スター』[12] である。この段階で二重太陽を巡って、同一軌道に並んだ五つの惑星が登場するなど、『エルガイム』の舞台であるペンタゴナワールドの原型が描かれている。またファンネリア、ギャブレット・ギャブレーなどの名前もこの頃から、すでに登場している。

同作のシリーズ構成に立ったのが渡邉由自である。監督自身がストーリーのメモを作ることが多い富野作品の中で『エルガイム』では珍しくシリーズ構成が立っている作品だ。シリーズ構成は、脚本チームの頭領で、ストーリー全体の流れに責任を持つ役割だ。

『エルガイム』のスタートにあって、渡邉は「今度は原作ものをやってみたいので、小説を書いてくれないか」[13]と声をかけられたのが最初だったという。その後、企画を出したところ『ダンバイン』の後番組に決まり、制作開始が予定よりも前倒しになったため小説は書かれることがなく、そのまま制作に入ることになった。

スタートにあたっての富野からの注文は二つ。一つは『ムゲン・スター』に原型がある五つの惑星による「ペンタゴナワールド」を舞台にすること。そのためのメモも渡されたという。もう一つは「リリス・ファウを出すこと」という指定があったという。リリスは、前作『聖戦士ダンバイン』に登場したキャラクターで、昆虫の羽を持つ妖精のような小人である。これを受けて渡邉はインタビュー[14]で「渡邉カラーで、富野カラーとは違ったものを出していきたかった」とも語っている。

各話のプロットは富野と渡邉が作り、それを各脚本家に発注したという。この流れから、『エルガイム』のストーリーは渡邉が構想した部分も大きいと考えられる。

渡邉は企画初期に「強烈な管理社会のなかにあって、虹を摑むことも、雲に乗ることももはやあり得ないと諦めている人々に、二人の若者の成長を通して、光明を照らし得ることを証明する青春ドラマを描く。ひとりは、戦いべただが、その人徳で将に恵まれ、ひとりは、勇猛無比の天才肌[15]」と書いているが、この時点である種の英雄譚を想定していたことがうかがえる。

こうした渡邉の初期構想は、そのまま映像化されたわけではない。女性キャラクターのガウ・ハ・レッシィはもともと、見た目が可愛くない女の子と想定されていたが、キャラクター設定で美人に描かれたことから、ヒロインの一人として扱われることになった。ダバのライバルであるギャブレット・ギャブレーは、もっとシリアスでダバに対して「似ている部分があるから好きになれない」と近親憎悪的な感情を持つキャラクターとして想定されていたが、本編ではカッコつけているわりにコミカルな憎めないキャラクターとして表現された。またリリス・ファウの平和を望む思いがダバに影響を与える（初期案では精神《テレパシー》コントロールで宇宙の救世主にしようとする、と書かれている）といった要素はまったく触れられなかった。

渡邉は作業を振り返り「中盤からは、演出に指示するという形で注文がたくさん入った[16]」とも回想している。これはおそらく脚本そのものではなく、絵コンテ化の段階で展開やキャラクター表現にいろいろ修正が入ったということだろう。また制作中、渡邉が受けたオーダーとして「核兵器の要素を入れてほしい」というものがあった。渡邉はその要素を出したくはなかったが、鉱山惑星パラータ・スターの深部に原子炉があるという形で、そのオーダーを受け入れた。そして、原子炉の暴走を止める過程で主人公ダバ・マイロードの幼馴染ミラウー・キャオが被曝するという展開を作った。渡邉は、キャオは被曝によってラストで死亡する予定を立てていたが「結局そのラストに関しては大幅に変更が加わってしまったみたいで。だから僕は未だに最終回を見てないんです」[17]と語っている。

こういった経緯もあって、渡邉がノベライズした小説『重戦機エルガイム』(ソノラマ文庫、全三巻)は、渡邉のイメージが強く反映されたもので、「あれが僕にとってのオフィシャルな「エルガイム」なんです」[18]と自らのスタンスを説明する。

渡邉が構想した『エルガイム』はどのようなものか。企画初期のメモ[19]と小説を踏まえると、以下のような構図として構想されていた。バイオリレーションの技術で不老不死になり支配者で有り続けようとするポセイダルの生き方。それに対し、闘争心を失うことで長命を得た一族である有翼人のリリスの平和主義。ポセイダルに滅ぼされたヤーマン族の王族の生き残りである主人公ダバ・マイロード(王族としての本名はカモン・マイロード)は、その二つの選択のどちらを選ぶのか、それともその二つと異なる道を選ぶのかというところを、物語のポイントと想定していた。これを先に紹介した、やがて歴史に名を刻むかもしれない青年たちの青春群像として描こうというわけだ。

こうした渡邉の用意した物語はどのように演出されたのか。

――当時の富野作品は、シナリオとコンテが大幅に異なることで知られていましたが、それが特に「エルガイム」では顕著だったように思うのですが……。

富野　これはシリーズ構成の渡邉（由自）さんが書いた「エルガイム」の小説を通して誰もが疑問に思っていることなので、ここではっきり述べておきます。渡邉さんにお願いしたのは、スタッフにアニメ畑ではない人を入れようと言う意図からでした。でも、作画の方で無理に方向を定めようとしたとき、どうしても物語にも手を加えなければならなかった。そうなると、渡邉さんがアニメに不慣れだということが、裏目に出てしまったんです。（略）今だから言えるけど、そんなことして上手く行くわけがないんですが、あの時はそれで押し切るというゴウマンさが僕にあったのです。（略）作品を作り続けてきたことで、自分ひとりで作品を作れると思い込んでしまった結果ですからね。[20]

渡邉自身もその状況をこう語っている。

TVシリーズというのは、監督と演出とシナリオライターの三人がストーリーを作っているわけで、前述のように、あの時は途中から皆がバラバラにやってしまった。これは失敗だったと思う。良く言えば、各自の自由な発想の集大成でもあるのだけど、シリーズをまとめる役の僕が考えるものとは異なる物語になってしまった。[21]

こうしたコメントからも『エルガイム』が、戯作者・富野の発想が軸になった作品ではないことがうかがえる。

永野護とファティマ

そんな中で、戯作者・富野らしさを感じさせるのがメカデザインとキャラクターデザインを担当した永野護の起用とファティマをめぐるやりとりだ。

永野は一九八二年に月刊スターログ主催の第二回ＳＦアート大賞で入選し、一九八三年に日本サンライズ（当時）に入社する。入社後は『銀河漂流バイファム』（一九八三）の現場でデザインの仕事をするほか、『聖戦士ダンバイン』後半の新主役機ビルバインのデザインコンペティションにも参加している。

富野は早い段階から永野の描くデザインに注目しており、永野は一九八三年夏ごろからプリプロダクションが始まった『エルガイム』に参加することになる。ちなみに永野は、『バイファム』の後番組になる企画として、『エルガイム』の母体となるストーリーを考えていたと語っている。[22] ただしこちらの企画と先述の富野・渡邉の企画との関係は不明だ。

永野は当初メカデザイナーとして参加し、その後キャラクターデザインもともに担当することになる。この二つを一人の人間が兼務するのも稀なことだが、ましてキャリアのほとんどない新人デザイナーということも加えると、これは異例ともいうべき抜擢だった。

当時、アニメ雑誌『アニメック』の編集者で、後にアニメ雑誌『ニュータイプ』の編集長も務めることになる編集者の井上伸一郎は、富野に永野の抜擢の理由を尋ねたときのことをこう回想している。

井上「エルガイムのデザイナーに永野護を起用したのは、どんな理由があるのですか？」
富野「つまり、永野君のような才能をこれから先、どんどん見つけていき、第一線に投入していかないと〈アニメはやばいよ〉ということです。今はなんとか、ブームといわれていた頃の遺産でアニメ界に若い人が入ってきてくれているけれど、今と同じような若い人の扱い方をしていると、何年か先には誰もいなくなってしまうでしょう。だから、永野のような――いろいろまだ問題も持っているけれども――才能は、最前線で鍛えていかなければならない。それが今の僕たちの世代の役目だと思います」
井上「彼の起用を決意した直接のきっかけはどのようなところにあったのですか？」
富野「絵を一目見た時に決めました。その人の才能の確かさというのは、一枚の絵の中にすべて出るものだと思います[23]」

富野の見抜いた通り、永野の描いたキャラクターやメカニックは、ファンの強い支持を得た。

まだ新人だった永野の才能を見抜いた富野だったが、『エルガイム』制作時に永野が提案したアイデアの中で徹底的に否定したものがある。それがファティマだ。

ファティマは、『エルガイム』に登場するロボット——ヘビーメタルと呼称される——に搭載された、女性型コンピューターの総称だ。永野は、ファティマがパイロットのサポートをするというアイデアを持っていたが、富野はこのアイデアを受け入れなかった。富野はその理由を尋ねられるごとにさまざまな言い回しで語っているが、以下の文章が端的だと思われる。

富野は、

そんな設定は、企画の初期の段階で言ってくれなくては困る問題だし、途中から異質の要素を採用することは、根本的な設定を揺るがすことになるので、採用できないのが『仕事』なのである。[24]

と正論で否定したうえで、こう続ける。

分かりやすくいえば、少女のキャラクターを人形として扱い、ヘビーメタルというマシンに組み込む趣味というか、できあがっていない男の憧れは、ギーガーの例を持ち出すまでもなく、人間の心の闇の部分（幼児性かもしれない）を公衆の面前にさらけ出すこ

となのである。（略）

これがわからずに、男側からのドール・フェティズムは、宮崎勤的病理を増長させるだけなのである。もっといってしまえば、オウムの男側からの働きかけを受け入れた女たちが、いつの間にか、男たちを実行部隊として使っていくという精神構造を容認することにつながるのである。そういった精神構造を育てていく表現が、永野の手に染まったものの全てに現れているのだ。

それが、公然と世に出れば、オウム的なものを育ててしまうということは、知っておいて欲しいのである。[25]

文中に出てくる宮崎勤は、四人の幼女・女児を殺害した東京・埼玉連続幼女誘拐殺人事件の犯人。オウムは、地下鉄サリン事件などを起こしたカルト宗教団体・オウム真理教のことである。

富野がファティマを否定するのは「女性型のロボット＝人形」をとりまく男の欲望のあり方に否定的だからだ。富野はファティマという設定に、まず「女性崇拝の形をとった母性への甘え」を見ている。そして、その対象が〝人形〟であった場合、そこに他人は存在しなくなることを危惧している。自分の欲望にドライブされて、どんどん内向的な世界に入り込み、その人物はどんどん社会に背を向けていくことになる。富野は、女性の人形遊びが出産や子育てといった行為と結びついているため男性のフェティズムとは異なると位置づけている。

このファティマ否定は、富野の「自我」が「科学技術」をインターフェイスとして「世界」に触れる、というテーゼと比較するとよくわかる。富野にとって科学技術は、小さな個人を(宗教や狂気によらず)世界へと開くものなのだ。そのような富野の目から見ると、科学の力で生まれたファティマは、「世界」とはまったく逆ベクトルの内向的な方向へと人を向かわせる存在ということになる。内向きの心性は、社会性の喪失に繋がる。社会から逸脱し自分の論理だけを振りかざすようになれば、それは犯罪者へと接近することになる。それを促すような「科学技術」の扱われ方は危険である、という論理だ。

富野は、このファティマに対する否定とよく似た論理で『新世紀エヴァンゲリオン』(一九九五、庵野秀明監督)に対しても厳しい評価を下し、「病人を生むような作品」という言い回しもしている。同作品も中盤以降、エヴァンゲリオンという科学技術から生まれたロボットに乗ることが、自分の心の傷と向かい合うことと近しいものとして描かれるようになり、作品はぐっと内向的な色合いを深めていく。またエヴァンゲリオンの各機体には、パイロットの母の魂が宿っているという設定もある。そこも共通の「女性性の尊敬と裏腹の母性への甘え」を感じさせるところでもある。

『ダンバイン』にみる戯作者・富野

　このように富野は『ザブングル』では世界観をプランニングし、『エルガイム』では若手スタッフの力を作品に取り入れ、そのうえで総監督として作品を取りまとめる役割を果たした。その点で富野のフィルモグラフィーに幅がでたが、富野が戯作者として『イデオン』で摑んだテーマは、この二作では積極的に追求されることはなかった。

　しかしこの二作に挟まれた『聖戦士ダンバイン』は異なる。本作はおそらく『イデオン』での達成を踏まえ、戯作者・富野の世界が全面的に展開されている。

『ダンバイン』は、主人公ショウ・ザマが異世界バイストン・ウェルへと召喚され、そこで聖戦士として戦うことになる、というファンタジーだ。メルヘンの世界ではなく、もう一つの現実として異世界を構築するハイファンタジーをTVアニメとして取り扱うのは、当時としては大変珍しいことだった。

『ダンバイン』の主要な舞台として設定されたバイストン・ウェルとはどのような場所なのか。放送終了直後に出版されたムック『バイストン・ウェル物語　聖戦士ダンバイン――リーンの翼』の中に富野の手による「インナースペースとしてのバイストン・ウェル」[26]という長文が載っている。そこには、バイストン・ウェルの着想から、世界がどのようにできあがっているかなど細かに書いている。おそらく『ダンバイン』だけで、その世界のすべてを見せようなどとは思っておらず、『ダンバイン』ではその一部を切り取って見せるぐらいの想定でいたのだろう。

実際同年には小説で『ダンバイン』よりも前の時代、別の地方を舞台にして『リーンの翼』という小説が書かれている。大人向けのヒロイック・ファンタジーとして執筆され、残酷な描写、エロティックな描写も多く、TVアニメの枠組みから自由なところでバイストン・ウェルの諸相を描き出している。

バイストン・ウェルが特徴的なのは、異世界でありながら現実（地上界と呼ばれる）と密接な関係にあると設定されている点だ。

我々の魂は死ぬとバイストン・ウェルに生まれ変わる。現世の社会の中で窮屈な想いをしている魂が、暴力的なものも含めその欲望を開放させバイストン・ウェルで自由に生きることで、リフレッシュされるのである。「インナースペースとしてのバイストン・ウェル」の中ではこれを「バイストン・ウェルとは魂のマスカレイド（仮面舞踏会）」というフレーズで言い表している。

バイストン・ウェルでリフレッシュした魂は、地上へと生まれ落ちるときに、バイストン・ウェルの記憶を忘れてしまう。しかし、わずかにバイストン・ウェルのことを覚えていた人々が存在し、天国や地獄、鬼や妖精、古代から語り継がれる神話などにはバイストン・ウェルの事物が投影されているという見立てになっている。このようにバイストン・ウェルは地上界と密接な関係があり、富野はバイストン・ウェルは、地上で人間という魂を持つ存在が生まれ、そのオーラ力が集積したことで生まれたと設定している。

また富野は、バイストン・ウェルがある種の意思を持つ存在であるとも記している。

> バイストン・ウェルは、現地球を、人のマインドが肉を持って住む世界としての地球に危機感を抱き始めている。そのために、バイストン・ウェルは巨大なオーラ力を集積する準備を始めているといえる。
>
> 現地球が、肉を持ったマインドが住むに足りないものとなってきつつある時、バイストン・ウェルは次なる時空へ翔びたいと欲している。それは真に、バイストン・ウェルの存在こそ、人の業と、マインドの輪廻の根の世界だからである。
>
> が、しかし、そうはなって欲しくない。我々の存在する現世界は、存在そのものとして、すこやかにこの現空域にあって欲しいと望むのである。そのためには、我々はここで、以前心の拠り所であった、もうひとつの実在する世界の存在（バイストン・ウェル）に目を向けて、現実世界の狭隘さとか、汚濁から離れてみる必要もあろうか、と考えるのである。[27]

バイストン・ウェルが人の生体エネルギー（オーラ力）の集積から生まれた場所であり、それ自体がなんらかの願いを持ち、場合によってはこの世界を見限ってしまう可能性があるという発想は、バイストン・ウェルが『イデオン』のイデの延長線上にあることを感じさせる。

富野はこの個性的な異世界をロボットアニメの舞台として使った。あまりに想念の世界すぎるバイストン・ウェルを、「ロボットという俗悪的な表現要素を使うことによって、一般的に見やすくして、想念の世界へ興味を持つ観客の増えることを期待したのである[28]」と富野は書いている。

『ダンバイン』に登場するロボットは、オーラバトラーと総称され、パイロットのオーラ力で駆動するという設定だ。地上人はオーラ力が強いため強力な戦力になるという設定もあるが、彼らは生身の状態でなにか特別な力を発揮するわけではない。彼らのオーラ力は、オーラバトラーに乗らなければ特に大きな意味を持たない。ポピュラリティーを得るための「俗悪的表現要素」という方便ではあるものの、ここでも「自我」と「世界＝バイストン・ウェル」を仲介する存在としてなんらかのメカニズムが必要とされるのは、戯作者・富野の方法論として、極めて自然な構図といえる。

では富野はこのような道具立てを通じて何を描こうとしたのか。

『ダンバイン』の失敗

物語は、日本人の少年ショウ・ザマが、バイクで走行中、オーラロードが開きバイストン・ウェルに突如召喚されるところから始まる。ショウが呼ばれたのは、アの国の地方領主ドレイクの館。ドレイクは、バイストン・ウェルの征服を目指しており、地上人ショット・ウェポンによってオーラマシン──オーラシップやオーラバトラーの総称──といった兵器を開発させていた。そして一種の妖精であるエ・フェラリオのシルキー・マウを捕虜として、オーラロードを開かせ、地上人を次々とバイストン・ウェルに呼び込んでいたのである。ショウはその後、ドレイクの野望を止めようとするニー・ギブンたちと行動をともにするようになり、さまざまな戦いに身を投じることになる。

物語はドレイクの野望を軸にして進むため群雄割拠する〝戦国物語〟の様相を呈することになった。そして、そこにバイストン・ウェルのさまざまな風物が織り込まれていく。目新しい設定ではあるがドラマとしては、いささか牽引力を欠く展開であった。そして中盤以降は、バイストン・ウェルで対立する各勢力の戦力が、地上へと放逐され、現実の国際情勢とバイストン・ウェルの戦争が絡み合いながらクライマックスへ向かうことになる。

富野は近年のインタビューで『ダンバイン』で狙ったものについてこう語っている。

――（略）『ダンバイン』では何を描こうと考えていたのでしょうか？　物語はドレイクの野望を軸に一種の「戦国もの」として始まるわけですが。

富野　（略）それはファンタジー・ワールドを舞台にした時に、アクションのあるストーリーを作るには、それが一番便利だったから選んだだけです。テーマはそこにあるわけではない。『ダンバイン』はオーラ力そのものを考えようとした作品でした。

――オーラ力は単なる設定ではない、ということですか？

富野　そうです。人間の生体が持つオーラ力というものがあり、もう一方にオーラ・バトラーに象徴される機械的な力がある。そういう枠組みの中で、作中の台詞にもある通り、機械に頼り過ぎてしまってはダメということを描きつつ、同時にオーラ力が暴走してハイパー化していく様子も描いてみせる。この生体力と機械力という問題は、『ガンダム』以降の自分の中にあるテーマです。それは現代社会のテクノロジーの発展と人間のあり方を考える中で浮かび上がってきたものです。その上で『ダンバイン』では、そのふたつの力を一度忘れて、自分の身体そのものの力でリアリズムに立ち返っていくしかないんだよ、という流れを作ろうとしました。だからエレもシーラも自分を盾にして自爆していくんです。頭の中でそういうプランを立てて、物語を進めていったんです。[29]

ハイパー化とは負の感情により増幅されたオーラ力が生むもので、オーラバトラーの周囲にあるオーラバリアーが、その機体の姿のまま巨大化したものと説明されている。ここに「自我」と「科学技術」が結びついたビジョンを見ることはできる。だが、このハイパー化が「世界」へと結びつくものとして展開されることはなかった。『ダンバイン』では、このように「描こうと想定したこと」と「物語が最終的に描いたこと」のズレが生じてしまっているのである。この点で『ダンバイン』は目先の出来事のおもしろさでお話を進めていく「ストーリー主義」に傾いてしまったということもできるだろう。興味深いのは前番組『ザブングル』に関する取材、寄稿の中ですでに富野は「いまやってる『ダンバイン』。あれについても、(引用者注:『ザブングル』と)同じ意味で失敗してると思います。めざしてるものがいま一つ、ピタッとしていない」[30]と語っていることだ。バイストン・ウェルという舞台をどう使うかも含め、目標はあれど、手探りをしながら制作している様子がうかがえる。

なお「自分の身体そのものの力でリアリズムに立ち返っていく」という狙いは、TVシリーズ放送終了後に、ムックに執筆した原稿でも次のように触れている。

永遠に人は、生と死を繰り返すだろう。
その生命を支えるものは、どう考えても、過去に積み重ねられてきた、情念の累積であろう。

そういったものと無縁であるわけがない時に、人の感性が、自然というものの驚異に無頓着になっていて良いわけはないだろうと予測するのである。

自然に対しての畏敬の念があるからこそ、人は、己の情念の中に生命の力を見つめようとする。

その具体的な意思を表示しているものが、過去に累々と残された伝承話である。

それは、血ぬられて、オドロオドロしくも悲しい。

それはまた、死後の世界の語りの中にも見られる血生臭さと安逸感とも同じなのである。[31]

つまり、戦いの中で情念が積み重なり、その果てに自らの身体を通じて自然なものとして「生命の力」を発見するというところが、物語のゴールと想定されていたのである。そしてその物語は、まるで伝承話のように締めくくられるというイメージを持っていたことがうかがえる。実際、『ダンバイン』は最後の最後で、妖精のような存在であるミ・フェラリオのチャム・ファウを、すべての顛末の語り部として地上界に残して締めくくられている。

また富野は『ダンバイン』の〝失敗〟について自覚的で、先述の寄稿には次のように記されている。

まず、バイストン・ウェルという世界が、物理的な異世界であるのならば、変わった舞台として凄いよ、といったスリリングさだけで面白く描く事が出来たであろう。しかし、霊界（あくまでも人の想念そのものの世界）という言葉の持つ呪術性というものは、確かに存在するのである。それを劇（ドラマ）という力のあるものとして描こうとすると、どうしても人の情念そのものを厳しく描く作劇法をとらなければ、伝えられはしない。それを、ロボットというものを活躍させる戦闘物という土壌の上で完成させようとした時に、作劇上の破綻を見るのである。

無論、僕以上の作劇術を駆使する事が出来る方には、出来る。が、昨年（引用者注：一九八三年）の僕の中にはなかった、と言わざるを得ない。[32]

キャラクターの情念を描くことで、バイストン・ウェルという世界の本質へと迫ることと、ロボットアニメというジャンルをまっとうすることが、うまく組み合わせられなかったのだ。それがロボットもののフィーリングが強調され、シリーズ後半は『ガンダム』とあまり変わらない肌触りの映像が中心になっていく結果となる。

さらに富野は続けてこうも記している。

バイストン・ウェルという、情念の塊の世界（霊界に近い世界）を描こうとすると、必ず、天井がかかるというのか、作り手そのものの上や、物語世界の上に天井がかかるのである。

ところが、ＴＶとか映画の世界は、この天井の感覚、つまり、ドンヅマリの感覚を極度に嫌う世界なのである。[33]

アイデアの揺籃期

ここでいう「天井がかかる」とはどういうことか。これはバイストン・ウェルが、全て富野の想像力から作り出されたことが原因だったのではないか。「自我」が「科学技術」を経由して「世界＝バイストン・ウェル」の本質へと迫ろうとしたところで、そこは自らが想定した世界であり、物語が自らの想像力の外へと出るのは難しい。またそれぞれの世界での死は、地上界もしくはバイストン・ウェルへの「生まれ直し」になるという設定も、〃堂々巡り〃といった印象に近く、『THE IDEON 発動篇』のラストのようなカタルシスには繋がらない。最終回の脚本では地上界の最後の戦闘で死んだショウとマーベルがバイストン・ウェルでミ・フェラリオとして生まれ直すシーンがあった[34]そうだがカットされているのも、この「天井がかかる」感覚を少しでも減らそうという判断もあったのではないだろうか。

興味深いのは、この天井の感覚について富野は「宗教的」という方法でならクリアできると書いているところだ。富野は「もっと端的に世界を語る手法を投入する力」がなければ描くことができない内容だったと振り返った後、こう続ける。

この可能性としての方法論とは別に、知っている方法というのがひとつだけある。宗教的にしてしまうという手法である。

が、この場合、過去のどんな宗教観にも抵触しない宗教的な感応を提示できない限りは、触れてはならないという節度を僕は設定していた。

なにしろ、宗教的な素養など何ひとつとして持っていない僕に出来るわけがないからだ。が、この自己規制が、墓穴を掘った部分もある。[35]

こうして『ダンバイン』は、非常にユニークな作品でありながら、バイストン・ウェルという設定をそこまで生かすことができず、放送を終えた。しかし『ダンバイン』についての富野の発言を追っていくと、『Zガンダム』や『逆襲のシャア』、あるいは『∀ガンダム』を想起させる要素があることに気付かされる。

たとえば、情念を積み重ねて「生命の力」に至るという発想は『Zガンダム』の最終回に見ることができるし、「既存宗教に抵触しない宗教的表象」は『逆襲のシャア』のラストシーンそのものである。またロボットアニメの語りの中に、伝承話の要素を忍ばせるのは『∀ガンダム』の基本的なアイデアに通じるものがある。

バイオ・センサーはなぜ消えたか――『Zガンダム』の失敗

このように『イデオン』から『ダンバイン』へと繋がるラインを確認していくと、きわめて自然にその線上に『Zガンダム』が浮かび上がってくる。『Zガンダム』はキャラクターデザインが安彦良和、メカニカルデザインに大河原邦男と前作のスタッフも参加する一方、永野護をはじめ新たなデザイナーも多数参加している。また演出・作画陣は『エルガイム』から連続しており、映像の雰囲気は『エルガイム』に近い。また一九八〇年前後のアニメブームを経て、アニメの映像表現もより凝ったものが試みられるようになった。そのため映像作品としてのルックにおいて前作との地続き感はそれほど強くない。

しかし一番大きな違いは、『Zガンダム』が『イデオン』、『ダンバイン』を経た後の作品だということだ。そのため『Zガンダム』には「自我／科学技術／世界」という主題が反映されている。これはニュータイプを〝方便〟として導入した前作とは大きく異なる。『Zガンダム』は、ニュータイプを前提として、再び「自我／科学技術／世界」の構図に挑戦した作品といえる。

『Zガンダム』のプランニングは一九八四年に始まった。『エルガイム』が放送開始となる一九八四年二月に最初の富野メモが書かれ、ここから六月にかけて作品の骨格が固まっていく。六月六日のメモで、旧ジオン軍の残党とシャアの関係、地球連邦の現況などが固まり、七月にかけてストーリーの大枠が固まっていく。

こうした企画の初期段階で「ギャザー・スタイム」というアイデアが検討されていた。LD-BOXのブックレットでは富野メモを掲載し、ギャザー・スタイムに次のような注釈をつけている。

ギャザー・スタイムとは、ニュータイプという概念を一歩進めたもの。他者との共鳴だけでなく、精神的に他者と完全な一致を見ることを表現していたようだ。この概念は、結局『Z』では採用されず、わずかにZガンダムのバイオ・センサーに名残をとどめる。[36]

注釈はそのようになっているが、忘れてはいけないのは「バイオ・センサー」という単語は本編では一切登場しないということだ。

『Zガンダム』の舞台は、前作のラストシーンから七年後の宇宙世紀〇〇八七年。地球連邦から独立を試みたジオン公国が敗れた後も、地球連邦はスペースノイド（スペースコロニーなど宇宙で暮らす人類）への弾圧を続けていた。その急先鋒が特殊部隊ティターンズである。ティターンズはジオン残党狩りを目的に組織されたが、スペースノイドの反地球連邦運動もまた徹底的に抑圧した。これに対し地球連邦を母体とした反地球連邦組織エゥーゴが組織される。「反地球連邦」とうたっているが、実質は地球連邦軍内のスペースノイドに共感的なメンバーが中心である。こうして連邦軍タカ派のティターンズと連邦軍スペースノイド派のエゥーゴが地球連邦の覇権を争い、内戦が激化していく。そして地球圏を離れた小惑星アクシズを拠点とするジオン残党もまた軍事行動を開始し、戦いは三つ巴の様相を呈していく。

主人公カミーユ・ビダンは、ある事件の結果、ティターンズの新型機ガンダムMk-IIを奪取し、エゥーゴへと身を投じる。カミーユは物語後半になると可変モビルスーツ、Zガンダムを駆り、ティターンズを手中に収めたパプテマス・シロッコやジオン残党のリーダーであるハマーン・カーンと戦いを繰り広げていく。

そして第49話「生命散って」（脚本：遠藤明吾、絵コンテ：世良邦夫《せらくにお》）でZガンダムが「赤く輝いてビームを跳ね返す」「ビームサーベルが大きく伸びる」というアクションを見せる。工業製品としてのリアリティを踏み越えたこうした描写は、あたかもカミーユの怒りの精神的な状態に反応したように描かれている。

第50話（最終回）「宇宙《そら》を駆ける」（脚本：遠藤明吾、絵コンテ：川瀬敏文）の冒頭、カミーユと、先輩パイロット、エマ・シーンの会話が描かれる。エマは第49話の戦闘で傷つき、瀕死の状態である。エマはカミーユに語りかける。

「私の生命を吸って、そして勝つのよ。私は見たわ。Zガンダムは、人の意思を吸い込んで自分の力にできるのよ」

そうして戦いに勝つのだとカミーユを叱咤してエマは息絶える。

小説版だとこのくだりの部分はこうなっている。エマの台詞だけ抜書しよう。

「私は見たわ……ゼータ・ガンダムはいろいろな人の意思を吸い込んで、自分自身の力にできるって……だから……」

「できるのよ……ゼータにはバイオ・センサーがあるでしょ？」

「それよ、本当に人の意思を吸っているのよ。その力で平和と自由を呼ぶ……それをあなたがやるのよ……カミーユ・ビダン……」

TV版の唐突な「人の意思を吸い込んで自分の力にできる」という台詞を、小説ではそれがバイオ・センサーの力であると補足がされている。ここに限らず富野自らの手による小説版では、Zガンダムを筆頭にいくつかのモビルスーツにバイオ・センサーが搭載されているという記述がある。

小説はTV版と並走する形で一九八五年二月から翌一九八六年二月にかけて全五巻で発売されたもの。出版時期から考えて、作中の演出に対し後付けで設定を決めたというより、当初からアイデアがあったが、映像の段階ではその名前を、なんらかの理由であえて省略したと考えるほうが自然だろう。

映像だけみれば、『ガンダム』世界のリアリティを踏み外した描写にも見える。気合で相手を倒すパワーが出るロボットという描写は、演出的メリハリがついてカタルシスがあったとしても、その展開はご都合主義すぎる。しかしバイオ・センサーというアイデアが、「自我／科学技術／世界」の「科学技術」に相当すると考えれば、腑に落ちるし、自我が科学技術によって拡大されるという描写は、『ダンバイン』後ならではの発想ということができる。そして先述のとおり『ダンバイン』で想定されていた「情念の積み重ね」と「「生命の力」の発見」という要素は、ちゃんと『Zガンダム』最終回に盛り込まれているのである。

『Zガンダム』の最終回、カミーユはシロッコと最後の戦いを行う。そのときカミーユを手助けするのは、カミーユと縁があった女性キャラクターたちを中心とする死者たちの思念だ。シロッコは、白い光がZガンダムに集まり発光する姿を目撃して驚愕する。カミーユはいう。

「わかるはずだ、こういう奴は生かしておいちゃいけないって！　わかるはずだ、みんな！　みんなにはわかるはずだ！」

「俺の身体を、みんなに貸すぞ！」

「分るまい……戦争を遊びにしているシロッコには。この、俺の身体を通して出る力が！」

「みんな」とは戦いの中で死んでいった、カミーユと縁のあった人物——主に女性——たちである。このカミーユの台詞を受けて、カミーユと深く心を交わした敵の女性パイロット、フォウ・ムラサメの思念が「カミーユはその力を表現してくれるマシンに乗っている」とも語る。

この「体を通して出る力」の表現こそ、『ダンバイン』で想定されていた「自らの身体を通じて「生命の力」を発見する」という展開そのものではないか。

しかし一方でどうして本編ではバイオ・センサーへの言及がカットされているのか。おそらく全体のストーリーを構築していく段階で、バイオ・センサーというアイデアがうまくドラマに組み込めなかったからではないか。あるいは思いついたのが遅かったため、ドラマにちゃんと織り込まれていない状態になってしまったのかもしれない。

現状のまま仮に「バイオ・センサーがZガンダムに特別な力を与えている」と説明だけを入れたとしたら、それは説明のための説明にしかならない。ましてや超能力といっていいような「超常の力」のアリバイとして設定を紹介しても、なんのドラマにもならない。『逆襲のシャア』に登場するサイコフレームと比較するとわかりやすいだろう。サイコフレームも超常の力を巻き起こすアイテムだが、こちらはシャアとアムロの関係性を表す小道具として登場しているため、ドラマの中に存在意味がある。また映画の冒頭からその存在も示唆されている。バイオ・センサーは、このように戯作の中にうまく取り込むことはできていない。だから本編にはその名前が登場しなかったのだろう。そのためカミーユのニュータイプ能力の表現が、前作よりもはるかに超能力的なものに見えてしまう結果となった。

現実認識と人の限界──『Zガンダム』の世界

このように『Zガンダム』もまた「自我／科学技術／世界」の構図の上に出来上がっている物語だと考えたほうがずっとクリアになる。しかし、そのように見えないのは第一に「科学技術」に相当するバイオ・センサーというアイデアを映像上からオミットしてしまったからだ。そして第二に「世界」の扱い方に違いがある。

『イデオン』ではイデを経由してキャラクターたちと観客が目の当たりにしたのは、循環し新たに生まれようとする生命の姿だった。SF的に描かれた輪廻の姿といってもいい。『ダンバイン』では、不発ではあったが登場人物が「伝承話の世界」「一種の神話」の一部となっていく世界を描き出そうとしていた。富野が主題を摑む助走となった『ガンダム』の場合は「人と人がわかり合える世界」のビジョンがそこに描かれている。いずれもある種のカタルシスのある内容になっている。

しかし『Zガンダム』はそういうところを目指していなかったのである。『Zガンダム』が「世界」として描き出そうとしたのは「現実認識」というものだったのだ。

『Zガンダム』放送開始に先立つ一九八四年一一月、『Zガンダム』の企画発表にあわせ富野はプレス向けに文章を発表した。それが「ニューガンダム？　ニュータイプ？　ニューシリーズ？」[37]である。

「言い訳はやめる。／今回の企画が、かつてのガンダム・ファンから顰蹙をかっている事も承知している」と始まるこの文章は「ガンダムの続編」を制作するにあたっての所信表明ともいえる文章だ。この文章はそこから、世界や日本の現状についての問題点を大づかみに語り、

自己改革の必要に迫られているのに、旧体を維持するための老人支配が横行しようとしているのは、時代にとって危険である。

しかし、官僚とか、別のシステムという摩訶不思議な生き物のおかげで、大人たちが生かされているという事態は、奇妙であるのだ。

と現時点の問題点をまとめる。そして「それは、現代の君たちにとっても、無縁ではない」と想定する視聴者へと焦点を当てる。

そこから「愛情過多によって崩壊する家庭」「独善が個性としてまかり通るという極端」と個人を取り巻く環境に触れ、そのような退廃を生み出してしまう都市生活者の精神構造を憂い、しかし田園生活に帰れといっても、その田園は過去のものとなっている点を指摘する。そして若者を取り巻く環境を、次のように記す。

そんな過酷な環境の中で人は、若者は次の時代の希望などは持てないという厭世観に支配されても仕方があるまい。

しかし、青年は大人になる。

厭でも大人になり、厭でも組織の中で硬直化した思考を強要される。

だからこそ「繰り返しでも構うものか」と新しいガンダムを始めるのだ、と抱負が語られる。そこからは具体的に『Zガンダム』が前作から「八年に近い七年後」を舞台にして、新たな主人公の物語を描くということが説明される。

そして終盤にこの言葉がでてくる。

面白いかどうかではない。

時代はこうなのだ、といった物語を手に入れたい。

ここでこの文章が冒頭から時代認識を綴ってきたことと『Zガンダム』の作品の狙いが繋がる。つまり「自我」が「科学技術」を経て触れるのが「時代はこうなのだ」という「世界」なのが『Zガンダム』という作品なのだ。この「現実認識」というのは、世界の情勢を散文的に理解するというよりも、今の世界のありようを象徴的直感的に理解する、といった意味合いが強い。本作ではそこを、カミーユが、ジオン残党を率いるハマーン・カーン、最終的にティターンズをも自らの配下としたパプテマス・シロッコの二人を、悪だと直感させることで描き出そうとした。

ハマーンはジオン公国という過去に縛られた存在だ。第47話「宇宙《そら》の渦」（脚本：遠藤明吾、絵コンテ：横山広行《よこやまひろゆき》）でカミーユは、ハマーンとニュータイプ的な交歓を果たし、人と人がわかりあえるかもしれない瞬間を体感する。しかしハマーンはそれを拒否する。ニュータイプの能力を持ちながら、ハマーンはその可能性より、過去を背負った自分の〝立場〟を優先する。

シロッコは「歴史の傍観者」とうそぶき、力を行使し人を駒のように扱いながらも、未来への責任を負おうとしない。彼は地球圏の覇権を得ようと動いてはいるが、大衆を見下した悪しきインテリといった立場で、現実に対してリアリティを欠いた姿勢をとっている。

カミーユはそういう二人に怒りを向ける。しかし、カミーユの所属するエゥーゴも皮肉なことに、巨大企業アナハイム・エレクトロニクスのスポンサードがなければ戦えない組織である。この構図で戦った結果、カミーユは最終的に精神を崩壊させてしまう。富野はカミーユのラストについてこう語っている。

『Zガンダム』と言う作品は僕にとっての現実認識のストーリーであったんです。それから考えていったら、彼はあの様になるしかなかった。これは番組を始める最初の時か

ら考えていた事だったわけです。（略）
では、何故に現実認識の物語であると彼が崩壊するのか。つまり自分の限界を超えて、無理に力を得ようとカミーユがやっているわけで、限界を超えてしまっている彼に何も起こらないで済ませるわけにはいかなかった。と、そういう事です。[38]

『Zガンダム』は、カミーユという主人公が、科学技術をインターフェースに自分の限界を超えてまで「世界を歪めている悪」の本質に迫ろうとしたお話として考えられていたということだ。だから、自らの身体を死んだ人々の情念の器にして、時代の悪の一端を担うシロッコを倒すのだが、自らの精神も限界を超えてしまうのだ。これは人は自らの限界を超えて〝正義〟をなすことなどできず、その限界の存在こそが世界に対する「現実認識」という形で示されているのである。これが『Zガンダム』における「自我／科学技術／世界」という構図である。

このように整理するとやはりシロッコというキャラクターが、何を欲しどのような未来を求めていたのかいないのか、といった部分がもっと描かれていたほうが、現実認識の物語における「敵役」としての役割が明確になったようにも思う。カミーユという、どこかイライラしていて、他人とコニュニケーションをとるのが下手な主人公という存在が際立っているだけに、「現実」や「悪」と呼ばれるものが観念的すぎる表現にとどまっているところが、本作の非常に惜しく感じられる点である。

富野は『Zガンダム』以降の自らのフィルモグラフィーを「『ガンダム』の専業者になってしまった」と自虐的に語ることがある。しかし本章で確認したとおり、『ダンバイン』と『Zガンダム』は明確なラインで繋がっている。このラインが『逆襲のシャア』へと改良発展していくことを考えると、たとえ『ガンダム』シリーズに縛られることになっても、それ以前からの一貫した主題が継承されていることがよくわかる。

そして、あえて対象年齢を低めに設定し、ニュータイプの可能性を「子供の素直な感性」という形で描いた『機動戦士ガンダムZZ』を経て、映画『逆襲のシャア』が制作される。

第8章

演出と戯作の融合――

詳解『機動戦士ガンダム　逆襲のシャア』

富野由悠季の代表作

映画『機動戦士ガンダム　逆襲のシャア』は、一九八八年三月一二日に公開された。『機動戦士Ｚガンダム』（一九八五）、『機動戦士ガンダムＺＺ』（一九八六）に続く映画という位置づけで、富野にとっては初めての、総集編ではない自身の脚本による映画となる。

富野は企画の立ち上がりについて後年、次のように回想している。

> 疲れた上で一息ついてみた時に「『ＺＺ』までやってくれたけど、映画版という形だったらどう？」という話があって、「なんで映画版なの？」と言ったら「シャアとアムロの本当の決着って、ついていないじゃない。これだけはファンの声として受けて、作ってくれない？」と。[1]

『逆襲のシャア』の公開は、『機動戦士ガンダム』（一九七九）のスタートから九年後である。九年という時間はかなり長く、当時のアニメビジネスの時間感覚でいうなら、『ガンダム』はすでに過去のタイトルになっている。プラモデルの『ガンダム』シリーズは依然、売れ線のタイトルであったが、もちろん劇場版公開時の一九八一年のころの熱気はない。一方で小学生は、モビルスーツなどの頭身を低めに表現した「SDガンダム」に熱中し始めており、『逆襲のシャア』の同時上映は、小学生の動員を期待して、パロディ的なギャグを展開する『機動戦士SDガンダム』（演出：関田修）だった。

アニメ・シーン全体も大きく変わりつつあった。一九八三年以降、OVAが普及し、中高生以上をターゲットにしたマニアックなタイトルがリリースされるようになった。一方で映画に目を転じると、一九八四年には宮﨑駿が完全新作で『風の谷のナウシカ』を、河森正治・石黒昇監督がやはり完全新作で『超時空要塞マクロス　愛・おぼえていますか』を公開し話題を集めていた。こうした流れの中で、若手を中心とした制作スタジオ・ガイナックスが設立され、バンダイのスポンサードでいきなり映画『王立宇宙軍　オネアミスの翼』を制作するという出来事も起きた。同作は一九八七年に公開されている。

当時の状況を内田健二プロデューサー（当時）は次のように回想する。

「『ガンダム』は道を開いてくれたけど、もう自分たちは自分たちのアニメを作ります」っていう時代だったんです。そういうこともあって、じゃあどういうスタッフなら『逆襲のシャア』を作れるのかというのは考えなくてはいけない問題でしたね。[2]

ある種の過渡期に公開された『逆襲のシャア』だが、現時点から振り返ってみれば本作が、富野の代表作であることは疑いようがない。『機動戦士ガンダム』までに完成した演出家としてのスタイルは、本作でもブレることなく駆使されている。一方で『伝説巨神イデオン』、『聖戦士ダンバイン』を経た上での、戯作者としてのこだわりもちゃんと貫かれている。二時間で完結する映画という点も含めて「これが富野由悠季だ」と挙げるにふさわしい一作といえる。

では本作がどのような点で富野の代表作と呼ぶにふさわしいのか順番に見ていこう。まず注目したいのは、演出の語り口だ。

冒頭に詰め込まれた演出の技

本作の冒頭一〇分は、富野の演出スタイルを体感できる非常にわかりやすいサンプルとなっている。ここでは富野がそれまでの経験から確立した、演出的なロジックを用いて、画面の中の情報をコントロールしている。

まず松竹の配給マークである富士山が映し出されるのとほぼ同時に音楽が、本編に先行して流れ始める。音楽は序曲のようなものではなく、不穏な空気を伝える緊張感あるもの。観客はその不穏な空気を前提として映画の中に入っていくことになる。これは「進行中の状況の中」に観客を放り込む語り口のバリエーションと考えられる。

富野は、音楽を先行させるスタイルを『機動戦士ZガンダムII　恋人たち』（二〇〇五）で採用している。また『機動戦士ガンダムF91』（一九九一）と『∀ガンダムII　月光蝶』（二〇〇二）では音楽ではなく効果音を先行させている。

内容を見てみると『恋人たち』は、対空監視をしている少年カツ、『月光蝶』は宇宙船のブリッジに向かう二人のキャラクターから始まり、どちらも三部作もしくは二部作の「二番目にあたる映画」であるが故に、あえてストーリー的には唐突なカットが選ばれている。先行する音楽や効果音は、その唐突な状況のただ中へと観客を誘導するために使われているのだ。その狙いにおいて『恋人たち』と『月光蝶』の導入部分の音響演出は『逆襲のシャア』の音楽先行と通じる部分が大きい。

これに対し、『F91』の効果音の先行は、むしろ「物語の開幕を印象づけるための焦らし」といえる。同作は舞台となる時代とキャラクターを一新した、ガンダム・シリーズ仕切り直しの一作である。先行する効果音は、スペースコロニーの外壁を焼き切る音で、本編が始まると早々に外壁が吹き飛ばされ、同作の敵であるクロスボーン・バンガードのモビルスーツが侵入し、タイトルとともにファンファーレが鳴り響いて、物語の開幕を宣言する。この新たな開幕を印象づけるための前フリとして効果音が使われているのである。

音楽に導かれて始まった『逆襲のシャア』のファースト・カットは遠くに見える太陽と地球から始まる。そしてカメラがゆっくり下に向かうと月面が画面に入ってきて、そこに月面都市フォン・ブラウンが見えてくる。カットが変わるとカメラの動きは左下方向へと向きを変え、さきほど見えた月面都市フォン・ブラウンを画面奥にとらえながら、手前に広がる竪穴——工場の入口へと降りていく。このままカメラはゆるやかに動きながら、O.L.（オーバーラップ）でカットをつなぎ、モビルスーツ工場の様子を映し出す。こうして月上空からモビルスーツ工場までが途切れることのない一つの流れとして提示されるのである。

このカメラの流れにのって、オフ台詞（話者が画面に写っていない台詞）が聞こえてくる。モビルスーツ工場のカットになると、ロングショットで二人の男女の姿が映し出され、彼と彼女のセリフであることが明らかになる。会話の断片から、彼らの軍隊（地球連邦軍）はネオ・ジオン軍を率いるシャアと呼ばれる相手と戦争状態にあることがわかる。

この場面の台詞を記すと次のようになる。

女「原因はなんです？　重量が三キロ減った原因は」
男「コックピット周辺のフレームの材質を変えたんです。強度は上がっていますから、絶対危険じゃありません」
女「当たり前でしょ、弱くなったらたまらないわ。なんで事前に通知して」
男「納期を一〇日も繰り上げられれば……」
女「それはネオ・ジオンのシャアに言ってください。あの人がこんなに早く隕石落としをしなければ、こんなことにはならなかったわ」

観客は、このやりとりを聞いたとき、カメラに導かれるまま工場に入り込み、そこで偶然二人の会話を耳にしたように感じるだろう。こうして台詞によっても観客は「進行中の状況」の中へと導かれていく。ただこの台詞は「途中から聞こえてきた会話」のようでありながら、「ネオ・ジオンのシャアが軍事行動を起こした」ということこの映画の大前提を明確に盛り込んでいる。アバンタイトル（メインタイトルが出るまでの導入部分）では、そこが伝われば十分といえる。

また覚えていなくてもストーリーの展開に影響はないが、後に明らかになるとおり「コックピット周辺のフレームの材質を変えた」ということも、ちゃんと物語上意味のある台詞となっており、無駄がない。

このように先行する音楽、ゆるやかなカメラワーク、途中から聞こえてきたかのような会話の積み重ねによって、観客はいつの間にか「進行中の状況」＝ネオ・ジオン軍と連邦軍の戦争状況へと導かれていくのである。

会話の区切りがつくと、女性の軍人――チェーン・アギ――は、建造中のモビルスーツ（ロボット）にかけられたシートを取り去る。そこに現れる巨大なモビルスーツ、ν《ニュー》ガンダムの顔。そこに本作のタイトルがかぶさり、音楽が高らかに鳴る。このカットで「本作はロボットアニメである」とそのジャンル性を宣言して、映画は本格的に始まることになる。

アバンタイトルで本作が地球とその近傍の宇宙空間を舞台にした、ロボットアニメ、戦争アニメであるということをコンパクトに印象づけると、舞台は地球に移る。ここからが実質的な本編の始まりである。

クェス――物語の中心としての演出

ここで登場するのが本作の実質的主人公であるクェス・パラヤだ。冒頭描かれるのは、彼女がヒッピー風の若者たちとともに警官から逃げている様子だ。クェスを含めた若者たちは、画面左方向に向かって逃げていく。しかし最終的に警官に追い詰められてしまう。「お前、クェス・パラヤだな」と誰何《すいか》する台詞に合わせ、カメラが画面中央の明るいグリーンの髪の少女に少し寄ることで、彼女がクェスであることが示される。

ここで映画は時間を大胆に省略する。次のカットは、クェスがリムジンの後部シートに、倒れ込むようにして押し込まれるカットだ。前カットが、クェスのアップという動きのないカットに対し、ダイナミックな動きのあるカットで、観客は「何が起きたんだろう」と省略された時間を想像せずにはいられない。

クェスをリムジンに押し込んだのは、クェスの父アデナウアー・パラヤの愛人だ。反抗するクェスは、その愛人の手に噛みつく。「噛みました。クェスが、噛んだんです」とアデナウアーに訴える愛人。それに対し叱るでもなく「本当か？　クェス」としか言わないアデナウアー。この混乱したやりとりの中から、クェスはこの家で〝困った娘〟扱いされており、彼女を甘やかしてきた父のアデナウアーもどうやって扱ったらいいかわからない状態であることが伝わってくる。

もし生真面目に段取りを追うなら、連れ戻されてきたクェスとアデナウアーが会うシーンがあり、「どうして家出なんかしたんだい」といったようなやりとりがひとくさりあって、それで「もう時間がないんだ。すぐここを発たなくてはいけない」といった説明を経て、リムジンに乗り込むくだりが登場するはずだ。しかし、ここでは「家出娘の帰還」という出来事の中核をあえてカットし、「クェスが見つかったこと」「屋敷をあわてて出発する様子」という出来事の発端と最後だけを描いているのだ。

そのかわりリムジンに乗り込む一瞬の描写の中に、アデナウアーとクェスの関係、クェスと愛人の折り合いの悪さを見せるのである。そして仕上げは、走り出したリムジンを見送った警察署長の台詞。「宇宙に連れていけば不良が治るってんだろ？」である。この台詞でクェスが〝困った娘〟であることが客観的に語られ、彼女たちの目的地が宇宙であることが示される。以上のような大胆な省略と短くも的確なキャラクター描写によって、クェスというキャラクターの立ち位置が端的に示されている。

同時に、このリムジンのシーンで注目したいのが方向性のコントロールだ。当初、左に向かって逃げていたクェスは、警察官に捕まったことで方向性が変化する。彼女を乗せたリムジンは画面右側へとハケていき、これ以降、宇宙に向かうまで、クェスはずっと右方向へと移動していくことになる。

これ以降も、クェスの方向性はドラマの要所で転換するように演出されている。物語の展開に合わせて変化していくという点で、クェスは本作の実質的主人公――ドラマの中核を担っている登場人物――であるといえる。

アムロとシャア――作品の枠組みを視覚化する

クェスが香港に向かうシャトルで移動するカットから、カメラが上昇して舞台は宇宙へと移り変わっていく。本作は地球上と宇宙が舞台となるため、映画序盤では地上から宇宙へ、宇宙から地上へと場面転換するときに、丁寧にカットを積み重ねて表現している。物語が進んだ後半は、観客も誰がどこにいるのかを把握しているので、ここまで説明的な場面転換は行わないが、冒頭では混乱を避けるため時間をかけて場面転換を描いている。

宇宙ではシャア・アズナブル率いるネオ・ジオン軍と、アムロ・レイやブライト・ノアが所属する地球連邦軍ロンド・ベル隊が戦闘を行っている。ネオ・ジオンは、小惑星5thルナを地球連邦政府本部のあるチベット・ラサへと落下させようと作戦を行っている。アムロたちはそれを止めようと奮戦しているが劣勢である。

この冒頭の宇宙における戦争ではネオ・ジオン軍は画面左側に右向きに、連邦軍は画面右側に左向きで配置されている。これはカットが変わっても変わらない。このように方向性を統一することで、観客は〝敵側〟は左側、〝主人公側〟は右側と瞬間的に理解できるようになり、複雑な物語であっても見やすくなるのだ。

具体的に画面を見るとまず、5thルナの近くで作戦行動中の、ネオ・ジオン軍旗艦レウルーラが描かれる。これが画面右側を向いて砲撃を行っている。そしてそこから発進する、シャアのモビルスーツ・サザビーもまた右向きベクトルで描かれる。

続いてシーンが変わり、ネオ・ジオン軍の若手ギュネイ・ガスとアムロのモビルスーツ戦が描かれる。こちらでもカット内配置の原則は変わらない。ギュネイ機（ヤクト・ドーガ）は画面左側、アムロ機（リ・ガズィ）は画面右側に配されている。そこにシャアが援護に駆けつけ、アムロとシャアの戦闘が始まるが、そうなっても原則は変わらない。

そして戦闘の中で、この左右の配置をベースに、アムロとシャアのドラマ的な立ち位置が示される。

例えばコックピット内でアムロが「この5th（ルナ）を、地球に落ちるのを阻止できなかったとは」とつぶやくとき、コックピットの全天周囲モニターには地球が映し出され、アムロが地球を背にしている構図で描かれる。ここでアムロは地球を守ろうとしている存在であることが、視覚的に示される。

その後のアムロとシャアが対峙するカットでは、背景に大きく地球が描かれ、画面右側下にアムロ機、画面左側上にシャア機が配置される。ここではまず地球を挟んで対立する二人という本作の外枠が極めて端的に視覚化されている。

またアムロが右下に配置されたことで、アムロがシャアを見上げるような形で描かれることになり、アムロが劣勢であることがひとめでわかるようになっている。そしてアムロが右下から、なぜ隕石を地球に落とすのかとシャアに問いかけると、シャアは左上からアムロを見下ろすように「地球に住む者は自分たちのことしか考えていない、だから抹殺すると宣言した」と応じる。これでシャアのほうが優勢であることが視覚的に伝わってくる。

シャアの台詞に合わせて、シャア機は「地球を指差す演技」までしており、ここでも地球の行く末をめぐってアムロとシャアが対立する物語であることが表現されている。

こうしてクェスの登場の次は、本作の大きな枠組みである「シャアとアムロの対立」の構図が戦闘シーンの中で示されているのである。

殺陣から読み取れるもの

この序盤の5thルナをめぐる戦闘は、「シャアとアムロの対立構図」が象徴的に示されるだけでなく、殺陣のおもしろさも充実している。特にこの冒頭の戦闘は、その攻守を通じて、この世界の〝強さ〟の序列がちゃんと表現されているところがおもしろい。

まずサザビーで出撃したシャアがギュネイを援護するために参戦する瞬間。ここではまずアムロがギュネイ機を狙ってビームを放っている。このビームが当たれば、ギュネイ機が撃墜されるのは確実だ。このギュネイのピンチで、画面はアブノーマル（通常とは異なる色使い）の止め絵となり、ビームは当たるのか当たらないのか、と観客の意識をそこに集中させる。

カットがかわり、時間の流れが通常に戻った瞬間何が起きるかというと、アムロの放ったビームはシャア機のビームで打ち砕かれるのである。これは冷静に考えると、拳銃の弾丸を弾丸で撃ち落とすような、ありえない描写ではある。しかし、この殺陣だけで「ギュネイはアムロよりもかなり弱い（シャアに守られなければここで死んでいた）」「アムロは好機を逃さず相手を狙い撃つだけの実力を持っている」「シャアはそれを（常人ではない腕前で）阻止することができる」という三人の強さについての情報が盛り込まれているのだ。

シャアの参戦に対してアムロは、すかさず「まだ援護がいた？　シャアか」と的確な判断を下し、ダミー（モビルスーツの姿に瞬時に膨らむ風船）を放出して攪乱をはかり、一時引く。追いかけるギュネイは、このダミーにうかつに触れて、仕掛けられていた機雷を爆発させてしまう。ギュネイは、後に触れられるとおり、人工的にニュータイプの能力を持たされた〝強化人間〟という設定になっているが、アムロの前では歯が立たないレベルであることが、このうかつさからもわかる。

アムロはシャアの攻撃を避けて逃げながらも、すきを見てシャア機の懐に飛び込み、ビームサーベルでの攻撃も試みる。さらにシャアとの撃ち合いの合間に、シャアの背後にいるギュネイ機を狙い、肩についているシールドを撃ち落とすぐらいはやってみせる。こうしてこの現場ではシャアがアムロより強く、アムロはギュネイよりもはるかに強い、という「パワーのヒエラルキー」がアクションを通じて的確に描かれるのだ。

そしてこの戦闘で、シャアがアムロより強い一因として、「アムロ機であるリ・ガズィが性能的にシャア機サザビーに劣っているからだ」ということが示唆される。ギュネイの「大佐（シャアのこと）、なんでファンネルを使わないんです」という台詞がそれである。シャアは、アムロ機が自機より劣ることをわかっており、あえてファンネル（ニュータイプが脳波でコントロールする小型浮遊砲台）を使わずに戦っているのである。

しかしこのようなアムロの奮戦も虚しく、5thルナは地上、チベットのラサへと落下し都市を一つ消し飛ばす。その中、クェスは右向き方向のままシャトルで宇宙へと上がってくる。ここまでがおよそ冒頭の一〇分間にあたる。

このように「進行中の状況の中に観客を巻き込む」「方向性のコントロール」「殺陣の魅力」と、富野の持てる演出の技がさまざまに詰め込まれており、それによって高密度のドラマが展開されている。この冒頭一〇分は富野演出の教科書といってもいいだろう。

物語の構造を分析する

では次に、映画全体の構成に目を転じてみよう。本作は企画の初期に、脚本家に参加してもらっていたようだが、[3]最終的には富野自身が脚本も執筆している。非常に情報量が多い本作だが、それは本作が主人公の行動を追うだけの単線的な内容ではないからだ。

本作は大きく三つのレイヤーでできている。一つはネオ・ジオン軍と連邦軍の戦争というストーリー面での枠組みとなるレイヤー。もう一つが、アムロとシャアの対立というドラマ面での枠組みとなるレイヤー。そしてそこに実質的主人公としてのクェスのレイヤーが重なっているのである。そして、それぞれのレイヤーごとに必要なエピソードが配置されているため、情報量が詰まっていると感じられるのである。

ちなみに若い世代のキャラクターを主人公に据え、アムロとシャアをその側に配置するという趣向はすでに『Zガンダム』でも試みられている。井上伸一郎（『月刊ニュータイプ』元編集長）と庵野秀明は対談で次のように指摘をしている。

井上　（略）それ（引用者注：『Zガンダム』）をもう一回たぶんキチンとやり直したかったのが、『逆襲のシャア』だろうし。（略）『Z』でちょうど、やりたくて彼（引用者注：富野）が出来なかったものが、結構凝縮されてあそこに表現されているんで、ああこれが本当の『Zガンダム』なんだろうなあ、と思いながら私は見てました。
庵野　やはりそうですよね。僕もそれはすごく感じます。（略）（引用者注：『Zガンダム』を）今観ると結構面白かったんです。当時、「嫌」だな、と思ったところが全部クリアになってですね、（略）その面白さが何かなと思ったら、ああ、『逆襲のシャア』の、素材なんだ、これ、というところで、すごく楽しく観れたんだと思います。[4]

『Zガンダム』で試みられた要素が『逆襲のシャア』に反映されているであろうことは、『Zガンダム』のサブアタックタイトルとして用意された「逆襲のシャア」が、本作で正式にサブタイトルとして採用されていることからもうかがえる。

では具体的に「戦争」「アムロとシャア」「クェス」の三レイヤーに注目して『逆襲のシャア』の物語の構成を分析していこう。分析にあたっては、アメリカの脚本家シド・フィールドが『映画を書くためにあなたがしなくてはならないこと――シド・フィールドの脚本術』（フィルムアート社）でまとめた、三幕構成を使った構成術を補助線に使用した。

シド・フィールドは映画全体を第一幕「状況説明」、第二幕「葛藤」、第三幕「解決」に分ける。そして第一幕の終盤に、第二幕に向けてストーリーの方向を決める出来事「プロットポイント1」が、第二幕の中盤に折り返し点としての出来事「ミッドポイント」、第二幕のラスト

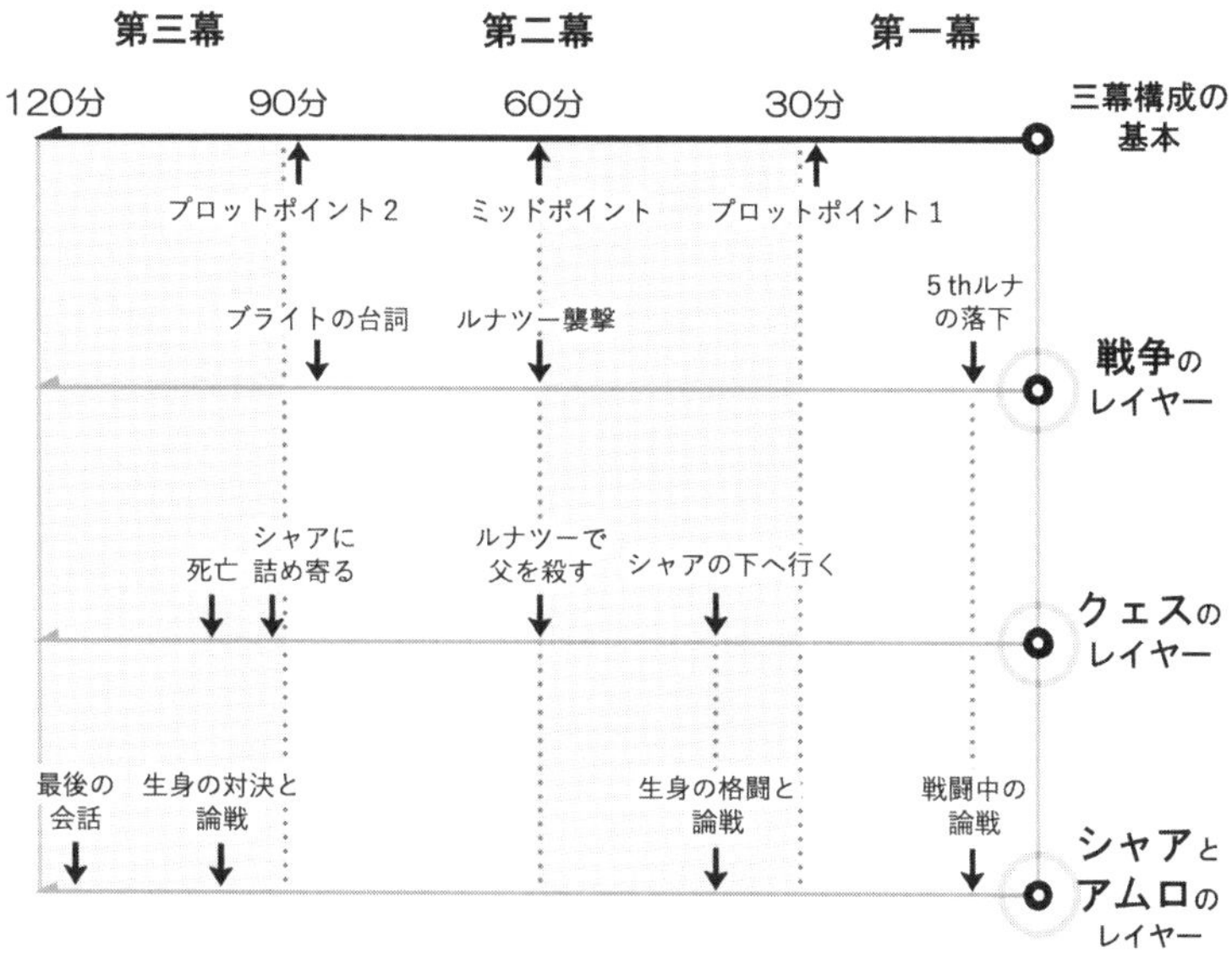

『逆襲のシャア』の構成

に、第三幕の解決に向かう出来事としての「プロットポイント2」が配置される。シド・フィールドの三幕構成は、実際にはもっと精緻な構成術だが、ここでは『逆襲のシャア』の物語構成を確認するための、〝物差し〟として使用するだけなので、以上のポイントだけを参考として用いることにする。

プロットポイント1

まず「状況の説明が終わり、物語のセッティングが完了して、第二幕に向かう」というプロットポイント1に相当するエピソードは何か。

「戦争」という面で考えれば、映画開始一〇分ほどが経過した、ネオ・ジオンが

5thルナを地球に落とし被害が発生したというエピソードがそれだと考えられる。ここまでに、ネオ・ジオン軍は、地球に魂を引かれた人々＝連邦政府幹部の粛清を掲げていること、連邦軍はそれを止めようとしていること、という戦争を支える対立の構図が説明されている。またその状況で、ネオ・ジオン軍が作戦を成功させたことで、「ネオ・ジオンと連邦の和平交渉は成り立つのか」「ネオ・ジオンは果たして信用できるのか」という疑問が浮かび上がり、第二幕の前半を牽引することになる。

一方、クェスの物語のプロットポイント1は、少し遅い四〇分頃。宇宙に上がったクェスは、同年代の少年ハサウェイと仲良くなる。二人の乗ったシャトルは、ハサウェイの父ブライトが乗る軍艦ラー・カイラムに救助される。ここでクェスはアムロとも出会う。しかしサイド1のロンデニオンで、クェスはシャアと出会い、アムロやハサウェイとも袂を分かってシャアのもとへと走り去る。ここまではクェスがどんな少女であるかを家族やハサウェイを通じて描いてきたが、このポイントから第二幕に入り、クェスとシャアの物語が始まるのである。

ミッドポイント

では次に折り返し点である、ミッドポイントはどうか。これは戦争のレイヤーもクェスのレイヤーも同じタイミングで、ちょうど全体尺の半分に近い六〇分前後で描かれるネオ・ジオン軍のルナツー基地襲撃という事件がそれに相当する。

ネオ・ジオンは5thルナ落下の後、地球連邦軍と和平交渉を行い、軍隊の武装解除を約束する。しかし、それは偽りの和平だ。武装を解除したかのように装い、連邦軍ルナツー基地に接近したネオ・ジオン艦隊は突如攻撃に転じる。これを陽動として、本隊はかつてネオ・ジオン軍が本拠としていた小惑星アクシズを奪取。アクシズを地球へ落下させるための作戦を開始する。偽りの和平が破られ、この折り返し点を越えると、クライマックスのアクシズ落としへと向かって物語が一気に展開していくことになる。

戦争映画として見たとき、初戦（5thルナ攻防戦）で連邦軍が負け、和平交渉したかに見えたが、第二回戦（ルナツー基地襲撃）でも連邦軍が負け、いよいよ後がない、という形で映画が盛り上がっていく構成になっているのがよくわかる。

そしてクェスの転機もまた、このルナツー襲撃の中で描かれる。ネオ・ジオン軍でパイロットとなったクェスは、パイロットとして抜群のセンスを見せる。その彼女が初陣として出撃したのが、ルナツー襲撃だった。彼女はこの戦いの中、それとは知らずに父アデナウアーが乗った巡洋艦クラップのブリッジを攻撃し、父を殺してしまう。クェスはその直後、理由のわからない不快感に苛まれるが、彼女は間違いなくその瞬間に、戻ることのできない〝ある一線〟を越えてしまったのである。これがクェスの物語のミッドポイントである。

プロットポイント2

では二幕目終盤にあり三幕目の内容を方向づけるプロットポイント2は、どうだろうか。「戦争」のレイヤーの第二幕後半は、アクシズの落下を止められるかどうかをめぐって展開する。当然ながら、プロットポイント2は「最後の決戦に向かおうとする」エピソードが相当することになる。具体的には、アクシズへの第一次攻撃が不発に終わり、最終手段である第二次攻撃を実行するためのブリーフィングのシーンがプロットポイント2に当たる。およそ八五分ごろのポイントだが、ここでブライトが「すまんが、みんなの命をくれ」といい、ラー・カイラムのクルーはそれに敬礼で応える様子が描かれている。

クェスの物語のプロットポイント2は、ブライトの台詞の少し後の約九〇分頃。出撃前にシャアを「あたし、ララァの身代わりなんですか?」と問い詰めるシーンがそれに当たる。ララァはいうまでもなく、『ガンダム』でシャアが見出したニュータイプで、当時はシャアの恋人でもあった存在。しかしララァは、同じニュータイプとしてアムロと深く精神的な交歓を行い、シャアとアムロの間に引き裂かれる形で死に至っている。クェスはギュネイからこの経緯を聞かされ、シャアを問いただしに来たのだ。

「大佐のためなら死ぬことだってできる」というクェスに対し、シャアは「わかった。私はララァとナナイを忘れる」とウソをつく。ナナイは、作戦参謀兼ニュータイプ研究所所長で、現在のシャアの片腕かつ恋人である存在だ。このシャアのウソをクェスが受け入れたことで、クライマックスにおけるクェスの運命は決したともいえる。その点でここがクェスのプロットポイント2であろう。

こうしてみると、プロットポイント1こそ、「戦争」と「クェス」のレイヤーで大きく時間がずれているが、そこを除けばミッドポイントも、プロットポイント2も、ともに非常に近い位置にエピソードが配置されていることがわかる。映画の節目に相当するポイントに、二つのレイヤーの出来事が近接して置かれているからこそ、上映時間以上に情報が詰まって感じられるのだろう。

政治的な枠組みから個人的因縁へ

ではシャアとアムロのレイヤーのエピソードはどのように配置されているのか。こちらは「物語の大枠」であって、物語の展開をリードするものではないので、三幕構成の各ポイントに沿ってエピソードは配置されていない。例えば「戦争」のレイヤーのプロットポイント1、「クェス」のレイヤーのプロットポイント1の両方で、二人は意見を戦わせ、それぞれの政治的な立ち位置を明確にすることで、物語全体の大枠を明確に示している。

この映画序盤で示された二人の「政治的な大枠」が終盤に至ると変化して、より個人的な対決の色が濃くなる。このきっかけとなるのが二幕目後半。プロットポイント2の前後からだ。

ギュネイは二幕目後半に、シャアが今回の戦争を起こした動機について「ララァをアムロに取られたから、大佐はこの戦争を始めたんだぞ」という話を持ち出す。そしてプロットポイント2の直後には、アムロのνガンダムに使われている新しいフレーム、サイコフレームの技術が、実はネオ・ジオン軍からリークされたものであることが明らかになる。

そして三幕目に入って、シャアの口からこれらの一種の〝答え合わせ〟に相当する台詞が語られる。それが「命が惜しかったら、貴様にサイコフレームの情報など与えるものか」「情けないモビルスーツと戦って勝つ意味があるのか？」という台詞だ。

シャアは、ララァを奪われたという感覚も含め、アムロに負けたということにこだわりがあり、その劣等感を払拭したいがために、アムロとの対等な勝負と勝利にこだわったのである。このシャアの情けない本音が最後の最後に明かされるところに、本作のおもしろみがある。

三幕目に入り、クェスの物語が起こるべくして起こる悲劇によってケリがつくと、こうしてシャアとアムロの個人的な因縁が前面に出てくるのである。このようにシャアとアムロの物語は、映画序盤の政治的立ち位置が描かれ、映画終盤はその政治的大義の裏側にある個人的因縁にフォーカスが当てられて描かれるという構成になっている。

クェスが表す作品の輪郭

物語の全体構成を見渡してみると、クェスというキャラクターがどのように演出されていたかもクリアに見えてくる。端的にいうとクェスには、ポイントとなるシーンで必ず方向性が変わるという形で演出が施されている。

冒頭の一〇分間で見たとおり、家出中に左向きに逃げていた彼女は、家に連れ戻され、右向き方向で宇宙へと向かうことになる。

次に彼女の方向が変わるのが、偶然ラー・カイラムに乗り込むことになり、アムロと初めて接触するあたり。クェスはモビルスーツデッキで画面左側に進もうとするが、アムロが現れて「この先は、民間人は入らないほうがいい」と彼女を遠ざけ、クェスは右側へハケていく。おもしろいのはその翌日、クェスは同じようにモビルスーツデッキに向かうが、今度はチェーンに「民間人が入ってはいけないのよ」と注意されることになる。このときクェスは「あなたこそなんでここにいるの？」「あたしは、ニュータイプだって言われているアムロに興味があったのに、なんであなたは邪魔するの？」と食ってかかる。しかし、このときも彼女は前日同様、画面右側へとハケざるをえなくなってしまう。

ここではアムロの方向に接近しようとしても、そこから遠ざけられてしまうプロセスが、方向性の変化として描かれている。そしてこの次に出てくるクェスの方向転換は、クェス自身の翻心によるもので、これが彼女の物語の本格的な始まりとなる。

スペースコロニー・サイド1の一つロンデニオンに帰港したラー・カイラム。アムロ、ハサウェイとクェスは、ドライブに出かけることになる。ところがそこに極秘の和平交渉を終えたシャアが、馬に乗って姿を現す。

このときアムロは、画面右側から左に向かって車でシャアを追いかける形になる。そのため同乗しているクェスも同様の動きをすることになる。やがてアムロがシャアに追いつき、カメラが二人を正面から捉えたところで、アムロは車を乗り捨て、馬上のシャアに飛びかかる。ここでアムロのベクトルは、それまでの画面左向きから画面右向きへと転換する。

追いかけあいながら議論を繰り広げるアムロとシャア。クェスはそれを聞きながら、むしろシャアの意見に深く納得していく。「地球に残っている連中は地球を汚染しているだけの、重力に魂を縛られている人々だ」というシャアの言葉は、彼女にとって、政府高官でもある父や不在の母、あるいは愛人が、いがみあっている理由をうまく説明してくれたように感じたのだ。

アムロとシャアは草原で取っ組み合い、アムロがシャアを投げ飛ばし、二人は距離を置いて対峙する。アムロが拳銃を抜こうとしたその時、クェスが動く。クェスはアムロを追い抜くような形で、アムロの背後にあたる画面左側から右側へと走り去る。この時に、クェスはアムロの手を打ち、取り落とした拳銃も奪っていく。そして画面右に到着すると、左側にいるアムロに向かって拳銃を構える。こうして画面の中でシャアと同じ右側に立ったクェスはそのままシャアとともに、画面右側へと走り去る。アムロに接近しようと思ったが果たせず、そのかわり、自分を理解してくれそうなシャアのもとへと走るクェス。この翻心が、方向性の転換として具体的に描かれているのである。

そしてミッドポイントにおいてもやはり、クェスの方向性の転換が描かれている。ネオ・ジオンの艦船は、画面右側から左方向に向かってルナツーに接近してくる。初陣に臨むクェスも、左に向かってモビルスーツ、ヤクト・ドーガで発進する。そして初めての戦闘を行っている間に、自然と方向性がターンし、画面右方向を向くようになる。そしてルナツーの表面に沿って飛行していくと、彼女の眼の前に父アデナウアーの乗る巡洋艦クラップが見えてくる。ブリッジめがけてためらいもなく引き金を引くクェス。

ここでポイントなのは、「父を殺したから方向性が変わった」のではなく、「方向性が変わった後に、父を殺すことになった」という点だ。クェスはシャアのもとに走ったときから自分で自分の人生を選択しており、出撃に至るのはその自然な帰結である。そして、初陣の中、徐々に兵士としての自覚を持ったことで、それとは知らないままに父を殺すに至ってしまったのである。アムロやシャアに興味を持ったことからもわかるとおり、クェスは周囲の人間に父性を求めているのだが、その結果として、尊敬はしていなかったものの、実の父を自分の手にかけてしまうというのは皮肉な顚末といえる。

そして二幕目のプロットポイント2の直前にも大きな方向転換が描かれている。シャアの側にいるナナイに、いらだちを深めていくクェス。ギュネイはクェスを連れ出して、シャアがナナイと付き合いながらも、その心は未だにララァに惹かれているのだ、という解説をする。

この話をするために、ギュネイは宇宙用スクーターでクェスを画面左側へと連れて行く。さらにギュネイは、下方向へ移動し、今は使われていないアクシズの旧市街へとクェスを連れて降りていく。シャアの心の奥底に触れるうえで、この下方向へと深く降りていく二人の移動はとても効果的に使われている。

しかし、クェスはギュネイの語るシャアの〝本当の姿〟に関する話を切り上げ、「そんなことを言うから若い男は嫌いなんだ！」と画面右上へとハケていく。この方向転換の直後、クェスは「あたし、ララァの身代わりなんですか？」とシャアを問い詰めることになり、それに対しシャアがウソで応じたことが、彼女のプロットポイント2となる。

以上のように、クェスは実質的主人公として、物語の展開と緊密に結びついた方向性のコントロールによって演出されている。これによって『逆襲のシャア』のストーリーは、くっきりとした輪郭を持って観客に迫ってくることになった。

アニメ業界の風刺？

ここまでは富野が自らの演出術をいかに駆使して『逆襲のシャア』を語ってきたかを見てきた。では、戯作者・富野は『逆襲のシャア』で何を描こうとしたのか。

『逆襲のシャア』ではマクロの状況（政治的状況）とミクロの心情（シャアの内面）が複雑に絡み合って描かれている。この絡み具合が、本作を類例のない作品としていることは間違いない。

まずマクロの状況を改めて確認しよう。『逆襲のシャア』は、ネオ・ジオン総帥となったシャアが、地球に小惑星アクシズを落とす作戦を実行する、という展開が大きな縦軸となっている。この作戦の背景には、スペースコロニーに暮らす多くの宇宙移民が、地球に本部を置く地球連邦政府によって支配されている非対称な構図がある。シャアは宇宙移民の権利を求め、〝重力に魂を引かれた人々〟（＝地球にこだわり、宇宙移民の生活やメンタリティについて想像することをしない人々）を、隕石落としによって一掃しようとしている。

隕石を落とせば地球は〝核の冬〟の状態になり寒冷化して、人が住むことはできなくなる。シャアは地球環境を破壊することで、強制的にその状況を作り出して、人類が宇宙に軸足を置かざるをえない状況を作り出そうというのだ。

これに対し連邦軍ロンド・ベル隊のパイロットであるアムロは、現状の連邦政府をよしとはしていないが、シャアの性急で強硬的な手段を止めるために戦うことになる。

このマクロな状況には以下のような読み方もある。

サンライズなり（略）角川（書店）なりの人達、ま、愚民の人達がスポンサーの名の下に安全圏で作品を作れと言ってるわけですね。

で、一応、富野由悠季というシャア・アズナブルは「よかろう。作品は作ってやろう」と。「だが、お前たちが全く望んでいなかったようなものを、お前たちの安全圏にぶち込んでやるぞ」と、それで『逆襲のシャア』を作ると、そういう話ですよね。（略）

それに対して、アムロ・レイというもうひとりの富野由悠季が出てくるわけですよね。そのもうひとりの富野由悠季は「これはいくらスポンサーがいて、愚民がお金を出して作れと言ってるものでも、これはアニメーターなり現場のスタッフが飯を食う糧なのだから、やっぱり一生懸命やってみんなが幸せになれる作品にしなきゃダメじゃないか」という偽善ですよね。

この見立てを語ったのは当時『美少女戦士セーラームーン』で注目を集めていたアニメーション監督・幾原邦彦《いくはらくにひこ》。一種の私小説というか、戯作者・富野が日常の中で感じていることを、劇中の道具立てに置き換えて、ある種の〝本音〟を語っているという読み方である。なお、「愚民」というのは、作中でこの言葉が使われていることを受けての言い回しだ。

この見立てが正しいかどうかはさておいても、富野のものの見方の一端は捉えているのは確かだ。

個人的な体験談になるが、過去に富野が不快感を露わにする瞬間を見たことがある。そこには共通点があって「ルーティーンワーク」「習い性となってしまった仕事」を見せられたときに富野は不快感を示す。「いつもと同じ」で済ませてしまい、少しでも物事を前進させる意思のない仕事の進め方に対して、富野は怒りを隠さない。

ただ一方で、前進の意思がありながらも、最終的に「身過ぎ世過ぎのためには、こうするしかない」という形で保守的な選択をせざるをえないことについては、富野は理解をする気持ちがある。

この仕事に対する富野の二つの姿勢が、シャアの連邦政府へのいらだちと、アムロの穏当な姿勢に反映しているという見方は、決して強引な見方ではないように思われる。ただ、別のインタビューで「近視眼的な地球連邦政府がアニメのスポンサーに見えるという話もあります」という質問について富野はこう答えている。

　そういう切り口でこられるなら、こういうお返事の仕方になります。結局は、その時の作り手が感じていたリアリズムがどうしても作品の中に入ってくる、ということです。（略）今言われたような図式論にはまって見えるのも、自分が本能的に察知していた世の中の雰囲気というものが、自動的に出てくるものであったわけです。ただ、僕の好みだけで話を作っていたら、それではきっと観客の興味を引っ張ることはできていなかったと思います。自分というものを経由しているけれど、それは好みではなく、リアリズムだったからスポンサーにも見えるという話にも繋がるんです。[6]

作品にリアリズムを導入しようとしている以上、自分の世間に対する感覚が意識・無意識のうちに反映されており、だからこそそのような読解も可能になっている、というのがインタビュー時点での富野の考えのようである。逆にいうと、むしろそういう見立てを、わざわざ「好み」――ここでは〝自分本位の企み〟という意味合いだろう――として作中に意図的に取り入れるようなことはしていない、ということだ。このあたりは「映画とかアニメっていうのは作り手が好きに作っていたらアニメになりません[7]」とさまざまなところで発言している富野らしい発言といえる。

リアリズムの反映

さて、このような地球連邦政府の旧弊な思想と、それを一気に一掃しようとするネオ・ジオンのマクロレベルでの対立は、シャアとアムロの台詞で次のように表現されている。

ロンデニオンでシャアはアムロに対し、「地球に残っている連中は地球を汚染しているだけの、重力に魂を縛られている人々だ」「世界は、人間のエゴ全部は飲み込めやしない」と、隕石を落とす理由を語る。これに対し、アムロは「人間の知恵はそんなもんだって乗り越えられる」と応じるが、ことを急いでいるシャアはそれについて「ならば、今すぐ愚民どもすべてに英知を授けてみせろ」と切って捨てる。

映画終盤では、このシャアの姿勢に対して、アムロが次のように投げかける。「世直しのこと、知らないんだな。革命はいつもインテリが始めるが、夢みたいな目標を持ってやるからいつも過激なことしかやらない」「しかし革命のあとでは、気高い革命の心だって官僚主義と大衆に飲み込まれていくから、インテリはそれを嫌って世間からも政治からも身を退いて世捨て人になる」

アムロはこんなふうに、シャアの姿勢があまりに理念的でありすぎることを指摘し、その行く末を予想してみせる。

ここで問題になっている「地球環境の汚染」「地球連邦政府の官僚主義」「宇宙移民の政治的地位の向上」といったトピックは、一つ一つに意味があるというより、「現在の世の中にある複合的な問題」をリアリズムの反映として作品に投影したものだろう。だからここに明快な答えはない。こうした問題意識は「現実認識の物語」「現実とはこうであるという物語」というテーゼを掲げて制作された『Zガンダム』から直結している。先に触れたキャラクターの配置だけではなく、作品のバックグラウンドにある問題意識も『Zガンダム』と『逆襲のシャア』では共通しているのである。この問題意識は、その後も「人類がこの後、長く生き延びていくには何が必要か」という形に変化しながら、『ブレンパワード』『∀ガンダム』『ガンダム Gのレコンギスタ』といったタイトルのバックボーンになっている。

『Zガンダム』の場合、「現実認識の物語」を掲げた結果、主人公のカミーユ・ビダンは、自らのキャパシティを超えて戦い、結果として精神的に崩壊してしまう。戦いは、宇宙移民（スペースノイド）の側にたつエゥーゴが勝利してはいるものの、ニュータイプであってもそんなに単純に世界を平和にできるわけはない、といわれたような、苦い割り切れない思いの残る悲劇として完結している。

『逆襲のシャア』も、アムロとシャアの意見の相違に答えを出そうとはしていない。二人の極端な意見のぶつかり合いは、そのまま世間の問題のリアリズムとしての反映なのである。ロボットアニメという絵空事のはずなのに、二人の意見のぶつかり合いには現実と地続き感がある。ここでは二人の対立を通じて、映画というフィクションを現実に開いていくことが狙われているのである。そしてその上で本作は『Zガンダム』の悲劇とはまた異なるラストに到達するのだが、それについては後述する。

ララァをめぐる屈託

本作の特徴は、このようなマクロの状況に対して、ミクロの感情――具体的にはシャアの屈託——が接続されているところにある。

革命を起こしたインテリの行く末をアムロがつきつけたとき、シャアはどう応えたのか。

「私は世直しなど考えていない」

それがシャアの答えなのである。どう考えてもシャアの行う隕石落としの作戦は、性急な世直しが目的としか考えられないが、それをシャアは否定するのだ。なぜそんなことをいわざるをえないかといえば、先述のとおり、シャアには「アムロにララァを取られた」という感覚を持ち続けており、その劣等感がアムロとの決着をつけたい強い動機になっている。ギュネイが「そのためにこの戦争を起こした」と指摘しているとおりなのだ。

このシャアの「取られた」という感覚には補足が必要だろう。シャアとララァは当時、恋愛関係にあったが、ララァは数度すれ違っただけのアムロと、戦場で精神的に深く繫がり、ふたりは意識を共鳴させて未来のビジョンを垣間見る。シャアは、ララァとそのようなビジョンを見ることはできなかった。このことが「ララァを取られた」という感覚に結びついているのである。

ただ一方で、アムロもまたララァとの記憶は一つの呪縛になっている。夢の中でアムロは、ララァに対して「シャアと僕を、一緒くたに自分のものにできると思うな」「シャアは否定しろ」と叫んでいるのである。アムロはアムロで、ララァが最期にシャアをかばって、アムロの攻撃に倒れたことが心の傷になっているのである。そしてアムロは、自分の心の底にあるこの感情を、今の恋人のチェーンには明かしていない。

　このように序盤は、マクロの状況による対立としてアムロとシャアを描きながら、映画の終盤でその対立が、実はララァをめぐる屈託の産物でもあるというふうに、ミクロの感情がマクロの状況に接続されていくのである。そしてシャアは、サザビーに使われた新素材サイコフレームの技術を連邦軍にあえてリークする。万全の状態のアムロと戦って勝ってこそ、自分の劣等感は払拭されるというわけだ。

「シャアというのはやっぱり、切ない」

　このように本作は、かつては野心に燃え颯爽としていた青年が青春の蹉跌《さてつ》を抱えた大人となり、一方で内向的だった少年が心に傷を抱えながらも大人として振る舞う様子を対照的に描き出すのである。この二人の対比が、クェスの接し方にも表れる。「優しく接するけれど父親代わりはできないよ」と距離をとるアムロと、「ララァの幻影をそこに見つつも、父親を求める気持ちを利用して、戦闘マシーンとして扱う」シャアとの対比である。

　そんなシャアについて富野は「シャアというのはやっぱり、それはそれで切ないよね、と。で、切ないかもしれないけれど、それではダメだよ、と」[8]と語っている。シャアの最後の「ララァ・スンは私の母になってくれるかもしれなかった女性だ。そのララァを殺したお前に言えたことか」という台詞は、その切なさの極みとしてある。ここでいう「母」とは、単に母性で包みこんで安心させてくれる、というだけではなく、シャアをニュータイプの高みへとさらにいざなってくれるはずだった存在という意味もあるだろう。また作中の演説にも出てくるとおり、シャアの今回の世直しが、彼の実父であるジオン・ズム・ダイクンの思想に基づいていることを踏まえると、父の呪縛に強く縛られているシャアだからこそ、母を求めた、というふうにも解釈できる。しかし、それは結局叶わなかったのだ。

このミクロの感情とマクロの状況が複雑に入り混じった状況は、『イデオン』のドバ総司令とよく似ている。ドバ総司令は、バッフ・クランの政治的責任者としての大義を掲げて戦いつつ、一方でロゴ・ダウの異星人（地球人）の子供を妊娠した娘を許せない気持ちと、同時にロゴ・ダウの異星人への怒りもまた戦いの中に込めていた。ドバのこのミクロの感情とマクロの状況は、シャアとも通じるものがある。

またシャアが体現している「人生のどこかで間違ってしまった切なさ」という情緒は、日本のアニメーションの中でもなかなか描かれることはない。その中で富野はしばしば「所属したグループを裏切るキャラクター」に仮託して、こうした情緒を描いてきた。シャアは裏切ったわけではないが、大人が人生を振り返ったときに感じる痛切な切なさを残してシリーズから退場することになる。

ラストシーンを読む二つのポイント

アムロとシャアの政治的姿勢と心のうちに秘めた屈託。その上で、映画は映画としてラストシーンを描かなくてはならない。『逆襲のシャア』では、どういうラストシーンが用意されたのか。

アクシズは、地球へと落下を始めている。ロンド・ベル隊の奮戦で、アクシズを二つに割って落下を避けようとする作戦は成功したかに見えたが、アクシズの後ろ半分は破壊の衝撃で速度が落ちてしまい、地球への落下コースに乗ってしまう。

サザビーとの戦闘に勝利したアムロは、シャアの乗ったサザビーのコックピットを片手に持ちつつ、アクシズの先端に取り付き、νガンダムで押し返そうと試みる。もちろんそれは無茶な試みだ。しかしそれを見た連邦軍、ネオ・ジオン軍のモビルスーツも協力し、アクシズを押し返そうとする。

その時、νガンダム近辺から不思議な光が放たれる。この光は協力してくれたモビルスーツをアクシズから引き剝がし、アクシズ全体を包んでいく。コックピットの中でこの光を感じたシャアは「サイコフレームの共振？　人の意思が集中しすぎてオーバーロードしているのか？　なのに、恐怖は感じない。むしろあたたかくて、安心を感じるとは」と語っている。シャアとアムロの「ララァ・スンは私の母になってくれるかもしれなかった女性だ」「お母さん？　ララァが？」という対話はこの後に描かれる。これが二人の最後の台詞となる。

そしてカメラが切り替わり、ネオ・ジオン軍の旗艦レウルーラのブリッジで、アクシズが地球への落下軌道からはずれたということが報告される。この後、救われた地球上の風景などが点描され、映画はそのまま締めくくられる。

このラストシーンには大きく二つポイントがある。一つは『イデオン』以降、戯作のポイントとなってくる「自我／科学技術／世界」という構図が『Zガンダム』以上にはっきり盛り込まれていること。もう一つは、アクシズが謎の光に包まれて以降、そこで何が起きているのか具体的な台詞がほとんど登場せず、描写だけが進行するという演出スタイルである。

『イデオン』を継承した脚本第一稿

まず「自我／科学技術／世界」という観点から、『逆襲のシャア』のラストがどのように構想されたかを確認しよう。

富野による脚本は第二稿で決定稿となっているが、企画書の段階からすでにラストシーンは「S・ガンダムの周囲が白熱化し、それがアクシズを半分以上包み込み、ついにはアクシズの進路変更に成功する」[9]と記されていた。企画書に日付が入っていないため脚本第一稿と企画書のどちらが先行していたかは不明だが、いずれにせよ、企画の極初期からラストシーンのイメージが固まっていたのは間違いない。S・ガンダムはνガンダムの企画時の名前である。

ただこのラストシーンに至る要素は、第一稿と第二稿では大きく異なる。第一稿では、アムロは『Zガンダム』で出会ったベルトーチカ・イルマをパートナーとしているという設定になっている。そしてベルトーチカが妊娠をしていることが作中で発覚し、そのお腹の中の赤ちゃんが、サイコフレームともどもクライマックスで大きな働きをするというアイデアになっていた。

この第一稿をもとに富野自身によって書かれたノベライズが『機動戦士ガンダム　逆襲のシャア　ベルトーチカ・チルドレン』である。

こちらのクライマックスをみると、アクシズが落下運動を続ける中、地球のある町で生まれ落ちる子供の様子や、子供たちの様子を点描し、地球から発した光が、大きな帯になり、地球をとりまいて、νガンダムへと集中していくように描写されている。


シャアとアムロの近くにあったサイコ・フレームが共振したのかも知れない。ベルトーチカのお腹の赤ちゃんが呼んだのかも知れない。

そうではなく、このアクシズの空域に集った男たち女たちの意思が、それらの光を呼び寄せて、吸い込んでいるのかも知れなかった。

それはともかく、その集中する光のために、ガンダムから発する白い光の壁は、一層巨大になって、アクシズと地球の間に、白い光の壁となって、伸びていった。
それは、あたかもアクシズの巨大な岩に、行くべき道を示すようであった。[10]

サイコフレームは映画の中で、サイコミュの機能を持つ金属粒子レベルのコンピューターチップを、コックピットのフレームに封じ込めたものと説明されている。サイコミュとは、ニュータイプが脳波を使ってビットあるいはファンネル（ともに浮遊する移動砲台）を操作する装置のこと。要するに、コックピットの構造材そのものが、パイロットの脳波をダイレクトに感知する機能を持つようになったという設定である。

この構造材そのものが人の意志を感知するというアイデアは、『イデオン』に登場したイデオナイトと極めて近しい。イデオナイトは作中で、イデを封じ込めている金属と説明されていた。こうして考えると、ベルトーチカの胎内の赤ちゃんとサイコフレームの組み合わせは、『イデオン』直系のアイデアといってよい。そこには『イデオン』でのパイパー・ルウやメシアの扱いの延長線上にある「赤ちゃんの純粋な防衛本能は信ずるに足る」という思想も見ることができる。またサイコフレームは『Zガンダム』で未登場に終わった、サイコミュの発展型バイオ・センサーとも通じる機能を持った存在でもある。

すでに書いたように、戯作者・富野は『イデオン』を作ったことで、「自我／科学技術／世界」という本人の戯作の根幹ともいうべき構図を明確に確立した。そしてそのうえで、『ダンバイン』では「科学技術」にはしゃぎ、踊らされ、結果ハイパー化という〝魔境〟に至る人物を描いたが、そこに「世界」の姿が浮上するところまでは至らなかった。また『Ｚガンダム』では「科学技術」を経て「現実の世界のありようを認知する」ことで、精神的に崩壊する姿を描いた。『逆襲のシャア』の第一稿は、それらを経由したうえで、改めて赤ん坊の無垢な自我がサイコフレームという科学技術を経ることで、「世界」というものは決して絶望ばかりではない、という〝世界の理〟に触れるさまを描いた作品と位置づけることができる。

第二稿で変わったこと

しかし、この第一稿にはいくつか意見がつき、改稿されることになった。修正のポイントは大きく二つ。

一つはラストシーンについて。『ベルトーチカ・チルドレン』のあとがき[11]によると、このラストについて「モビルスーツ否定である」という指摘があったという。人々の心が集結してカタストロフを回避するというアイデアは、確かに『ガンダム』世界の重要な要素であるモビルスーツという兵器の存在意義を無意味にしてしまうものではある。富野はあとがきで「小生が、夢を追いすぎたのは、認めざるを得ませんでした」と記している。

もう一つは「映画で、アムロの結婚した姿は見たくないな」というもの。富野はこれを「映画を製作企画する上でもっとも重要な意見」と受け止め、ベルトーチカと同棲しているというアイデアをやめる。エンターテインメントとしての映画を目指す富野としては、確かに映画のヒーローは「独身であり」「素敵に恋をし、冒険をしなくてはなりません」（あとがき）ということに説得力を感じたということだ。

こうして第二稿が執筆され、アムロの恋人として新たにチェーン・アギが設定された。ベルトーチカの妊娠というアイデアは「父になることを自然と受け入れるアムロ」と「偉大な父に縛られ、父親として振る舞えないシャア」というクェスを挟んだドラマ上の対比を明確にしたであろうが、それは主題として浮上することがなくなってしまった。また最後の謎の光については、赤ちゃんは関係がなくなり、「サイコフレームの共振によるものではないか」というニュアンスで演出されることになった。

第二稿は大枠では完成した映画と変わらないが、いくつか大きな違いもある。一つはクェスを殺してしまうのがハサウェイであること。発砲したものが偶然、クェスの乗るサイコ・ドーガに当たってしまうのである。この展開のため映画本編では、クェスを倒し、ハサウェイに撃たれているチェーンが、第二稿では死んでいないことになっている。また、シャアとアムロの最後の会話のところで、シャアはララァに言及していない。「私はお前に情けない兄だと言われたくないばかりにこうした」「このほうが、セイラに誉めてもらえるのかな」とセイラに言及しているのである。このあたりは絵コンテを描き進めるうちに、思考が深まり、改稿されることになったのだろう。

このように『逆襲のシャア』のラストは、『イデオン』から本格的に取り込まれた「自我／科学技術／世界」という構図の延長線上にあるものだ。そして「ベルトーチカの赤ちゃん」の要素が削られた結果、誰がそれを願ったのか、という主体が曖昧になったことで、「理に落ちない」部分が増え、結果として〝奇跡〟というものの複雑さが表現されたということはできる。

沈黙が伝えた「奇跡」

『逆襲のシャア』のラストは、この〝奇跡〟というものを実に巧みに表現している。アニメーションというのは絵空事だから、なんだって絵で描けば「アリ」になってしまう。この融通無碍な表現手段の中で、どのように〝奇跡〟は表現されたか。それはひとことでいうと、説明の拒否である。

映画ではまずνガンダム一機がアクシズにとりついて、それを止めようとしている。その行為を「ナンセンスだ」というシャアと、それに反発するアムロ。このとき、コックピットにはサイコフレームの働きを表すものだろうか、緑色の光が走っている。そして遠くから見るとνガンダムの位置から、光の粒が広がり始める。その様子を見ながらナナイは「大佐の、大佐の命が吸われていく……」と涙を流す。

　このνガンダムから放たれた光を見たせいなのか、連邦軍、ネオ・ジオン軍のモビルスーツが結集し、アクシズを止めようとする。しかしアクシズは止まらない。無理をするモビルスーツを止めようと、アムロはアクシズから離れるように呼びかける。このとき、アムロは振動の中、シートに座ってはいない。シャアは「ならば人類は、自分の手で自分を裁いて自然に対し、地球に対して贖罪しなければならん。アムロ、なんでこれがわからん」と涙を流す。ここでカットが転換し、サザビーのコックピットとνガンダムから虹色のオーロラのような光が発生し、周囲のモビルスーツを弾き飛ばしていく。

　シャアはこの現象を感じ取りながら、「しかしこのあたたかさを持った人間が地球さえ破壊するんだ。それをわかるんだよ、アムロ」と言い、アムロはそれに「世界に人の心の光を見せなけりゃならないんだろ」と応える。この後、二人の最後の会話としてクェスとララァをめぐる会話がでてくるが、この光に関してのコメントはここで終わりである。そして三枝成彰《さえぐさしげあき》の劇伴「AURORA」が流れ始めて、映画は締めくくられる。

　このアクシズの落下を止めたと思わせる虹色のオーロラについては、説明らしい説明がほとんどないのである。アムロやシャアのリアクションで「どうやら人の心がサイコフレームと反応して起きたらしい」ということはわかるが、これも「らしい」という推察の域を出ない。宇宙船からこの現象を見ている人たちは絶句するばかりで、さらに何も語っていない。

しかしもし、目の前で奇跡が起きたとき、人はそれを「奇跡」と認識できるのだろうか。奇跡は奇跡であるがゆえに、あらゆる常識の外にある出来事だ。そういうものを人間が瞬時に理解することは難しい。むしろ、言葉や意味をすりぬける理解不能な体験こそが〝奇跡〟なのだ。そんなとき、人はただただ言葉を失って沈黙するしかない。『逆襲のシャア』は、そんな言葉を拒否する風景だけを残して映画を締めくくるのである。

ここで思い出すのは『ガンダム』第41話「光る宇宙」で描かれた、アムロとララァが精神を交歓させるシーンである。あそこで描かれるさまざまなイメージも、なんとも名付けようのない、名前のない風景ばかりだ。そしてあのとき見た風景はなんだったかをアムロは作中で一度も言語化していない。あれもまた言葉を拒否する風景だった。

『逆襲のシャア』のラストシーンは、キャラクターたちに言葉を失わせたことによって、〝奇跡〟を合理的解釈に落とし込むのではなく、〝奇跡〟のまま描くことに成功している。そしてかつてアムロがララァと見たあのビジョンもまた、その後、具体的な解説や読解がされないからこそ〝奇跡〟の風景として、今でもシリーズの中で特権的な位置を占めている。ここでは〝奇跡〟は、物語をうまくまとめるためのデウス・エクス・マキナではなく、作品の中で違和感を残しつつも、未来への希望を残すものとして配置されているのである。

先ほど、〞ガンダムから光が広がっていくときに、アムロがシートに座っていないと記した。またシャアは、モニターの死んだコックピットの中にいるだけだからなにもできない。これはつまり今回の奇跡がアムロ（やシャア）によって起きたのではないということの表現になっている。ではなぜ〝奇跡〟は起きたのか、と考えたときに、その主体にさまざまなものが代入可能になっている。

アムロのもとに集まってきたパイロットたちの意思の集合なのか、ラストで映し出される地球上に生きる動物や人間たちの総意なのか。そして、そこに具体的な答えがないこともまた〝奇跡〟の〝奇跡〟たる所以である。これは『ダンバイン』終了後に、既存の宗教感に抵触しない形で「世界」を描き出すことが可能ならば、情念の世界をちゃんと描き出すことができると語っていたことの[12]、実践とも捉えることができる。

「モビルスーツ」などの固有名詞で作品世界を構築し、戦闘中もキャラクターが饒舌に会話するという印象が一般的な富野だが、このラストシーンでは徹底的にキャラクターたちの口をつぐませており、その演出に『逆襲のシャア』の大きな特徴と魅力がある。

絵コンテを見ると、『機動戦士ガンダムIII　めぐりあい宇宙編』（一九八二）のラストのように、英文メッセージを示すアイデアもあったようである。絵コンテには「英文一考のこと」とト書き付きで、“To new whiz within you”と書かれている。意味的には「あなたの中の新たなる天才へ」といったニュアンスの言葉と思われ、『めぐりあい宇宙編』の、“And now... in anticipation of your insight into the future.”（そして、今は皆様一人一人の未来の洞察力に期待します）とも近しい内容の言葉になっている。観客がこの映画をエンターテインメントとして楽しみつつ同時に、本作を通じて世界や社会といったものへと目を向けてもらえるようになってもらいたい、という期待が感じられる。『Ｚガンダム』の「現実認識の物語」という悲劇を経由して、改めて〝奇跡〟という形で世界に残っている希望を描いたのが本作だったのだ。

本作の最後の〝台詞〟は、山小屋の中から聞こえる赤ん坊の泣き声である。そこには未来が示されている。人類の未来に対する希望の表象としての〝奇跡〟。そこに至るまでの現実への認識。そしてそれらを的確に表現していく演出。それらは『ガンダム』から『イデオン』に至る過程で確立された演出家・富野の技と戯作者・富野の哲学が、絶妙なバランスで融合した結果、生まれたものだ。以上が『機動戦士ガンダム　逆襲のシャア』を富野の代表作と呼ぶにふさわしい理由である。

COLUMN
富野監督作品全解説3
1991〜2022

始まるはずだった新たなサーガ
『機動戦士ガンダムF91』
一九九一年三月一六日公開

『機動戦士ガンダムF91』は物語の舞台を宇宙世紀〇一二三年に設定した。『機動戦士ガンダム　逆襲のシャア』の三〇年後に設定することでそれまでのジオン公国にまつわる物語とは一線を画した新たなストーリーを展開するためである。「新たなガンダムの原点」ということを念頭に置き、改めてキャラクターデザインに安彦良和、メカニカルデザインに大河原邦男が参加している。なお脚本はベテランの伊東恒久と富野が連名で担当している。

『F91』の企画スタートは一九八九年。ガンプラ・ブームが一九八〇年代半ばに沈静化して以降、『Zガンダム』が放送された一九八五年は若干持ち直したが、TVアニメが放送されない一九八七年には過去最低レベルの売上となってしまう。

このようにプラモデルを売るには新作ガンダムが必要という状況が明確になるのが『逆襲のシャア』から『F91』にかけての時期であった。一方で『逆襲のシャア』の時期には人気が出始めたばかりだった「SDガンダム」はさらに人気を伸ばし、一九八九年にはいわゆる〝リアルタイプ〟のガンダムのプラモデル・玩具よりも、大幅に上回る売上を上げるようになっていた。[1]

また映像作品としては、一九八三年に始まったOVA（オリジナルビデオアニメ）が映画・TVに続く第三の映像チャネルとして定着し、一〇代半ば以上のハイターゲットに対してさまざまな作品が送り出されるようになっていた。ガンダム・シリーズでも一九八九年からスピンオフ作品『機動戦士ガンダム

0080　ポケットの中の戦争』（監督：髙山文彦《たかやまふみひこ》）を送り出している。

そうした状況を踏まえてサンライズは、この時期に二つのガンダム作品を企画する。その一つがハイターゲット向けでかつガンダム・ファンをメインターゲットにしたOVA『機動戦士ガンダム0083 STARDUST MEMORY』（監督：加瀬充子《かせあつこ》、今西隆志《いまにしたかし》）。これは『ガンダム』と『Zガンダム』の間の時期を描く内容だ。そしてもう一つが、新規のファンに向けた新たなガンダムとしての『F91』である。また当時の小学生をフォローするため短編『武者・騎士・コマンド　SDガンダム緊急出撃』（監督：神田武幸）を『F91』の同時上映作として制作した。このように『F91』は「ガンダム」の世界をどう展開すべきかの模索期に制作された作品だった。

映画は、スペースコロニー・フロンティアⅣに謎の軍隊クロスボーン・バンガードが攻撃を仕掛けるところから始まる。クロスボーン・バンガードの目的は、コスモ貴族主義を掲げる国家コスモ・バビロニア帝国の建国。フロンティアⅣの高校生、シーブック・アノーはこの戦乱に巻き込まれ、仲間たちと避難する過程でモビルスーツ・F91のパイロットとなる。一方、シーブックと同じ学校に通うセシリーは、自分がクロスボーン・バンガードの指導者マイッツァー・ロナの孫、司令官である鉄仮面カロッゾ・ロナの娘であることを知り、クロスボーン・バンガードに〝姫〟として迎えられることになる。

富野が本作の準備を始めたのは一九八八年末から。当初のメモを見るとその段階から「家族」をテーマにしていたことがわかる。

「家族論でなければ、伝わる話ができない。スクラップの中の抜粋が、自分にそう思わせた。『閃光のハサウェイ』までで、すでに、概論というか、外の関係をやりすぎだと思う。だから、父がいて母がいる都合の家族から、発生する問題と、理想と現実の関係を見つめる物語にする。（八八年一二月一七日）[2]」

なお『機動戦士ガンダム　閃光のハサウェイ』は、一九八九年から発表された小説で『逆襲のシャア』

のその後を描いた物語である。[3]

当初は「零式（フォーミュラー・ゼロ）」というタイトルで始まった企画は、一年間のTVシリーズを念頭に置いて準備が進められていた。しかしこれが一九八九年一〇月に劇場作品へと変更される。この前後で『F91』というタイトルとなり、映画版の企画書には「作品のテーマとポイント」として次のように明確に「家族」をめぐる物語であると書かれている。

「宇宙時代の青春群像〜未来の宇宙戦争を背景に描く〝家族愛〟そして〝人間愛〟。

本作品では、未来の宇宙戦争を背景に、主観客層である少年少女たちにとって最も身近で素朴な存在である〝家族〟にその起点をおいて物語を展開させていきます。

ある日突然、巻き起こる戦争。家族を守り、生き延びるために戦いに身を投じる主人公が、戦火の中で遭遇する様々な〝出会いと別れ〟そして〝愛〟[4]

この構想に従い、シーブックとセシリーそれぞれの家族にドラマが用意されている。

シーブックは、父レズリー、母モニカ、妹リィズの四人家族。モニカもレズリーもともに研究者であったが、リィズが乳離れしたころからモニカは「ヒステリー気味」（作中のレズリーの表現）になり、「モニカを愛してはいたが彼女の仕事も愛していた」と語るレズリーは、彼女を研究職へと再び送り出す。その結果、モニカは長らく別居状態となっている。

一方レズリーは、合金の研究が軍に利用されるのを嫌ったこともあり、研究者としてのキャリアを捨て、溶接工となってシーブックとリィズを育てることを選ぶ。戦いの中、シーブックはF91のパイロットとなるが、それは皮肉にもモニカが開発したバイオ・コンピューターを搭載した機体だった。

そして避難民となったシーブックとリィズは、母モニカと再会することになる。兄妹が、子供から見ると自分たちより仕事を選んだ（ように見える）母とどのように関係を結び直すかが、作品の一つのポイントとなっている。

一方、セシリーの家族環境は非常に複雑だ。セシリーの母ナディア・ロナは、クロスボーン・バンガードの指導者マイッツァーの娘として生まれた。研究者だったカロッゾはナディアと結婚し入り婿となってロナの姓を名乗るようになる。そしてマイッツァーの思想実現のため働くようになる。

ナディアはそんな家族に背を向け、娘のベラ・ロナを連れて出奔、シオ・フェアチャイルドと暮らし、娘のベラ・ロナはロナ家に見つからぬよう、セシリー・フェアチャイルドを名乗り、シオの営むパン屋の娘として暮らすことになる。その後、ナディアはシオのもとからも離れ、セシリーはシオのもとで成長する。しかしシオは最終的に、セシリーをロナ家に売り、フロンティアⅣ侵攻に際して、セシリーをクロスボーン・バンガードに引き渡すよう段取りを組んでいた。

マイッツァーの唱えるコスモ貴族主義とは一種のエリート主義だ。ノブレス・オブリージュを引き受けることができるだけの高貴な精神と高い能力を持ったものが、「貴族」として社会を導くのだ、という姿勢である。これは宇宙移民のことを考えようとしない怠惰な地球連邦へのカウンターから生まれた思想でもある。映画後半で明らかになるように、このエリート主義は「非エリートを減らすことで世界を救済する」という形で発露し、ナディアの出奔はこの、包摂を否定し、善悪で裁断する父性原理的なマイッツァーの思想への反発でもあった。

鉄仮面カロッゾは、総司令たるために「エゴを強化した」（作中の台詞）と語っており、一種のマシーンとしてこの思想の実現に注力する。ただ鉄仮面が、その思想を背景に、仮面までつけて父権主義的に振る舞うことが、弱さの裏返しであることを指摘するのもナディアであった。こうした家族の状況の中で、セシリーは父のシオにも、母のナディアにも反発を感じており、それは一旦、クロスボーン・バンガードに身を寄せることにも繋がるのだった。その彼女を引き留めるのが、シーブックの役回りとなる。

富野は本作のこうした作劇を踏まえつつ、次のような反省を述べている。それは鉄仮面とセシリーの描き方についてだ。

「富野　（略）たとえばセシリーが「お父さん、あなたはなんて酷い男だったんだ。情けないんだ！」なんていうことを言うとか、そういうところまで踏み込まなければいけないキャラクターだったのに……それを忘れていたんです。

――なぜだったのでしょうか。

富野　自分が親になっていたからです。子供から非難されることから逃げたんです。そういう劇は作りたくなかった。お父さんの存在を認めてほしいという心理があったことを、今思い出しました。（略）セシリーとカロッゾの間に、鉄仮面になる前にどんなことがあったのか、そこを劇として組んでいなかった。だからラストのバトルが曖昧になってしまっている。（略）

――当時のお嬢さんたちとの関係が影響してしまったわけですね。

富野　『逆襲のシャア』のインタビューで、地球連邦軍がスポンサーと重なって見えるという話があったでしょう。それと同じことです。アニメと言っても、こういうレベルで作劇をしようと考えていった時には、絶対にリアリズムが入り込んでくるんです。だから自分のことは隠せないんです。その時のその人の人生観や人生論、悔しさみたいなものがものすごく出てしまいます。」[5]

富野はもう一つ本作で反省をしている。それは本作が、プランニングの時に用意した構図そのままで、膨らみを欠いているという点だ。『F91』がファンに愛されているポイントとして、シーブックとセシリーが、クセのすくない真っ直ぐなキャラクターであることについてこう語っている。

「富野　理念的なキャラクターだから、かえってそういう理屈は分かります。理屈は分かるけれど、そこには肉感がないので僕は認めるわけにはいかないんです。〝劇〟で一番重要なのは、みんなが魅力的だと思えるようなキャラクターにしなくてはいけないことなんです。それをやりきれていない。そういう意味で『F91』はかなりロジカルに作りすぎてしまっています。そこに中途半端に自分のリアルな生活感も重ね合ってしまったために、ああいう形になってしまったのかなと、すごく反省しています。[6]」

この「理念」と「肉感」の関連については、『F91』のラストシーンと『機動戦士ZガンダムⅢ A New Translation―星の鼓動は愛―』のラストシーンを比べるとよくわかる。どちらも主人公とヒロインが宇宙服で抱き合って、生きていることを喜び合うという内容は一緒だ。

『F91』のシーブックとセシリーは、寄り添うようにして互いを抱きしめ合っているポーズ。静かで上品な雰囲気だ。これに対し『星の鼓動は愛』は、ファがカミーユに脚を大きく広げてしがみつくポーズになっており、ほかからどう見えるかも気にしないで、体全体で喜びを表現している。この違いが『F91』での反省の実践となっている。

『F91』はそうして抱き合うセシリーとシーブック、そしてF91の映像に「THIS IS ONLY THE BEGINNING.」とテロップが重ねられる。しかし興行的に期待されていた数字に届かず、この後のストーリーがアニメ化されることはなかった。

人のぬくもりと非情な現実の共存
『機動戦士Vガンダム』
一九九三年四月二日より放送　全五一話

『Vガンダム』は、『F91』の不振を踏まえて改めて仕切り直しのうえ、企画された作品だ。当時は『F91』の続きが展開されると思っていた人は多く、メカニカルデザインの石垣純哉《いしがきじゅんや》も、オーディションを受けた主人公ウッソ・エヴィン役の阪口大助《さかぐちだいすけ》も、説明を受けるまでは『F91』の続編かそれに類する作品だろうと思っていたという。

『Vガンダム』は『F91』より三〇年後の宇宙世紀〇一五三年が舞台。スペースコロニー・サイド2を拠点にザンスカール帝国が勃興し、地球侵攻を開始する。これに対し地球では、弱腰な地球連邦政府にかわり、民間抵抗組織リガ・ミリティアが抵抗運動を行っていた。

　ウッソは、東欧にあるカサレリアで暮らす不法難民の少年。リガ・ミリティアに関わる両親は、ウッソを残して行方不明。シャクティ・カリンは、ウッソの近所に暮らす不法難民の子供だが、実はザンスカール帝国の女王マリア・ピァ・アーモニアの実の娘であった。

　ザンスカール帝国の軍隊ベスパの攻撃があり、ウッソとシャクティ、それにウッソが憧れる年上のカテジナ・ルースなどは、リガ・ミリティアと行動をともにするようになる。その中でウッソは、ビクトリーガンダムを扱うパイロットとして働くようになる。

　一方、カテジナはやがてウッソたちから離れ、ザンスカール帝国に身を投じる。そしてベスパの兵士となりウッソの前に強敵として立ちふさがることになる。

　一九九二年四月三〇日にまとめられた企画書の物語テーマには以下のようにある。なおこの時点ではタイトル候補として『機動戦士メガ・ガンダム』（コード名はメガンダム）、『モビルスーツ・ガルバ・ガンダム』（コード名はダブルG）が挙げられている。

「我々大人が忘れてきたものは何か、われわれ大人たちの犯したまちがいは何か？

　それを、環境破壊によって閉塞状態にある地球とスペース・コロニー間の覇権争いを背景にして語りながら、その状況のなかで、いかに明るい展望ある未来を建設するのか？

　そのためには、自分たちは何をしなければならないかを、少年と少女の物語に託して伝える作品としたいのです。

　重要なことは、地球をここまでの状態にしてしまった我々大人世代から、次の世代に謝罪しながらも、このような生き方や考え方もあるのではないかという理解を次世代に求める物語にしたいということです。」[7]

　後に『ガンダム　Gのレコンギスタ』にも見られ

る、現代の世界に起きている問題をエンターテインメントを通じて次の世代に伝えたい、というコンセプトは本作の時点ですでに示されている。

　このような前向きな内容の企画書が書かれる一方で、企画書に先立って一九九一年一二月一三日に書かれたストーリー試案ではもっとシビアなラストが模索されている。物語の最後でウッソは「人の存在がすでに善ではないと洞察して、人の抹殺は肯定せざるを得ない」と考えるようになり、「（引用者注：人類を）全体主義的に統合するのではなく、存在そのものを無にする、という方法を発見する」[8]となっている。この「統合ではなく存在を無にする」は、本編に登場する最終兵器エンジェル・ハイロゥの「人を眠らせ、幼児化させる」という機能に繋がる要素が感じられる。

　そしてこのように洞察したウッソをキッシャ（本編におけるシャクティ）が殺す――ストーリー試案では「ウッソの身体を宇宙に解放してあげる」と表現――という展開が書かれている。重要なのはこのような悲劇的な内容をイメージしつつも「としながらも、ニヒリズムを提供しない方法はないものか？」というメモが添えられているところである。

　このように『Vガンダム』はアイデアの段階から相反するものをその中に抱え込んでいて、それが作品にも反映している。それが端的に表れているのは、キャラクターデザインだ。

　キャラクターデザイナーの逢坂浩司《おうさかひろし》に求められたものはシンプルなデザイン。そのためシリアスなロボットアニメとしては頭身が低めの、ぬくもりを感じさせるキャラクターが出来上がった。本編でも、ウッソやその周囲の子供たちを中心に、自然でやわらかなムードで描かれ、演出されている部分は多い。

　しかしその一方で、彼らが置かれているのは戦場という特殊な空間である。パイロットたちはあっさりと、次々と死んでいく。ウッソの母ミューラ・ミゲルの死も、衝撃的な表現がされていた。さらに敵となったカテジナは終盤にかけて、どんどんエキセントリックな表情を見せるようになる。

本作は番組開始時は「明朗な作品」という触れ込みでアニメ雑誌などに紹介されていた。しかし実際には、ナチュラルなキャラクター表現をベースとしつつも、いわくいい難い雰囲気を帯びた作品として完成した。そこに本作の唯一無二の個性があるといってもいい。

本作制作にあたり富野はスタッフに、「三コマ打ち」「影なし」という原則を守るように命じた。「三コマ打ち」は、一秒あたり八枚の絵で動きを作るということ。日本のアニメでは、要所要所でコマ打ちを変えてメリハリをつけることも多く、デラックスに見せたいところ、緻密に見せたいところでは二コマ打ち（一秒一二枚）、一コマ打ち（一秒二四枚）を使うこともある。それを禁じたのである。「影なし」は、キャラクターやメカに影を入れないということだ。

この二つは第一に制作上の手間とコストを減らして仕上会社（セル画に色を塗る会社）などの負担を減らすという実務的な意図があったと推測される。その根底には当時が、アニメの表現の描き込みや動きの密度が上がり始めていた時期だったということがある。例えば直前に制作されていた『機動戦士ガンダム0083』はその筆頭ともいえる作品だった。そういった「手間のかかった映像」に対し、「そんなことをしなくてもおもしろい作品はできる」というカウンターの姿勢があったと思われる。

この「あえて凝ったことをしない」という原則はスタッフに戸惑いを与えたし、制作が進むにつれて次第に融通無碍になってしまうが、この「無駄に大変なことをしなくてもおもしろいものはできる」という精神は『ガンダム　Gのレコンギスタ』のオープニングがあえて本編カットを中心に使って構成されていたり、エンディングで止め絵をスライドだけで動かして見せたりといったところにも見ることができる。

また、本作を象徴する存在として挙げなくてはならないのがバイク戦艦である。これはザンスカール帝国が行う地球浄化作戦の主力となる艦船で、アドラステアとリシテアの二タイプが登場する。どちらもブリッジを持つ軍艦らしい形状の船体に、バイクのように巨大な車輪が二つついた形をしている。

富野は制作初期にスポンサーであるバンダイに呼ばれ役員から「戦艦を出せ」と命じられた。富野はこの役員と以下のような会話を交わしたと回想している。

「「本当に戦艦を地上でも浮かせて飛ばすというのなら、バイクだって空飛んでいいんでしょう?」と言ったら、「飛ばしてよ」と言われ、「本当ですね」という話になりました。（略）

「それをやってくれなければ、あんたには降りてもらう」と言われました。本当にバイク戦艦でいいのかと言ったら、「かっこいいじゃないですか」という返事でした。（略）

もし本当に監督として、原作者として力があったら、その人物程度でも企画書見た時に「あ、これは入れられないな」と思わせられるはずなんです。そういう力を持てなかったというのは、しょせんこちらも愚民の一員でしかなかったということであって、「バカ同士なら、そりゃ札束持った奴の方が強いよね」ということでしかありません。

だから、そういう中で作られている作品というものを、一生懸命見たりするのはやめた方がいいのです。それは作品として考える必要なんか全くないんだから、見る必要なんかはありません。『Vガンダム』に関しては、大人の汚濁に満ちた結果の作品なんです。[9]」

とはいえ富野は、この押し付けられた課題を作品として消化するため、物語序盤から巨大戦闘バイクを登場させたり、モビルスーツにタイヤ状のサポートマシンを使わせるなど、周到な段取りを組んでバイク戦艦を登場させている。先述の「いわくいい難い雰囲気」はこうした番組の裏側が、リアリズムとして作品に反映した結果とも考えられる。

このほか『Vガンダム』と結びついて触れなくてはいけないのは、本作終了後にサンライズは、バンダイグループの中の一社となったということだ。これもまた富野にとってはショッキングな出来事だった。

「そもそも、「またガンダムをやってくれ。そうでなくちゃ困るんだ」と僕が言われて、企画が始まった時には、すでにそのこと（引用者注：傘下に入ること）が前提としてあったようでした。『Vガンダム』のオンエアの一年くらい前のことのようですが、（略）経営者たちは、会社の経営を譲渡するためバンダイとの下話を始めており、その交渉の条件を満たしていく中で、サンライズは『ガンダム』を作るしかなかった、ということだったのです。[10]」

しかし富野にはそのことは知らされていなかった。

「「やっぱり富ちゃんにやってもらわないと困る」という経営者たちの言葉をあてにしながら製作を進めていったわけです。（略）翳りのきた年齢の仕事ではあるんだけれども、なんとかがんばろうと思って、それこそ一生懸命「理」を働かせたわけです。

（略）

分裂症にかかるわけにはいかないと感じながら、まがりなりにも最後まで作りおおせてみた時に、経営者たちから初めて、実はサンライズを売却し、自分たちは会社を去るという話を聞かされました。[11]」

ここでいう分裂症とはそのとおりの病気ではなく、心が病んだという意味であろう。ここから数年、富野は心身ともに不調の時期に入ることになる。

このように『Vガンダム』は、富野にさまざまな方向からのスティグマを負わせることになった。そのため長らく、否定的な評価を語っていた。しかし近年は、バイク戦艦の存在も含め認めるように発言が変化している。

本作に絵コンテ・演出で参加した山本裕介《やまもとゆうすけ》は『Vガンダム』を振り返ってこう語っている。山本は、駆け出しの演出から見ると、富野はそういった背後の状況は見せず、すごく楽しそうだった、と語った後、第41話「父のつくった戦場」で、山本が途中まで描いた絵コンテの続きを、富野が残り三日で仕上げたというエピソードを紹介する。

「納期まで三日しかない状況でやってみせる。それができるのは、コンテを描くときに常に余裕があって「よし、あれもやって、これもやろう」と楽しんでいるからだと思うんです。演出家のはしくれとして言わせてもらえば、コンテからにじみ出る「楽しんでいる気分」というものに嘘はつけないはずなんです。第41話のような豊かなコンテは、作品やキャラクターを好きじゃなければとても描けないと思いますよ。でも、富野監督はそんな風には言わないんですよ。表面上は「別になんの思い入れもないから」「見なくていい」みたいにうそぶいている。近くで仕事をしていた僕たちからすると、絶対にそうは思えませんでした。第50話のキャラクターたちが次々と死んでいく場面だって「監督はこんなにも彼らのことが好きだったんだ!」と、僕は感じました。それは『Vガンダム』をご覧になった皆さんにも、しっかり伝わっているんじゃないでしょうか?」[12]

異色の時代劇短編
『闇夜の時代劇/正体を見る』
一九九五年五月放送　全一話

まだセル画をフィルムで撮影するアナログ制作が中心だった一九九五年に、コンピューターの活用を試す実験作として制作された。編集などにコンピューターが活用されているという。同じコンセプトで『闇夜の時代劇』の冠の下、ほかに『老ノ坂』『幕末洛中瓦版』(ともに脚本・演出:今西隆志)、『甚助の耳』(脚本・演出:高橋良輔)が制作されている。いずれも日本テレビの深夜番組「ネオ・ハイパー・キッズ」内で放映された。

信長が本能寺で死んだ直後、徳川家康は伊賀のある大きな屋敷に立ち寄る。そこに一人の伊賀忍者の下忍が潜入する。家康を討って上忍になろうというのだ。しかし下忍が暗殺をしかけるたび、家康の側にいる客人が常にそれとなく妨害するのだった。露天風呂に入る家康を狙う下人の前に立ちはだかる客人。その正体とは……。

　下忍が必死に仕掛けようとすればするほど、逆にピンチになるというユーモアの感覚が特徴的。またカリスマと遭遇することで、下忍の価値観が急転換する様を描く内容は富野らしい作劇といえる。

バイストン・ウェルへの再挑戦
『バイストン・ウェル物語　ガーゼィの翼』
一九九六年九月二一日よりリリース　全三巻

一九九五年から「ログアウト冒険文庫」で刊行された自作の同名小説を原作に制作されたＯＶＡ。『無敵超人ザンボット3』以降、サンライズをホームに監督を続けてきた富野だが、本作は制作サンクチュアリ、制作協力J.C.STAFF、協力アートランド[13]という珍しい座組で制作されている。原作が完結前のアニメ化だったので、原作のラストまで描かれていない。


『聖戦士ダンバイン』、小説『ファウ・ファウ物語』、小説『リーンの翼』、小説『オーラバトラー戦記』に続いての、バイストン・ウェルものである。現代の日本からバイストン・ウェルに召喚されたのは浪人生の千秋《せんしゅう》クリストファ。そこではメトメウス族が、強大なアシガバ族の奴隷として虐げられていた。クリストファは、かかとから翼の生えた聖戦士〝ガーゼィの翼〟としてメトメウス族に迎えられ、アシガバ族との戦いに巻き込まれていく。

　本作のポイントは、クリス本人がそのままバイストン・ウェルに招かれるのではなく、地上界のクリスとバイストン・ウェルのクリスとに分裂して存在しているという設定だ。そのため地上界のクリスが調べた知識を、バイストン・ウェルのクリスが活用する、といったシーンもある。これは『ダンバイン』の序盤がバイストン・ウェルだけで進行して、かえってその世界設定のインパクトがわかりにくかったことを受けて、地上とバイストン・ウェルを適宜対比させることでビジュアルが単調にならないようにする工夫であろう。

またクリスがオーラロードを通るきっかけがヤマトタケル伝説であったり、神社からもらった鈴のネックレスが二人のクリスを繋ぐ小道具になったりと、ミックスルーツであるクリスに、土着の要素を組み合わせるアイデアが盛り込まれている。またクリスがバイストン・ウェルに招かれすぐに戦闘に巻き込まれる展開は、『ダンバイン』第1話の失敗を踏まえたものになっている。

メトメウス族は世界樹を目指し旅を続けており、アシガバ族は世界樹を目的にメトメウス族を追撃する、という構図で物語は展開するが、世界樹の到達までは描かれず、クリスが聖戦士として一つ成長したところで締めくくられている。

脱ガンダムを目標に
『ブレンパワード』
一九九八年四月放送　全二六話

本作の企画は一九九六年ごろから富野と永野護の間で、長編映画として準備が進められていた。同年一一月には映画バージョンの脚本として「ブレンパワード　絢爛たるオーフェン」がまとめられている。またこの表紙には「テレビ・バージョンの一クールの骨格」とも書かれている。しかし、サンライズ側で映画制作の体制が組めず、一旦は休止状態になるものの、改めてTV企画として動かす方向で再始動することになる。

この前後で一九九九年の「ガンダム二〇周年」をどうするんだ、という話も持ち上がっていた。富野は一九九六年よりも前に相談を受けて「もうガンダムはやらない」と断っていたが、最終的にサンライズの統一見解として、やはり富野に監督を依頼したいという方針が決まる。そのため『ブレンパワード』は、次の「ガンダム」もにらんで、富野がスムーズに「ガンダム」に取り組めるよう、その前哨戦として制作していくことが決まった。

当時サンライズのプロデューサーだった植田《うえだ》益朗《ますお》

は次のように回想している。

「次はガンダムをやると決めてましたから、その前に富野さんの状態をできるだけベストなものに近づけるためにも、とりあえずは『ブレンパワード』をやってみてもらおうと。変な言い方をすると〝プレガンダム〟みたいな部分もありましたが（略）いきなり次のガンダムに入っていくよりは、スタッフワークの面でもメリットが大きかったといえますね。[14]」

放送は民間衛星放送局ＷＯＷＯＷに決まった。サンライズは一九九五年頃からＷＯＷＯＷに何度か企画提案をしており、一九九七年に植田からプレゼンを受けたＷＯＷＯＷの海部《かいふ》正樹《まさき》プロデューサー（当時）は「サンライズ作品でオリジナルロボットもの、それに富野監督とメインスタッフのいのまたさん、永野さん、その上でのＷＯＷＯＷの初アニメという構図、それがバシッとハマったんです[15]」と語っている。ＷＯＷＯＷは加入契約促進ポスターに「普通のテレビじゃ、ここまでやれない」というコピーをのせ、一九九八年四月の加入者は『ブレンパワード』目的の人を中心に、前年の一・三倍ほどだったという。

番組のキャッチコピーは富野による「頼まれなくたって生きてやる」。これは一九九七年に公開された二つの映画のキャッチコピーに対するアンサーにも見えるところがポイントだ。その映画とは、『新世紀エヴァンゲリオン劇場版 Air/まごころを、君に』（庵野秀明総監督）と『もののけ姫』（宮﨑駿監督）で、それぞれキャッチコピーは「だから みんな、死んでしまえばいいのに…」と「生きろ。」である。

「『エヴァンゲリオン』と『もののけ姫』が、九七年に発表されて、日本のアニメのいい区切りになったと思えたんです。その翌年に一度、作品を形にしておかないと『エヴァ』と『もののけ』がずっと続くんじゃないのか、それはさせたくはない、というのがありました。ですから『ブレン』はその二つに対しての回答とかなんとかではなく、現象を受けて僕が急いで作ったものなんだということに関しては、いわれてもしょうがないですね。（略）企画の骨格とかストーリーの半分ぐらいは、あの二作品を観る前に創っておいて良かったと思っています。全部創るのを二作品を観てからやっていたのでは、もっとひどいものになっていたでしょうね。影響されすぎて。」[16]

地震や津波で荒廃した近未来の地球。深海で謎の巨大遺跡オルファンが発見される。またそれと前後して世界各地でプレートが発見された。プレートから出現する（リバイバルと呼ばれる）のは人型の存在アンチボディ。アンチボディはグランチャーとブレンパワードの二タイプが存在した。

オルファンに集まった人々はリクレイマーと呼ばれた。リクレイマーの指導者・伊佐未《いさみ》夫妻の息子、勇《ゆう》はプレートの回収中、ブレンパワードがリバイバルする様子を目撃する。そこに居合わせた孤児の少女、宇都《うつ》宮比瑪《みやひめ》は、生まれたばかりのブレンパワードと自然に心を通わせていた。

一年後、勇は廃棄されていたブレンパワードとともにオルファンを脱する。そして一年前にリバイバルしたブレンパワードを操る比瑪と再会する。勇は、比瑪とともにオルファンの浮上を阻止しようとする国連の実験艦ノヴィス・ノアに合流することになる。

『ブレンパワード』の制作においてキーワードといえるのは「ガンダム離れ」だ。

脚本家として第1話「深海を発して」や第26話「飛翔」など七本を担当した面出《おもで》明美《あけみ》は脚本作業について次のように語っている。

「当初から、ロボットものではないものを目指すということでした。でも、最初の企画書のままでは今までの作品と変わらないから、企画書のことは忘れるように、とも言われました。家族、特に母親と子供が軸になっていることもあって、富野監督のほうから女性ライターを起用したいとの意向があったようです。（略）

脚本全体の話をしますと、半年のシリーズなのに、脚本だけで一年ぐらいかかっています。特に、前半の試行錯誤の時期は、最初の打ち合わせや第一稿を

前にした打ち合わせで、一話につきそれぞれ三時間ぐらいかかっていました。（略）

　打ち合わせでは、富野監督のアイデアを、「それだとガンダムになります」とかいってみんなで止めたことも。最終的にあきらめられたのか、ライターにお任せが増えました。[17]」

　脚本作業と並行する形で富野は、一九九七年六月から一九九八年三月にかけて、複数回にわたってストーリーメモを書いている。映画版の脚本がキャラクターがどんどん死んでいくハードな内容だったのに対し、ストーリーメモの段階では要素は同じでも雰囲気が大きく変わってくる。それは上記のような実際の脚本作業のフィードバックがあったからだろう。

　第4話「故郷の炎」や第26話「飛翔」など八本に絵コンテ・演出で関わった西森《にしもり》章《あきら》は「気持ちがいいとか、悲しいという気分が表現できるフィルム、映画の原点にもどるような作品が作れないか、という話に「それはやりたいです[18]」と参加を決めたという。

「映画のフィルムとしてマイルドなユーモアのあるフィルムにするのは、けっこう手間がかかるんです。『ブレン』では一度、作り手のきまじめな部分を流してしまったんで、『∀ガンダム』では上手くできるようになりましたね。そういうアイデアがスタッフから、よく出るようになっていますよ。[19]」

　このような『ブレンパワード』での取り組みは、『Vガンダム』で傷を負った演出家・富野由悠季が再生していくための重要なリハビリとなったのだ。

「巡ること」を主題に語られる人の営み
『∀ガンダム』
一九九九年四月九日より放送　全五〇話

『機動戦士ガンダム』の放送二〇周年に合わせた本作の企画が、具体的に動き始めたのは一九九七年四月。吉井《よしい》孝幸《たかゆき》サンライズ社長（当時）は富野に「二〇周年の記念イベント的なものではなく」と、作品性第一での制作を依頼した。[20]

過去の戦乱の時代から長い時が流れた未来。地球では戦乱の記憶は「黒歴史」として忘れ去られていた。そこに突如、月に住む人々ムーンレィスが地球帰還を希望し、宇宙船で降下してきた。ムーンレィスは、はるか昔に宇宙進出した人類の子孫だった。

ムーンレィスの少年ロラン・セアックは、地球降下作戦の先遣隊として地球に潜入。ビシニティの鉱山家ハイム家の運転手として働き、一年間を過ごしていた。月の女王ディアナ・ソレルの軍隊ディアナ・カウンターなどが降りてきたその日、ロランは成人の儀式のためマウンテンサイクルにいた。山の石像の中から現れる、封印されていた黒歴史のモビルスーツ。ロランはホワイトドールと呼ばれるそのモビルスーツに乗ることになってしまう。

一方、女王ディアナと瓜二つの姿をしたハイム家の長女キエルが偶然から入れ替わってしまう。イングレッサの領主の御曹司グエン・サード・ラインフォードが編成した市民軍ミリシャに参加したロランは、キエルとして過ごすディアナと行動をともにして、地球と月の人々が共に平和に暮らせる道を探っていく。

一九九七年六月の時点で「過去のガンダムを肯定しながらも新しいガンダムを登場させられる」「平気でウソをつく人の習性をテーマにする」という方向で企画が練られており、その後、『ブレンパワード』の制作準備の時期を挟んで、一九九八年春に同年秋放送の想定で『環ガンダム（リング・オブ・ガンダム）』として企画書がまとめられる。この「平気でウソをつく人の習性」というアイデアは『平気でうそをつく人たち　虚偽と邪悪の心理学』（M・スコット・ペック、草思社）からインスパイアされたアイデアで、集団においても自己正当化が起こるという同書の指摘をヒントに、人類が過去の戦乱の時代を封印、忘却したという設定が作られた。それが封印された歴史＝黒歴史という設定であり、黒歴史の遺物が埋まっている場所がマウンテンサイクルと命名された。現在、黒歴史は「掘り返されたくない過去の思い出」といったニュアンスで広く一般的な言葉として流通している。

同年六月には、当時カプコンに所属していた安田《やすだ》朗《あきら》（あきまん）がキャラクター原案として参加。安田は一九九六年に富野と知己を得ており、この後も『OVERMANキングゲイナー』、『ガンダム Gのレコンギスタ』に参加している。一九九八年六月に、映画『ブレードランナー』『スタートレック』に参加したビジュアル・フューチャリスト、シド・ミードにガンダムを含めたメカの依頼をすることが決まる。

メインメカであるガンダムのデザインは難航した。「下半身が推進ユニットで、上半身がウエポンコンテナ」という発注を踏まえ、最初に描かれた機体は、想像以上にマッシブなデザインで富野以下、スタッフは困惑することになった。そこで「グラマンではなく零戦をデザインしてほしい」と、第二次世界大戦の戦闘機になぞらえたリテイクを出し、やりとりを重ねて完成したのが現在の∀ガンダムである。最初に描かれたマッシブな機体は、スモーとしてディアナ親衛隊が使うモビルスーツに採用された。

∀ガンダムは、胸部の曲線のラインがそのまま肩パーツのラインに繋がるシンプルな美しさ、肩パーツが跳ね上がって腕を垂直に挙げられるようになる合理的な構造などに、シド・ミードらしさを感じることができる。一方で、口部分にある特徴的な〝ヒゲ〟はファンの間でさまざまな議論を呼んだ。これはガンダムと名のつくほとんどの機体の額に付いているV字アンテナを変奏したもので、チークガード（頬あて）のイメージで描かれたという。

一九九八年八月には文字によるキャラクター設定がまとめられ、一カ月後には一旦ラストまでのストーリーラインも書かれている。これと並行して第1話の脚本作業が進んでいる。第1話の脚本は『機動戦士ガンダム』以来の参加となる星山博之。星山は、新ガンダムの企画が動き始めたとき、富野が最初にコンタクトしたスタッフだった。この星山の第1話のプロットで、ロランがムーンレィスであるということが決まった。それまでは地球出身の予定だったので、この変更はシリーズの方向性が大きく変わり、定まったポイントだったといえる。

放送開始直後の一九九九年五月には、三クール目以降の展開が改めて富野の手で書かれているが、これは本編と大きく異なっている。戦闘色が濃く、メインキャラクターの立ち振る舞いも大きく異なる。全体としてはディアナとロラン、それを陰ながら支援するキエルの妹ソシエのチームが、グエン率いるミリシャ、ディアナ親衛隊隊長ハリーの率いるディアナ・カウンターとそれぞれ戦っていく構図で、キエルはグエンの側にいる役回りとなっている。

ディアナも「月光蝶」という巨大モビルスーツに乗って戦い、ハリーを倒す。「ハリーは、ディアナに殺されるなら本望だと叫んで逝く」[21]。またグエンとの戦いの展開の別案として「ディアナは、この戦いのなかで、グエンに抱きついてでも、ロランに討たせるように働いて、ロランはグエンを討つために、ディアナと共に炎で焼いてしまう。しかし、ディアナにとってそれは安息。グエンにとっては、それは無念地獄。という方法もある」[22]。

富野は「二クール以降に制作した物語には、数人のシナリオ・ライターのアイデアと感性が入っていて、いくつかのエピソードには、ぼくはまったく関与していない」[23]と書いている。『ブレンパワード』で「それをやるとガンダムになります」と止めていたのと同じような脚本チームの働きが、本作にもあり、『ガンダム』ではなく『∀』らしい物語を模索していくことに大きく関与したことがうかがえる。

このように富野は還暦を前にして、若いスタッフの力を得て、新たなフィールドに足を踏み出したのだった。

シリアスからパワフルへの方針転換
『OVERMAN キングゲイナー』
二〇〇二年九月九日より放送　全二六話

『キングゲイナー』はもともと短編映画あるいはO

VAとして企画が進められていた。[24]この時点では、主人公ゲイナーは富士山の見えるリゾートホテルの下働き。ホテルのオーナー姉妹の一人、アナスタシアがシルエット・エンジン（本作におけるロボットの呼称）に誘拐される。実は、アナスタシアは都市国家ウルグスクの姫で、そこの兵士が彼女を連れ戻しに来たのだった。ゲイナーは国際警察機構の平和維持軍セント・レーガンのシルエットエンジンを奪い、アナスタシア奪還に向かう。

　これがTVアニメとして仕切り直しされ『ゲイン・ゲイナー』となる。この段階で主人公はゲイン・ゲイナーという少年で、南のドームポリス（巨大都市国家）〝ウッブス〟を放逐された君主継承者という設定。彼がウルグスクの第二継承権を持つ少女アナ・スターシアを助けて戦うという設定だった。[25]

　放送された作品の舞台はシベリア。遠い未来、自然環境回復のため人類は、シベリアなどにドームポリスを建設しそこで暮らすようになっていた。長い時間が経つうち、ドームポリスを脱出して温暖な土地へと「エクソダス」する人々が現れるようになった。シベリアでは、ドームポリスを支える生命線であるシベリア鉄道が警備隊を持ち、エクソダスを厳しく取り締まっていた。ゲームキングのゲイナー・サンガは、エクソダスの疑いでシベリア鉄道警備隊に身柄を拘束されてしまう。そこで出会ったのが、エクソダス請負人のゲイン・ビジョウ。ゲイナーはゲインとともに脱走し、エクソダスに参加することになる。

　本作のカラーはさまざまなスタッフのアイデアが反映されて出来上がっている。

　本作のシリーズ構成は『∀ガンダム』で脚本家デビューした大河内《おおこうち》一樓《いちろう》。富野作品でシリーズ構成が立つのは、『重戦機エルガイム』以来のこと。大河内は、富野の用意した世界設定を生かしつつ、あえて富野のプランとはまったく異なるストーリーを提案。さらに、シルエット・エンジンよりも高性能なオーバーマンというメカについても、「オーバースキル」という特殊能力を持つマシンという、富野のプランにないアイデアを盛り込んだ。各話のエピソードは富野からのディレクションを踏まえつつ、脚本陣が工夫を凝らして作り上げていった。

アニメーションディレクターの吉田健一《よしだけんいち》は、企画の初期から参加し、さまざまなイメージボードを描いて作品のプリプロダクションに貢献した。また漫画家の中村嘉宏《なかむらよしひろ》とカプコン所属のデザイナー、西村キヌとチームを組んでキャラクターデザインを担当した。キャラクターデザインでは、吉田は、二人とキャッチボールをし、それぞれのデザインアイデアを生かしデザインをアニメ用設定に落とし込むところに注力した。

作画監督としては、第1話「ゲインとゲイナー」など五本を担当。そのうちの一本、第14話「変化！ドミネーター」（脚本：浅川美也《あさかわみや》、絵コンテ：横山彰利《よこやまあきとし》・斧谷稔）は、オーバーマン・ドミネーターの変幻自在でパワフルな戦闘シーンが視聴者に強い印象を残した。

ちなみに第1話については作画監督として方向を提示することに加え、演出の笹木信作《ささきしんさく》と話し、富野の絵コンテに描かれた内容を全部表現するという方針で臨んだという。[26] 笹木は次のように話している。

「富野監督のコンテは凝ろうと思うと際限なく凝れる内容があるんです。どこまでやればいいのか、かなり悩んだ細かい描写をどこまでやればいいのか、かなり悩んだんですが、結局できることは全部やろうと。吉田くんも自分がやる以上、相当のところまでやりたいという希望がありましたし。ただ、そうしたら現場的には無茶苦茶大変になってしまいました。[27]」

初期から関わったスタッフは、本作をシリアスな物語だと捉えていたようだ。例えば、大河内は、エクソダスを防ぐため、その進路に人間を埋めるという「人間地雷」のアイデアを提案したところ、「そういう悲惨なものはいい」と富野から否定されたという。また吉田は「少し重たい作品」を作っているつもりだったので、テンションの高いオープニング『キングゲイナー・オーバー！』のデモを聞いて困惑したという。[28] ただ二人とも、その後すぐに頭を切り替えている。

具体的には第3話「炸裂！オーバースキル」から、明朗な雰囲気になり「なんでもあり」な雰囲気が色濃くなる。富野は、第6話「セント・レーガンの刺客」の脚本打ち合わせが始まるタイミングで「第5話までのシナリオとか、第1、2話のコンテを忘れてくれ[29]」と脚本チームに話して、作品の方向性がもっと自由でエンターテインメント重視の方向に向かうようにディレクションしている。

『キングゲイナー』で、『ブレンパワード』の段階から始まった、脚本チームのアイデアを取り入れていくことで「脱ガンダム」を果たしていくという流れは一つの完成を見る。

大河内はこう振り返る。

「個人的には、富野監督って上質なコーヒー豆じゃないかと思うんです。通の人はストレートでおいしく飲めるけど、普通の人はミルクや砂糖を入れたほうがおいしく飲める。そういう意味では、自分が砂糖やミルクになれたらいいなと思いました。（略）コーヒーの風味を損なわずに、まろやかにおいしくなっているとよいのですが[30]」

浮かび上がる元特攻兵の人生
『リーンの翼』
二〇〇五年一二月から配信　全六話

『リーンの翼』は二〇〇五年一二月から、アニメ専門配信サービス・バンダイチャンネルで独占配信された。本作の成立の過程は複雑だ。

富野は『ダンバイン』と同時に、エンターテインメント小説誌「野性時代」で小説『リーンの翼』の連載を開始した。オーラバトラーなどが登場する以前の時代を舞台に、アジア・太平洋戦争末期の特攻兵サコミズ・シンジロウ（迫水真次郎）が、バイストン・ウェルで聖戦士として活躍する姿を描く内容で、大人向けのエンターテインメントとして、残酷な描写、エロティックな描写も多い。彼の沓《くつ》から現れるのが聖戦士の証である〝リーンの翼〟である。

小説のサコミズは、シィの国の復興を目指すアマルガン・ルドルに協力するが、最終的にアマルガンの裏切りにより刺殺される。その瞬間、意識が現代に戻った迫水は、リーンの翼とともに、小倉に落とされるはずだった第三の原爆を防ぎ絶命する。

アニメ『リーンの翼』は同名ではあるが、小説版の一種の続編として制作された。ただ素直に続編と呼ぶには小説と設定的に矛盾するところもあるため、正確にいうと「続編的な立ち位置の新ストーリー」といえる。全話を通じて、脚本は高山治《たかやまじ》郎《ろう》と富野、絵コンテは富野が担当している。

アニメ版では、サコミズは第三の原爆を破壊した後、その衝撃で再びバイストン・ウェルへと帰還したという設定になっている。そして今度はシンジロウ・サコミズとして新たにホウジョウの国を建国。年月を重ねても、聖戦士の力なのか、壮年のままの姿を保つサコミズは、次第に暴君となり、オーラマシンを開発して地上界への侵攻を考えるようになった。かつての戦友アマルガン・ルドルはそれを止めるため反乱軍を組織するに至った。サコミズの娘リュクスもまた、サコミズを止めたいと考えている。アニメ版は、このようなバックストーリーを設定したうえで、新たな主人公エイサップ鈴木の視点で物語を始める。アニメのサコミズは、主人公ではなく敵役なのである。

エイサップは、日本人の母と在日米軍の岩国基地司令を父に持つミックスルーツの青年。鬼畜米英の時代に生きたサコミズと対照的に〝現代〟を代表するキャラクターで、サコミズという特異な存在を浮かび上がらせ、その生涯を見届ける役回りを担っている。

サコミズはなぜ地上侵攻を考えているのか。第3話「地上人のオーラ力」で、リュクスは「父は地上界に戻って、戦争に負けた恨みを晴らしたがっています」と語り、それに対しアマルガンは「このヘリコンの地を征服してみても、特攻死できなかった無念を晴らしたいのでしょう」と応えている。その一方で、サコミズは「打倒アメリカ」を口にしつつも、そのほかの言動をみると、決して大日本帝國の勝利や無謬性を信じているわけでもない。地上界の情報も断片的に入手していて、現在の日本が大きく変わっていることも知識としては知っている。

　つまりサコミズは、「戦中」からも「戦後」からも切り離された、宙吊りの状態にあるということで、それが彼をバイストン・ウェルで長く生きてしまった一種の〝浦島太郎〟の状態にしている。そしてその〝浦島太郎〟が故郷に帰ったときの衝撃を描くのが、第5話「東京湾」、第6話「桜花嵐」となる。

　第5話では、オーラロードを通過するサコミズとエイサップが、東京大空襲、広島への原爆投下、沖縄戦など、アジア・太平洋戦争末期のさまざまな風景を目の当たりにするシーンが描かれる。ロボットアニメという枠組みと、バイストン・ウェルという世界観に、非常に巧みにアジア・太平洋戦争の様子が組み込まれていて印象的なシーンになっている。

3DCGで描かれた富野ガンダム
『Ring of Gundam』
二〇〇九年八月公開

ガンダムシリーズ生誕三〇周年を記念し、サンライズが制作プロダクション・ロボットと制作した短編アニメーション。二〇〇九年八月開催の「GUNDAM BIG EXPO」で初公開された。全編3DCGで制作され、声を担当したキャストに実際に芝居をしてもらい、それを撮影したものを3DCGキャラクターに反映させる手法がとられた（マーカーを使って動きのデータを取り入れるモーションキャプチャーとは異なる手法を使っている）。

　富野自身の解説[31]によると、サンライズの若い世代から三〇周年に向けて新たなストーリーを求められ、「実写版」を念頭に置いて『リアルG』という名前でスタートしたのが本作の始まりである。そのため『踊る大捜査線』などで知られる本広克行《もとひろかつゆき》監督が企画協力として参加。実写劇場用映画を作るつもりでプリプロダクションを行ったのは、短編だからといってイメージの羅列だけではコマーシャル以下のものになってしまうということを避けるためだった。それだけに完成した五分あまりの映像だけでは語りきれないさまざまなバックストーリーが用意されている。

資料[32]を総合すると、本作で描かれているシチュエーションは次のとおりである。

①主人公エイジィは連邦軍・髑髏部隊の一員で、前世紀からの人類の記憶の象徴で、人類救済の鍵となるビューティ・メモリーと、岩山の頂上でコンタクトをする。ビューティ・メモリーはキャラクター化した存在として描かれている。彼女は、自分の中のデータにアクセスするには「アムロの遺産をリングにして……」とヒントを語る。

②起動するガンダム。これはRX-78をベースに安田朗がデザインし、早野《はやの》海兵《かいへい》がディテールアップしてモデリングしたもの。かつてアムロが乗った機体がレストアされているという設定だ。エイジィはそれを操縦している。そこに飛び込んできたのは、ユリア。彼女はアムロの遺産の一つであるガンダムを改良・維持してきた組織エクスの一員である。

③エイジィはガンダムを操り、髑髏部隊の髑髏モビルスーツと戦う。実はエイジィはエクスのメンバーで、スパイとして髑髏部隊に潜入していたのである。ハンガーを出た先はリングコロニーの中で、遠景の山は空間を広く見せるための書き割りである。

④エイジィとユリアは、岩に覆われたコクーンの中にいるビューティ・メモリーを目覚めさせるため、ガンダムで接近する。アムロの遺産であるガンダムが岩に触れると岩が剝がれ、コクーンが見える。「でも人はいつかアムロの遺産とリンクして、いつか地球の記憶のすべてを新しい地球に送り届けられます……。絶望しなければね」と語るビューティ・メモリー。リングコロニーは、それ自体が恒星間飛行を行う（つまり新しい地球を目指すことができる）宇宙船だったのだ。

第11章で触れているとおり『∀ガンダム』以降、大地へのこだわりが前面に出る時期の作品だが、本作は外宇宙へ向かう未来が示唆されていることが興味深い。しかし一方でそこに示される人類観・文明観は『∀ガンダム』から『ガンダム　Gのレコンギスタ』に通じる線の上にちゃんとのっている。

資料[33]に記載されたビューティ・メモリーの台詞はこう続いている。

「人は、ひとつの太陽が死滅しても、まだ生きられます。なぜなら、宇宙という容量は無限なのですから……無限を目指す……神を目指すのではありません。命の繰り返しというのは、無限大の宇宙と共存するものですから、それに挑戦するということが、命に課せられた技でもあるのです。良きように、と……そうでなければ、自滅するのもまた命なのです……」。

自分を知り、世界を知る旅

『ガンダム　Gのレコンギスタ』
二〇一四年一〇月放送　全二六話

富野が『ガンダム　Gのレコンギスタ』をどのように構想したかは、著書『アニメを作ることを舐めてはいけない』[34]にまとめられている。

同書によると企画の骨子がかたまったのは二〇一〇年三月ごろ。この時点ではまだ「Gのレコンギスタ」ではなく「Gのレコンキスタ」と表記されている。「レコンキスタ」の用語を避けたのは、歴史上のレコンキスタ（領土回復運動）と直接結びつけられることを避けるためである。この時点で基本的な設定はもう出来上がっている。これを踏まえて雑誌『ガンダムエース』二〇一〇年一二月号に、富野自身の手による小説「はじめたいキャピタルGの物語」が掲載される。これは『Gのレコンギスタ』のプロトタイプといえる内容になっているが、物語の序盤だけで終わっている。

二〇一四年三月二〇日に機動戦士ガンダム生誕三五周年イベント「RISE! 世界は動いている」が開催され、その中で「機動戦士ガンダム三五周年プロジェクト」として『ガンダム　Gのレコンギスタ』が発表される。メインスタッフとして、キャラクターデザイン・作画チーフを吉田健一が、メインのG-セルフのデザインを安田朗が担当しており、『∀ガンダム』『キングゲイナー』から続く布陣で要所が押さえられている。

宇宙移民と宇宙戦争の時代である宇宙世紀が終わって長い時が経った世界。地球にはキャピタル・タワーと呼ばれる宇宙エレベーターが存在し、地球上のエネルギー源フォトン・バッテリーを宇宙から運び込む重要な場所として神聖視されていた。

キャピタル・タワーを守護するキャピタル・ガード候補生のベルリ・ゼナムは、初めての実習の最中、宇宙海賊が操るG-セルフの襲撃を受ける。G-セルフに乗っていたのは、アイーダ・レイハントン。彼女に強い印象を受けるベルリ。ベルリとアイーダはこの出会いをきっかけに、自らの過去と未来に向き合うことになる。二人の旅は地球から始まり、月の裏側のスペースコロニー国家トワサンガ、金星方面に存在するフォトン・バッテリーの供給源であるコロニー、ビーナス・グロゥブへと向かっていく。

初期に書かれた企画骨子の「テーマ」のところには「戦争が人類史と信じる大人たちに、考え直せと立ち上がる少年たちの物語」[35]と記されている。この要素は、完成した本編の中では、ベルリたちが北米にある国家アメリアの軍隊に所属するでもなく、宇宙エレベーターを守るキャピタル・アーミーからも距離をとる展開に表れてはいるが、本編からテーマとして強く感じられるわけではない。

むしろ自分の生きている世界――ベルリならキャピタル・タワー、アイーダならアメリア――しか知らなかった少年少女が、旅をすることで自分自身を知り、世界を成り立たせているヘルメス財団の真実を知る、という構造のほうが前面に立って語られ、印象に残る。もちろんヘルメス財団のあるビーナス・グロゥブへの旅を通じて、クンパ・ルシータが地球圏に戦争を起こそうとしていることも知るという展開はある。しかしクンパ自身は最終回「大地に立つ」で、戦闘に巻き込まれ事故のような形で死んでしまい、ベルリたちと正面切って対峙することはない。ラストでベルリが、旅に出ることから考えても、本作のテーマは最終的に「自分を知る／世界を知る」というところに着地したと考えるのが妥当と考えられる。

本作の脚本は富野自身が全話執筆している。当然、絵コンテもこれまでどおり本人が描くか、ほかの演出家が描いた場合でも徹底的に手を入れている。にもかかわらず『ブレンパワード』の初期や『∀ガンダム』のストーリー案にあったような、苛烈な死の描写などはない。もちろん好戦的な——つまり物語の立ち位置としては〝悪役〟に近い役回りを担う——キャラクターは、作中で死亡するが、その描写もあくまでエンターテインメントの範囲に留まっている。

むしろ全編を通じて強く印象に残るのは、〝キャラクターの人間臭さ〟だ。複雑な腹芸を使うキャラクターも存在せず、皆素直に己の感情を露わにする。それが〝悪役〟であっても妙に人間臭い印象で、そこに憎めないおもしろさが生まれている。これはおそらく『ブレンパワード』からの「脱ガンダム」に向けた意識改革が功を奏した結果であろう。富野自身の脚本でそのような作品ができあがるのはある意味驚きでもある。

その一方で、人間味はあったもののメカものフィーリングが弱かった『∀ガンダム』の反省も踏まえてか、モビルスーツはふんだんに登場し、多彩な武器をつかって戦闘を繰り広げる。こちらのあの手この手でロボットバトルをおもしろく見せようとする富野の技は、本作でも健在である。

このような描かれ方をみると、地球の大地を目指す「レコンギスタ」とは、人間味あふれるキャラクターたちが、命をかけた〝お祭り〟であった、と考えることができるだろう。

総集編映画

各作品の解説には含めなかったが、富野は以下の総集編映画を手掛けている。

・『機動戦士ガンダム』（劇場版）一九八一年三月一四日公開

・『機動戦士ガンダムII 哀・戦士編』一九八一年七月一一日公開

・『機動戦士ガンダムIII めぐりあい宇宙《そら》編』一九八二年三月一三日公開

全四三話のTVシリーズを三部作にまとめなおした劇場版。TVよりアムロがニュータイプに覚醒していく過程が強調されている。『哀・戦士編』のTV版からの大胆な構成変更、『めぐりあい宇宙編』の安彦良和による新規作画の魅力などが印象に残る。安彦はTVシリーズ終盤に病気で現場から離れており、『めぐりあい宇宙編』はそのリターンマッチでもあった。

・『THE IDEON 接触篇』一九八二年七月一〇日公開

・『THE IDEON 発動篇』一九八二年七月一〇日公開

公開日が同じなのは「ダブルリリース」と銘打って『接触篇』『発動篇』を同時上映するという興行形態だったため。『接触篇』はTVシリーズの総集編、『発動篇』は放送打ち切りのため放送できなかったラスト四話分をまとめたものとして構成されている。

・『ザブングルグラフィティ』一九八三年七月九日公開

TVシリーズの中盤をカットしてコンパクトにテンポよくまとめた総集編。TVシリーズではイノセントの最高指導者アーサー・ランクは死亡しているが、本作ラストでは、それは実は芝居で、本当は生存していたという展開になっている。さらにアーサーが、最後の戦いで失明したヒロイン、エルチ・カーゴの治療を申し出るという台詞もあり、よりハッピーエンドを強調した締めくくりになっている。

・『劇場版∀ガンダムⅠ 地球光』二〇〇二年二月九日公開

・『劇場版∀ガンダムⅡ 月光蝶』二〇〇二年二月九日公開

公開日が同日なのは、ひとつの映画館で曜日によって上映作を入れ替えるというサイマル・ロードショーという方法がとられたため。

中盤のエピソードを中心にカットし『Ⅰ地球光』『Ⅱ月光蝶』の二部作にまとめている。

・『機動戦士ZガンダムA New Translation―星を継ぐ者―』二〇〇五年五月二八日公開

・『機動戦士ZガンダムⅡ A New Translation―恋人たち―』二〇〇五年一〇月二九日公開

・『機動戦士ZガンダムⅢ A New Translation―星の鼓動は愛―』二〇〇六年三月四日公開

TV放送から二〇年を経て全五〇話のTVシリーズを三部作にまとめなおした。四：三で制作されたTVシリーズをトリミングしてビスタサイズにしている。アナログ制作のTV版とデジタル制作した新作カットをなじませるため、双方の画調を調整する〝エイジング〟という工程が組み込まれている。カミーユが精神的に崩壊するというラストを変更するため細かく台詞などを調整しており、「大きな出来事は変わっていないが、ドラマは変わっている」というバランスで新たな作品を作り上げた。

・『GのレコンギスタⅠ 行け！コア・ファイター』二〇一九年一一月二九日公開

・『GのレコンギスタⅡ ベルリ 撃進』二〇二〇年二月二一日公開

・『GのレコンギスタⅢ 宇宙からの遺産』二〇二一年七月二二日公開

・『GのレコンギスタⅣ 激闘に叫ぶ愛』二〇二二年七月二二日公開
・『GのレコンギスタⅤ 死線を越えて』二〇二二年八月五日公開

全二六話を五部作に再編集。ＴＶ版の総尺が五四六分程度に対し、映画は五部作合計四九〇分なので、カットされたエピソードは非常に少ない。短くまとめた総集編というより、新作を加えてエピソードの流れを整え、ベルリやアイーダの心理的な転換点を明確に打ち出したバージョンといえる。ＴＶ版のラストシーンのあとにシーンが付け加えられ、大陸の砂漠を進むベルリのところに、ずっと好意を寄せてきたノレドが合流する姿が描かれた。

第9章

運動と人間性――『機動戦士ガンダムF91』以降の演出術

『機動戦士ガンダム　逆襲のシャア』は、戯作者・富野の主題と演出家・富野の技が融合した作品だった。ではその後、富野の演出はどのように変化したのだろうか。

答えを先に書くならば富野演出の原則は、一九九〇年代以降も大きくは変わっていない。富野は二〇〇二年にアニメーション演出の要諦をまとめた『映像の原則』（キネマ旬報社）を著した。同書では『逆襲のシャア』でも駆使された「画面の上手・下手を意識し、方向性を駆使して情報を整理する」という手法や、「カット頭で待つ間を作らない」「板付き（カット頭から被写体がフレーム内にいる）で始めない」といった原則などが理由とともに記されている。当然、富野自身も演出するときにはこれら原則を一貫して守っており、その点での大きな変化はない。戯作者としては、一九九〇年代を経て「自我／科学技術／世界」とは異なる構図を試みるようになっていくことと対照的である。

しかしこれはあくまでも「原則について」である。映像の原則に則ったうえで演出家・富野は、また新たな語り口に挑戦している。その特徴的な語り口とは、一つに「運動の徹底」と「人間性へのまなざし」だ。以下、物語の序盤の富野が絵コンテを担当した回を中心に、その語り口を確認する。序盤――特に第1話――を選ぶのは、監督として絵コンテを通じて作品のトーンを示す意識が強くあるであろうと考えたからだ。

運動の徹底──『F91』冒頭

「運動の徹底」とは、被写体だけでなくカメラワークも含めた「動き」を軸にした語り口を徹底する姿勢だ。止まることのない「運動」が途切れることなく展開することで、観客は現在進行形の事件の渦中へと巻き込まれる。

もともと富野は以前から、「動き」の中で物語を語ろうと試みてきた。例えば『無敵超人ザンボット3』第1話「ザンボ・エース登場」や、『重戦機エルガイム』第1話「ドリーマーズ」（脚本：渡邉由自、絵コンテ：斧谷稔）は、どちらも主人公が乗り物（『ザンボット3』はバイクとボート、『エルガイム』はワークスと呼ばれるトレーラー）で移動する状況の中、さまざまな事態が発生するという組み立てになっており、その移動の感覚が画面を活気づけている。

特に『エルガイム』第1話は、襲撃してくる山賊と戦うだけのシンプルな内容だけに、「画面左へ向かって移動するワークス」という動きをベースに、山賊とのアクションが組み合わさっており、富野演出の教科書のような作りになっている。

しかしこれらはあくまで、物語のベースに「移動」を置いているだけで、「徹底」というにはまだ足りない。それは被写体もカメラワークも「動き続ける」というのは制作現場の負担が大きくなりすぎるから、ＴＶアニメでそこまでは追求しないということもあるだろう。その制作体制の負担から生まれる制限を意識的に取っ払い、初めて「運動の徹底」に挑んだのが『機動戦士ガンダムＦ91』の冒頭のシーンだった。

『Ｆ91』は、『逆襲のシャア』の三〇年後を舞台に、新たな主人公たちで新たな物語をスタートさせた企画だ。そのため『機動戦士ガンダム』をなぞるような導入が採用されている。クロスボーン・バンガードと呼ばれる謎の軍隊が、スペースコロニー、フロンティアⅣを侵略。突如戦争に巻き込まれた主人公シーブック・アノーを中心とする少年少女たちは、戦火の中を逃げ惑い、宇宙へ脱出しようとする。この逃げ惑う様子を描く冒頭の一〇分ほどが「運動の徹底」の最初の実践となっている。

映画はフロンティアⅣの隔壁を突破し、クロスボーン・バンガードのモビルスーツがコロニーに侵入するシーンから始まる。ここで船外活動中の人物――シーブックの父――のそばをモビルスーツが通り過ぎ、十数メートルあるその大きさが強調される。『Ｆ91』の冒頭はこの後も、モビルスーツと人間を同じカットに収める演出が頻出し、『Ｆ91』の演出上の狙いの一つであることがわかる。

クロスボーン・バンガードのモビルスーツはコロニーの中で、応戦する連邦軍のモビルスーツ部隊と戦闘することになる。ここで突如戦闘地域となった市街地を、一般市民が逃げ惑う様子が徹底して描かれる。画面の中の誰もが走っており、それは細かく描き分けられている。モブキャラクターではあるが、印象的な芝居も多い。その情報量の多い画面を通じて、映画冒頭が徹底的に「動き」をベースに組み立てられていることが伝わってくる。

発端は、学園祭の真っ最中の校舎に、戦闘中のジェガン（連邦軍のモビルスーツ）が落ちてくるシーンだ。屋上に落ちたジェガンは、下の教室とそこにいる人々を押しつぶしてしまう。この様子を見て、校庭にいる人々が一斉に逃げ出し始める。続けてもう一機のジェガンが校庭に落ちて、木々をなぎ倒す。その手前にも走って逃げる人々がいる。

まず、このとき逃げる人々が、さまざまな服装をしていることが印象に残る。モブキャラクターではあるが、できる限り記号化を避けて表現しようとしていることが伝わってくる。そこにポツポツと、目に留まる〝芝居〟がつけられたキャラクターが配置される。

例えば校庭を取り囲む斜面の上を逃げる人々。その中に転ぶ人と、それを助けようと駆け寄る人がいる。あるいは街中で戦闘を行うモビルスーツの前に立ち尽くす人と、その手を引いて逃がそうとする人、混乱の中で偶然会い会話を交わした後、手を取り合って同じ方向へ駆け出す人々。こういったキャラクターが、やはり逃げようとしている主要人物たちのバックに描かれている。初見では見落としてしまいそうなお芝居ばかりだが、この画面奥の芝居が加わることで、画面全体が常に動いている印象になっている。

印象的なモブキャラクターだと、渋滞する車の上を自転車を持って通り過ぎる人物や、スーツケースを抱えて渋滞の間をすり抜けて歩く年配の女性なども、画面に不思議なリアリティを与えている。

こうした人間の動きに、モビルスーツの戦闘が加わる。この一連の逃走シーンでは、なるべく人間とモビルスーツを同じフレーム内で表現しようとしている。これによって「運動」の印象がさらに強められている。これは発端となったジェガンの墜落シーンからして、狙いが明確だ。

その後のセシリーがシーブックに助けられるシーンも同様だ。撃墜されたモビルスーツ、ヘビーガンが鉄パイプで作られた構造物の上に引っかかる。この様子が、そのすぐ下を走り抜けようとするセシリーの姿と同じフレーム内で描かれる。壊れた鉄パイプが落ちてきて、セシリーのロングスカートの裾を縫い留めるように地面に刺さる。動けなくなったセシリーが振り返ると、徐々に落ちてきているヘビーガンの足が見える。ここもセシリーとヘビーガンの足が同一フレームで捉えられている。そこに駆け寄ったシーブックが、彼女のロングスカートを破って助けると、そこにヘビーガンが落ちてくる。

このほかにも主要人物の演技を見せたあと、カメラを振って、その背後で戦うモビルスーツを捉えるなど、同一カット内で人物とモビルスーツを見せているところは多い。

越境するモビルスーツ

『F91』の冒頭のシーンはこのように「画面内で動いているものが多い」という点で「運動の

徹底」の実践ではあるが、ここにもう一つの「動き」が隠れている。それは「遠景／中景／近景」の境界線を突破する動きだ。

映像の中の風景は「遠景／中景／近景」に分けることができる。近景は人間とその周辺の空間。アニメならばセル画で描かれるものが多い領域だ。中景は建物など近景の外側に広がる空間で、基本的には美術の領域。遠景も美術の領域ではあるが、中景のさらに遠くに広がる「空」や「遠方の山」などで、情報量そのものはあまり多くない空間だ。

モビルスーツは、その大きさや運動の空間からしてカメラで捉えようとすると自然と中景から遠景に属する存在として扱われることになる、しかし『F91』のモビルスーツはそこを越境する。遠景から中景に、中景から近景にと侵入してくる。制作上の効率でいえば、こうした越境がないほうが効率がいい。そうやって安全なカット割りに慣れていると、『F91』冒頭で描かれた「越境」という運動は、モビルスーツの持つ暴力的な側面を露わにするものとして描かれている。

「越境」という運動の徹底と、画面内で動くべきものを徹底的に動かすという徹底と、この二つが組み合わさることで『F91』の冒頭は出来上がっているのである。

通常ならもっと効率のいい表現を選ぶところを、その制限を取っ払うことで「運動の徹底」に挑むという意識は、富野の中で明確だったと思われる。

冒頭のシーンの作画監督を務めた村瀬修功《むらせしゅうこう》は当時、富野との会話や絵コンテを通じて「劇場作品であることを意識した画作りにしたい」という意向を感じたという。また富野からは「アニメのカットを作るのではなく、映画のカットを作ってほしい」とも言われたという。[1] こうした意識が、丁寧に表現されたモブキャラクターなどに表れていると思われている。

富野自身も『逆襲のシャア』に続いて「〝巨大ロボットもの〞なんだけれど、それをちゃんと映画にしなければいけないんだ」という意識のもとで制作したと語っている。[2] 富野自身の『F91』に対する評価は厳しいものだが、少なくともこの冒頭の「越境」へのこだわりは、『ガンダム』の冒頭を一二年後に〝語り直し〞するにあたっては、絶対に必要なものだったのであろう。それぐらいやらなければ、ドラマと視覚的スペクタクルが重なり合う〝映画〞に至ることはできないという意識があったはずだ。

なおこうした混乱状況の中ではあるが、シーブックたち主要人物の逃走方向は、基本的に画面左方向に揃えてあり、観客を戸惑わせることはない。学校の顔見知りたちがそれぞれに逃げながらも、最終的に乗り捨てられたトラックに集まってくる過程は、各キャラクターの動線が集まって一つの「少年少女の脱出行」という太い物語になっていくことが巧みに視覚で表現されている。その点で『F91』の冒頭は「運動の徹底」ではあるが、富野の演出術の根幹はそのままである。

方向性の不統一が生む混沌

これに対し『リーンの翼』第1話「招かれざるもの」（脚本：高山治郎・富野由悠季、絵コンテ：富野由悠季）の冒頭は、「運動の徹底」を目指しているが、まったく異なるアプローチが採用されている。

『リーンの翼』第1話は、三つのシチュエーションが重なって進行する。一つはアメリカ軍のパブッシュ艦隊の造反。空母パブッシュは戦闘機F‐35を発進させ、山口県岩国の米軍基地にコンタクトを試みる。二つめは、主人公エイサップ鈴木のルームメイトである、矢藩《やはん》朗利《ろうり》と金本《かなもと》平次《へいじ》による米軍基地への攻撃。そして三つめが、基地に対するテロへの関与を疑われたエイサップによるバイクでの逃走である。そして、ここにバイストン・ウェルからオーラバトルシップが四艦浮上してくる、という状況が加わる。物語の冒頭でなければ決して許されないような、特殊な状況の重ね技だが、富野はそれを緩急つけつつも、変に整理をせず、混乱を混乱のまま描き出す。

ここで興味深いのは、そうした混乱した状況を描き出すため、富野が方向性の演出を逆手にとってみせているところだ。

例えば米軍基地が襲撃された爆発のカット。ここでは米軍基地とその建物で起きた爆発を金網のフェンス越しに見せ、その風景が素早く右へと流れていく。それはこのカットが自動車で移動している側の視点から撮られているからだ。

カメラを切り返すと、金網の向こうにはバズーカ砲を持った矢藩が、金本の運転する車から身を乗り出している様子が見える。二人の車は画面右方向に向かっているが、彼らはフレームのセンターに置かれており、背景の建物と手前の金網が、左方向へ流れていくことで移動が表現されている。

切り返したときにカメラが金網を〝越境〟している理由がここでわかる。前カットではフェンスが右に流れる画面だったが、このカットではフェンスが左に流れている。映像の持っている運動の方向性が逆になっているのだ。このカット繋ぎからゴツゴツとした印象が生まれる。これがカメラがフィックスで、車が走り抜ける表現だと、運動の方向性が「右」と「右」で同じになって、スムーズに繋がってしまう。

このゴツゴツとしたカット繋ぎが意図的なものであることは、さらに次のカットでわかる。エイサップの母、鈴木敏子がタクシーに乗ろうとしている。タクシーを手前に置き、その奥に敏子がいる。敏子は画面左側へ動いていき、カメラはそれを追う。前カットのフェンスの左への流れと同じ方向かと思わせたところで、敏子を乗せたタクシーは画面右へと走り去る。

ここに続くのは、画面右側にあるドアを開けて左向きの方向性で部屋に入ってくるエイサップだ。エイサップはカット内で向き直り、画面右側へ退場する。次は、それを受けてエイサップが別の部屋に画面左から入ってくるカットとなるが、ここでも着替えたエイサップは同一カット内で、さっき自分が入ってきた画面左側へと出ていく。

このように画面に登場するものが「右向き」「左向き」とめまぐるしく入れ替わる。大きな方向性を統一することで見やすさを心がけることが多い富野演出の中で、『リーンの翼』第1話の冒頭は、方向性をあえて一貫させず混乱を巧みに演出している。

『F91』と比較すると大きく違うのは、『リーンの翼』第1話では、ほとんど「近景」しか登場しないことだ。それはエイサップ自身がこの混乱の中心の一人で、かつこの混乱ではモビルスーツのような巨大ロボットとの相互関係が表現のポイントとして選ばれていないからだ。そのかわり最初に戦闘機が登場し、続けて多数の自動車とバイク、途中からヘリも登場するなど、『リーンの翼』第1話は「乗り物」が多数登場して画面を飾る。『F91』の「運動の徹底」が逃げ惑う人々に依る部分が大きかったのに対し、こちらは運動の主体として乗り物がフィーチャーされているのだ。それは画面の中で動くもののスピード感が異なることにも繋がり、スピード感の印象が前面に出た『リーンの翼』のほうが、より狂騒的で、異様な事態が進行している印象が強まっている。

こうして、めまぐるしく変わる方向性と、画面の中を速いスピードで動く乗り物の多さによって、『リーンの翼』第1話の「運動への徹底」は完成する。

敏子と米軍兵のもとからバイクで逃げ出したエイサップは、右方向への移動を重ねて、海岸沿いの道を進む。パトカーに追いかけられる中、エイサップの眼の前をふいに通り過ぎる謎の鳥の羽。それに導かれるようにしてエイサップは、海のほうへと投げ出されてしまう。その海から現れたのが、巨大なオーラバトルシップ、キントキである。

この巨大な艦船の突然の登場は、本来「遠景」にあるべきものの「近景」への越境とも考えられるが、動線は「画面の左から右」で、画面奥からの動きではない。暴力的な存在として描かれないのは、このキントキの甲板が、エイサップとヒロインである少女リュクス・サコミズの出会いの場となるからだろう。甲板に投げ出されたエイサップは、その舳先にとりついているリュクスに気づき、彼女の靴から、光る翼——リーンの翼——が大きく伸びている様子を目撃する。

この後、海中からさらに後続のオーラバトルシップが浮上し、岩国の海上に四艦のオーラシップが存在することになる。このあたりで冒頭から続いた狂騒的な「運動の徹底」は一段落する。しかし、アメリカ軍、自衛隊、バイストン・ウェルのホウジョウ軍と反乱軍、そこに絡むエイサップたちが、まとまって一つの空間にいるという状況は、混沌であることには変わりはない。「運動の徹底」こそないが、そこからも各勢力にカメラを切り替えつつ、それぞれがそれぞれの思惑で動く状況を見せていく。当然、動きの方向性もあえて統一されず、誰も状況をコントロールできていない混乱の印象はそのまま継続している。

このように『リーンの翼』第1話では、あえて動きの方向性を整えきらないことで、混乱の状況を混乱のままに描き出している。これは『聖戦士ダンバイン』の第1話「聖戦士たち」が、世界観のユニークさや作画の魅力が目に留まる一方で、演出的には「動き」の印象は弱く、むしろ画面は「動かない」印象が強いこととも対照的だ。

人間性へのまなざし――『ブレンパワード』以降

『F91』と『リーンの翼』が「動きの徹底」への挑戦である一方、『ブレンパワード』から『∀ガンダム』にかけて富野の演出はキャラクターの人間臭い側面を、やさしい視線ですくい上げるようになっていく。これをここでは「人間性へのまなざし」と呼ぶことにする。「人間性へのまなざし」を感じさせるシーンは、しばしばユーモアを感じさせるが、決して笑わせるためのものではない。登場人物の人間臭い部分を拾い上げた結果、それが笑いに繋がるだけなのだ。

このような演出は『ガンダム』や『伝説巨神イデオン』の頃にも見つけることはできるが、その段階ではまだ個別の描写の範囲に留まっており、作品の根底に流れているわけではない。この演出が作品のトーンを決定づけるようになるのは『ブレンパワード』以降のことである。

例えば『機動戦士Vガンダム』でも第16話「リーンホース浮上」以降、ウッソたちだけでなく、太陽発電衛星ハイランド出身の子供たちが加わったこともあり、ユーモラスなシーンは増えてくる。またウッソたちが所属するレジスタンス組織リガ・ミリティアの大人たちも、柔らかな雰囲気を持ってはいるが、人間臭さが際立つほどではない。『Vガンダム』は歴代の『ガンダム』シリーズの中でも、頭身が低めで温かみを感じさせるキャラクターデザインを採用しているので、企画スタート時はもっと、人間の魅力にフォーカスした語り口も想定していたのかもしれないが、最終的な作品はシビアな展開となり、そちらの語り口が基調をなすことはなかった。

『ブレンパワード』も、全体としては親子の確執を軸にしたハードな物語ではある。しかし、ユキオ、アカリ、クマゾーという三人の孤児の存在が、そこに風穴をあけている。三人は、主人公・伊佐未勇が身を寄せる国連麾下の実験艦ノヴィス・ノアに乗っており、『ガンダム』におけるカツ、レツ、キッカ的な子供の存在ではあるが、役割は少々違う。カツ、レツ、キッカは——第43話（最終回）「脱出」（脚本：星山博之、絵コンテ：斧谷稔）でニュータイプの片鱗を見せるものの——基本的にホッとする瞬間を作るコメディリリーフの要素が大きい。もちろんユキオ、アカリ、クマゾーにもコメディリリーフという要素はないではないが、もっと物語展開に関わる存在として扱われている。

例えば三人は宇都宮比瑪の乗るブレンパワードと長い付き合いで、ノヴィス・ノアのクルーよりもブレンパワードの世話について詳しかったりする。またクマゾーは、敵対する登場人物二人と偶然にも交流し、彼らの人間的な側面を浮き上がらせる役割を果たした。さらに後半にはノヴィス・ノアに世界の孤児を集める計画が登場するが、それもこの三人がいればこその展開だ。

そんな三人が勇と絡むのが第6話「ダブル・リバイバル」（脚本：富野由悠季・高橋哲子《たかはしてつこ》、絵コンテ：斧谷稔）だ。勇は彼同様オルファンを脱出してきたカナン・ギモスと、ブレンパワードのコックピット前で会話をしている。この二人を見張るのが、アカリとクマゾーである。「カナンていうやつが勇を連れ出そうとしたら断固阻止するんだぞ」「だんこそし！」と言葉を交わす二人。

勇がブレンパワードに乗り込もうとしたと勘違いした二人は、足にしがみついて勇をブレンパワードから降ろそうとする。思わぬ襲撃に困った勇は、カナンに助けを求める。でもカナンはそのほほえましい光景──オルファンにいるリクレイマー同士では絶対にありえないからだ──に笑みをもらしながら「ちょっと助けられないなぁ」と応える。ついには踏み台にしていた脚立が倒れて、アカリとクマゾーは勇の足にぶらさがり、勇はコックピットハッチで股裂き状態になってしまう。

『戦闘メカ　ザブングル』なら、こういうシーンはもっとドタバタした笑いのシーンになり、それを通じてキャラクターの生命力、バイタリティが浮かび上がることになっただろう。『エルガイム』でもおそらくギャグシーンとして演出され、それがキャラクターたちの若さを感じさせるものになったはずだ。これに対し『ブレンパワード』は、そこをあまり笑いに振らず、

「一生懸命なアカリとクマゾー」「そこがノヴィス・ノアらしいところだと知って微笑むカナン」、さらに「それを見守るパイロットのラッセとナンガ」という形で、人間らしい一つの情景として描き出す。人間というものを斜に構えず、おおらかな雰囲気の中で描き出すことで、『ブレンパワード』独特の空気感が生まれている。

『∀ガンダム』のおおらかさ

このおおらかな雰囲気は『∀ガンダム』にも受け継がれた。例えば第1話「月に吠える」（脚本：星山博之、絵コンテ：斧谷稔）で主人公ロランは、溺れた自分を救ってくれたお礼にお辞儀をすると、背負っていたリュックサックの重さで転んでしまう。第3話「祭りの後」（脚本：浅川《あさかわ》美《み》也《や》、絵コンテ：斧谷稔）では、月のディアナ・カウンターの兵士ポゥ・エイジが叱責されて涙をホロリと流す。叱責した上官フィル・アッカマンは、きつい冗談としていったつもりだったので、真に受けたリアクションに戸惑いの表情を浮かべる。第4話「ふるさとの軍人」（脚本：高橋哲子、絵コンテ：西森章）で、ロランが「月出立の時、女王ディアナ・ソレルからキスの挨拶をいただいた」と無邪気に話すと、ディアナ親衛隊のハリー・オードが、ちょっとおもしろくなさそうに「それはよかったな」と返す。いずれのシーンも、その人物の人間味がふとしたところでにじみ出ていて、それが視聴者の口元をついほころばせることに繋がっている。

『∀ガンダム』の語り口──特に序盤──は富野作品にはめずらしいほど、ゆったりとしていて、「運動の徹底」どころか画面のスピード感そのものもかなりゆったりしている。そのおだやかな流れの中で、たっぷりと人の有り様を見せていく。中盤以降も戦闘シーンは増えてくるものの、合間にゆったりとしたシーンが挟まれることには変わりがなく、このような富野作品は『∀ガンダム』以外にない。その点で富野作品が「人間性へのまなざし」を大切にするようになったことが明確にわかる作品であるといえる。

ちなみに「人間性へのまなざし」が作品の基調をなしていく変化について富野自身はどこまで自覚的か、インタビューで質問をしたことがある。富野自身は『ブレンパワード』から『∀ガンダム』にかけて、自身の演出が変わったという印象はないのだという。とすると、作品のそもそものテーマ設定、『ガンダム』離れを意識した脚本チームの存在、さらに『∀ガンダム』においては安田朗によるキャラクター原案などが作用して、富野のそれまであまり使っていなかった演出技法を引き出したということなのかもしれない。

クワトロの人間らしさ──『新訳Zガンダム』

いずれにせよ『ブレンパワード』に端緒が見え、『∀ガンダム』で大きな花を咲かせた「人間性へのまなざし」は、二一世紀に入ってからの富野作品の特徴といえる。二〇〇一年以降の作品で、「人間性へのまなざし」がそこまで目立たないのは『リーンの翼』だけだ。

この「人間性へのまなざし」が作品のトーンに大きく影響したのが映画『機動戦士Zガンダム A New Translation』三部作（以下『新訳Zガンダム』と表記）だ。

『新訳Zガンダム』は、TV放送から二〇年後に公開された総集編映画だ。当時のTVシリーズの映像に、新作カットを加えて構成されている。本作が『A New Translation』（新訳）と銘打たれたのは、TVシリーズのラストでカミーユが精神的に崩壊するという展開を、変更するということを前提にこの劇場版が制作されたからだ。ラストシーンの変更による主題の変化は第10章で検討するが、ここで注目したいのは細部の描写の変化である。

TV版第5話「父と子と…」（脚本：大野《おおの》木寛《ぎひろし》、絵コンテ：杉島邦久）では、連続して母と父を失ったカミーユが、クワトロ・バジーナ（名前を変えたシャア）、エマ・シーン、レコア・ロンドを前に自らの心情を語るシーンがある。TV版ではソファに座ったカミーユが、両親の死と両親が自分に関心を持たなかったことについて激昂する様子が描かれた。またそこでクワトロがシャアの名前を挙げるとカミーユは「一人で組織に対抗したバカな人だ」と論評し、それをクワトロは正面から受け止めたリアクションをする。

これが『新訳Zガンダム』第一作『星を継ぐ者』になると、感情的になったカミーユの肩をクワトロが抱いてなだめたり、その後、消耗したカミーユがレコアに体をあずけたりとスキンシップが増えている。またシャアの名前を挙げるのはエマになっており、カミーユがTV版同様に厳しく論評すると、クワトロはそこにある種の軽みを感じさせるリアクションで応じる。『新訳Zガンダム』でなにより違うのは、その後に新たに付け加えられたシーンだ。会話が終わると、クワトロがエマを食事に誘い、カミーユ以外の三人が席を立つ。エマは先に部屋の外に出るが、クワトロとレコアは、その後に控えた「レコアが地球に降りる計画」の話をしており、すぐ外に出ない。エマが気になって自動ドアをあけて戻ってくると、レコアが部屋の外に出ながら「大尉にお尻を触られていたの」と冗談をいう。エマがそれを「ああ」と受け、クワトロが「違うぞ」と応じる。このクワトロの「違うぞ」のトーンもまた笑わせるでもなく、きわめて普通の軽みを帯びていて、そこにクワトロの人間らしさが滲んでいる。クワトロという人間が確かに生きていて、同時にかっこいいことも伝わってくる。

二枚目のキャラクターに人間味を加えようとすると、得てして二枚目を崩すことで笑いに転化しがちである。しかしここではクワトロの二枚目を崩すことなく、作品にユーモラスな雰囲気を与えている。キャラクターの演技のプランとそれに応えるキャストの演技が嚙み合って、このシーンは成立している。このバランスは『∀ガンダム』のハリーの描写などでも見られたもので、『∀ガンダム』での経験が『新訳Zガンダム』に反映されていることを強く感じさせる。

第二作『恋人たち』では、クワトロ、ブライト・ノア、ヘンケン・ベッケナー、ウォン・リーのメンバーで次の作戦を検討するシーンが新作で描かれた。会議の終わりに、しかつめらしい表情をしているブライトが描かれるが、実はブライトは、クワトロが地上から持ち帰った、地球に残した家族のビデオを見ていたのである。このほほえましいまとめ方はTV版ではありえなかっただろう。

そこに続いてヘンケンが、自分が思いを寄せるエマを自艦ラーディッシュに配属してほしいというくだりが出てくる。それに対し「脈は保証できないんだぞ」というクワトロ。それに対しヘンケンは「脈をつけるのが男の甲斐性ってもんだ。な、いいな」といって去っていく。それを受けてブライトもクワトロも「いいな」とつぶやく。この繰り返される「いいな」も一歩間違うと作為が先立って、コントのようなウケ狙いになりかねないのだが、ここでも演出と演技が、その紙一重の難しさをかわして、ある種のかわいらしさに着地している。

このように『新訳Zガンダム』では、クワトロの人間臭い部分が、TV版よりも強く感じられるようになっている。それはその後のクワトロ（＝シャア）を描く『逆襲のシャア』が、シャアの人間臭い部分、情けない部分に触れていくことを念頭に置いての采配だったのかもしれない。

クワトロの人間臭さが際立つのがやはり『恋人たち』で描かれた、アーガマの食堂でレコアと食事をするシーンだ。

ここで、レコアとクワトロが隣り合って食事をし、レコアがクワトロに牛乳を手渡そうとして、二人の手が触れ合ってしまう様子が描かれる。TV版第32話「謎のモビルスーツ」（脚本：遠藤明吾、絵コンテ：井内秀治《いうちしゅうじ》）では、レコアはそのままそそくさと退席し、クワトロはそこにやってきたカミーユと「人の心に踏み込む資格」について言葉を交わす。この会話がクワトロとレコアの微妙な距離感を示すものになっていた。

『恋人たち』ではカミーユの登場をカットし、残されたクワトロが「力のバランスを考えすぎると思うが、私だって独り身だ」とつぶやく。こうしてクワトロの人間臭さを強調したうえで、その後、レコアとのキスシーンが描かれる。レコアはキスのときにクワトロがサングラスをはずさなかったことで、自分に心を開いていないことを感じ取る。

TV版のこのシーンでは、二人はもっと長い会話を交わし最後にキスをする。この過程でレコアはクワトロが自分に心を開いていないことを確信する。TV版のほうがレコアの言葉にクワトロがいろいろ応じている分だけ、クワトロは心を開いているふりをしているが、それは表層的なもので、レコアに意図的にウソをついているという表現になっている。これに対して『恋人たち』のほうは、人間関係のすれ違いという意味合いが強くなっている。TV版よりも人のありようを肯定的に描き、感情の軋轢を抑えめに描く『新訳Zガンダム』の方向性がこのクワトロの人間臭さに表れている。

動きが彩る人間性——『Gのレコンギスタ』

富野はこうして、一九九〇年代以降も「動きの徹底」と「人間性へのまなざし」といった、作品に合わせた挑戦を通じて演出スタイルの幅を広げてきた。『ガンダム　Gのレコンギスタ』第1話「謎のモビルスーツ」（脚本：富野由悠季、絵コンテ：斧谷稔）は、この二つの挑戦が渾然一体となっている。

『Gのレコンギスタ』第1話は画面上の動きでいうと、「上下方向」の動きがポイントになっている。というのも本作はキャピタル・タワーと呼ばれる宇宙エレベーターが世界観の中心に据えられており、特に第1話は主人公ベルリたちキャピタル・ガード（タワーを守る自衛組織）の候補生たちが、このエレベーターで宇宙実習に赴く、という展開になっているからだ。

ＴＶのフレームは16：9の横長で、上下方向には狭い。もちろんキャピタル・タワーを見せるときは、上下方向へのカメラ移動でその大きさ、宇宙へと繋がる姿を見せているが、ロボット・アクションはそれだけでは対応ができない。そこで富野は被写体の動線を、フレームの対角線上にとり、サブタイトル前のアクションでは右上から左下への運動、後半の戦闘シーンでは左上から右下へ向かう運動を中心とした。これにより動きの方向性を生かした演出を行いつつ、それが上下方向の運動として印象に残るように画面をコントロールしたのだ。方向性の原則を踏まえたうえでの応用ともいえる演出で、『リーンの翼』第1話で、左右の方向性をひっきりなしに入れ替えた手法に通じるところがある。

また「人間性へのまなざし」については、誰か特別な登場人物を際立てるというより、細かな描写のあちこちに人間臭さが垣間見えるのである。

地上を出発したキャピタル・タワーの巨大な〝かご〟（作中ではクラウンと呼ばれる）にカメラが寄っていくと、まずおもちゃの蝶々がヒラヒラしているのが見える。乗客の子供が手に持って遊んでいるのだ。その子供が畳んで並べられた荷物にぶつかってしまう。「向こうに行ってな」とキャピタル・ガードの男が少し強めに子供に声をかけるが、同時に子供が落とした蝶々のおもちゃを拾ってあげている。

そこにムチの音が聞こえるとカメラが切り替わり、候補生たちを前に、ムチを手にしながら教官デレンセン・サマターが話をしている様子が映し出される。ムチを振るわれたのが主人公ベルリ・ゼナムだが、それをかわしたことで「なんでよけたんだ！」とデレンセンに叱責される。それに対し「「常日頃、臨機応変に対応しろ」とは大尉殿の教えであります」とあっけらかんと応えるベルリ。

そのあっけらかんとした笑顔のベルリに、デレンセンは「笑っている場合か」ともう一度、ムチを振るうが、それをひょいとかいくぐってベルリはデレンセンの懐へと飛び込む。

この一連のシーンだが、怖そうに見えるデレンセンもその表情はどちらかといえばコミカルで、ベルリのあっけらかんとした笑顔とあいまって、どこか戯れているような感覚が画面に生まれる。「大尉の教え」と語るベルリの後ろで、さきほど荷物にぶつかった子供が、母親に抱きかかえられ、父親らしい人物に写真に撮られている様子が描かれているというレイアウトも、画面に人間臭さを強く漂わせている。

そうなると恐ろしげに見えたムチも、デレンセンが鬼教官であることを示す小道具というより、「教官が学生相手に基礎知識を問いただす」という動きの少なくなりそうなシーンに、動きを与えるために登場したのではないかと思えてくる。

ベルリが初登場となるこのシーンは、デレンセンとベルリのやりとりに限らず、それぞれのカットに「印象的な動き」があり、それを通じて「人間臭さ」が浮かび上がってくるようになっている。『F91』のように大量のモブキャラクターが動くでもなく、『リーンの翼』のように動きを通じて混乱を描くわけでもないのだが、それでも画面が生き生きと動いている。これは『OVERMAN キングゲイナー』につづいて富野作品に本格参加したキャラクターデザイン・作画チーフの吉田健一の仕事による部分も多いのではないか。吉田は第1話では演出としてクレジットされている。

吉田は『キングゲイナー』第1話の作画監督を担当したときに、演出の笹木信作と話し合い、「富野の絵コンテに描かれた内容は一度全部作画してみる」という姿勢で臨んだという。TVシリーズにしては負担が重すぎる、という制約をとっぱらってみようというものだ。『Gのレコンギスタ』第1話にもそれと通じる、絵コンテに描かれたであろう細かなお芝居を丁寧に拾っている印象がある。

アニメの場合、実写よりも「動いている部分」の印象が強まる。つまり細かなお芝居をさまざまに拾うことがそのままアクションの印象を強めているのである。そして『Gのレコンギスタ』第1話の場合、その動きの多さは、荷物にぶつかる子供も含めたうえで、人間臭さの表現に繋がっているのだ。

候補生たちが背中にランドセル（船外活動用のバックパック）を装着していると、そこにセントフラワー学園の女生徒たちが乱入してくる。候補生の宇宙実習にあわせて、チアリーディングで声援を送るのが、セントフラワー学園の生徒の間で伝わる〝伝統〟なのだ。ここで女生徒たちのチアが、さらに画面を活気づける。

ここには『F91』の脱出行や、『リーンの翼』におけるエイサップの逃走といった、物語を牽引する強い軸はない。そのかわり入れ代わり立ち代わり、印象に残る「動き」をみせるキャラクターたちが登場し画面を彩る。それはミュージシャンがセッションしているようで、前面に出るキャラクターが次々と入れ替わりながら作品を進行させていくのだ。

「運動の徹底」というほど狂騒的ではないかわり、ここでは画面が生き生きしている感覚がずっと継続する。それは登場人物たちがどこか憎めない存在である印象を強めていく。ここでは「人間性へのまなざし」が「運動」を通じて表現されており、一九九〇年代に入って以降の富野の演出が、どんなところを目標としてきたかがうかがえる。

なお「人間性へのまなざし」がここまで印象に残るようになった理由の一つに、主人公キャラクターの性格が変化してきた、ということも考えられる。『ガンダム』のアムロ・レイからはじまる、思春期らしい悩みを抱えた人物の系譜は『ブレンパワード』の伊佐未勇で終わっているのである。その後のロラン・セアック（『∀ガンダム』）、ゲイナー・サンガ（『キングゲイナー』）、エイサップ鈴木（『リーンの翼』）、ベルリ・ゼナム（『Gのレコンギスタ』）は、程度の差はあれど、基本的に斜に構えず、むしろ目の前にあるものを素直に受け取る力に優れている。主人公の性格が変わったことで、登場人物たちの相互の関係も柔らかなものになっていく。それは演出にも影響を与えないわけはないだろう。結果として作品全体が「人間性へのまなざし」を大切にする色合いを帯びることになったとも考えられる。この主人公像の変化も、一九九〇年代末以降の富野作品の重要な要素である。

第10章

失われる言葉と繋ぎとめる身体――『海のトリトン』から『新訳Zガンダム』へ

第9章まで富野のフィルモグラフィーを、演出家と戯作者という観点から振り返った。そこからわかるのは、富野は作品世界を成立させるため、戯作者として巧みに「言葉」を扱っているという点だ。

富野作品の大半は原作のないオリジナル企画でロボットアニメである。そこではロボットが存在してもおかしくない世界観を構築する必要がある。このとき、富野は作品ごとの世界を構築するため、普通名詞を造語するところからスタートした。『機動戦士ガンダム』の場合であればロボットをモビルスーツと呼び、宇宙服についてもパイロットスーツあるいはノーマルスーツと命名した。こうした架空の普通名詞の頂点として、ニュータイプがある。これらの造語をスペースコロニーという現実の世界で提案された――しかし当時としては目新しい――普通名詞と組み合わせることで一つの作品世界を作り上げた。普通名詞を造語することで独自の世界を構築するのは、SFやファンタジーの一つのアプローチだ。日本のアニメの中で『ガンダム』は、こうした手法を本格的に採用した作品といえる。

もちろん過去にも、普通名詞を造語して作品世界を際立てた作品はあった。例えば『マジンガーZ』における「超合金Z」「光子力エネルギー」や『宇宙戦艦ヤマト』における「波動エネルギー／波動エンジン／波動砲」がそれにあたる。ただしこれらの用語は、主に主人公の使うメカの特別性（高性能な理由）や唯一性を付加することが主たる目的で、一九七〇年代半ばぐらいまでは、言葉を使って世界観全体を構築するところまでは至っていない。そこを突破したのが、作中に出てくるロボットを総称する「モビルスーツ」という造語であった。この手法は『ガンダム』以降、富野作品以外でも、さまざまな作品で活用されていく。その点でも『ガンダム』はエポックメイキングな作品であった。

富野作品は固有名詞――キャラクターやメカなどのネーミング――も個性的で、独特のクセがあることで耳に残るものが多い。それが作品に独特の色合いを与えていることは間違いない。ただ固有名詞はまさに〝色合い〟であり、作品の骨格そのものと結びついているのは普通名詞のほうなのである。

「富野ゼリフ」の三類型

印象的な台詞もまた富野作品を構成する重要な〝言葉〟である。富野作品における特徴的な台詞――いわゆる〝富野ゼリフ〟――は、大雑把にいくつかの種類に分けられる。

一つめは『ガンダム』第1話におけるシャアの「認めたくないものだな。自分自身の、若さゆえの過ちというものを」のような、時に〝演劇的〟とたとえられたりする、レトリックを駆使した言い回しの台詞だ。『THE IDEON 発動篇』におけるドバの「ハルルが男だったらという悔しみ、カララが異星人の男に寝取られた悔しみ。この父親の悔しみを、誰がわかってくれるか！」などもこの仲間といえる。

二つめは、とっさのときに出てしまった整っていない台詞。取材のとき、スタッフから聞いたエピソードの一つに、富野のガヤに対するディレクションがある。ガヤとは、そのほか大勢のキャラクターたちの声のこと。アフレコの現場では、その回の出演者が集まって収録を行う。このとき、その状況に合ったちょっとした台詞をアドリブでいう必要がある。戦闘に巻き込まれた人々のガヤをとるとき、「危ない！」とか「助けて」といった〝当たり前〟の台詞があると、富野はＯＫを出さないのだという。要するに、切羽詰まったときにはそんな「普通に状況判断した言葉」は出てこない、ということだ。親の名前なり好きな女の子の名前なりを叫ぶなど、反射的に出てしまう言葉でないとリアリティが生まれないというわけだ。このガヤに求めるリアリティは、『機動戦士ガンダムＦ91』で、級友アーサーの死体を前に主人公シーブック・アノーが「だってよ……アーサーなんだぜ？」と、その死に現実味が感じられないまま、言葉にならない言葉を漏らすシーンと地続きなのである。

三つめは主に戦闘シーンで交わされるダイアローグだ。多くの人が知るとおり、富野作品では戦闘中に敵と味方の間で、しばしば鋭い台詞の応酬が行われる。以前、富野に取材でどうして戦闘中に台詞の応酬を盛り込むのかを聞いたときの答えは第一に、撃ち合い、切り合いをしているだけでは単調になるから、というものだった。つまり台詞の意味よりは、まず視聴者の画面に対する注意を喚起するために人の声を使う、ということだった。そのうえで、縁のない人間同士の戦闘はつまらないから、その台詞を使って濃淡はあれどそこにドラマを盛り付けていくのだという。

戦闘中の台詞での全体のドラマの進行に関わる部分では、脚本段階で脚本家によって書かれた台詞もあるだろう。だがそれも絵コンテで戦闘描写の中にはまるようにアレンジされることで、〝富野ゼリフ〟になっていくのである。

例えば『機動戦士Zガンダム』第49話「生命散って」では、敵キャラクターであるジェリドが主人公カミーユに向かって「カミーユ、貴様は俺の！」と叫んで爆発に巻き込まれ絶命するシーンがある。これは遠藤明吾（現・明範）の脚本では「カミーユ、貴様は俺のすべてを奪った」という内容の台詞だった。[1] しかし台詞後半が絵コンテでカットされた結果、復讐を完遂できない無念さが際立ち、かつ視聴者には「ジェリドはなんといいたかったのだろう」と印象に残る台詞になった。絵コンテは世良邦男がクレジットされているが、先述の富野の演出姿勢からすると、この台詞は富野の修正によるものではないかと考えられる。

この途中で台詞を切るというスタイルは『∀ガンダム』第50話「黄金の秋」（脚本：浅川美也、絵コンテ：斧谷稔・川瀬敏文）における敵将ギム・ギンガナムと主人公ロラン・セアックの戦いのクライマックスでも使われている。ギンガナムが「純粋に戦いを楽しむ者こそ！」と叫ぶと、ロランは「自分を捨てて戦える者には！」と応じる。脚本を確認すると、ギンガナムは「純粋に戦いを楽しめる者こそ勝利を得られるのだ！」と語っており、ロランは「守るものがあるからこそ、自分を捨ててまで戦えるんです、わかって下さい！」と反論している。[2] こちらは台詞が伝える内容よりも、立脚点の違う二人の戦いへの気迫が際立てばいいわけだから、みなまで喋らせる必要はないというわけだ。鋭くこの台詞が叫ばれることで、画面のテンションが上がり、そこが戦いの山場であることが示されるわけである。

名付けられないもの

このように、作品の骨格を構成する普通名詞、作品の前面に出る固有名詞、そしてさまざまな局面で活用される台詞、といった位相の違う言葉を巧みに操作しながら富野作品は出来上がっているのである。だからこそ第8章で確認したとおり、『機動戦士ガンダム　逆襲のシャア』のラストで、眼前で起きた「名付けられぬ光景」が言葉で説明されなかったことの意味は大きい。それは言葉で構築された世界に生じた裂け目だ。そして富野は、その裂け目を作品の重要なところに配置する。

『逆襲のシャア』のラストで描かれた宇宙の虹とそれによる奇跡は、「名付けることができない」という点で『ガンダム』第41話「光る宇宙」の、アムロとララァの精神の交歓シーンの延長線上にあるということは確認した。これは「自我」が「科学技術」を経由して「世界」に触れたが、そこで見えた世界というものは「名付けることができないもの」であったということだ。

『ガンダム』シリーズ以外では、『THE IDEON 発動篇』のラストの、すべての登場人物が死亡したあとの風景もまた「名付けることのできない世界」に登場人物たちがアクセスしたシーンと考えることができる。すべての戦いが終わり、彼らの魂（と思われる姿）が現れる。その空間が、どんな場所なのかは説明されない。おそらく仏教であるならそれは中陰もしくは中有と呼ばれる、死の瞬間から次の世に生まれ変わるまでの時間にあたるのだろうと思われるが、そこを説明する会話はまったく登場しない。

こうして考えると第6章で確認した通り『伝説巨神イデオン』の延長線上で、「自我」と「科学技術」と「世界」の問題を扱おうとした『聖戦士ダンバイン』にも、このような「名付けられない世界」がでてきてもおかしくない。しかし、そうはならなかった。これは「言葉」という観点から考えることもできる。

バイストン・ウェルは、徹頭徹尾言葉でできた世界だ。バイストン・ウェルがどのような構造で出来上がっているのか、一つの神話のようにちゃんとメモの形で設定が用意されている。このようなバイストン・ウェルが地上世界を補完するように存在するのが『ダンバイン』の世界である。そうなると地上世界とバイストン・ウェルの世界の魂の往還は、設定された一つのルールでしかありえず、言葉にすることができない「世界の理に触れた」というようなカタルシスはその中には存在しないことになってしまう。『ダンバイン』がその物語の落としどころを探っているように見えたのは、そもそもこの構造上の制約が大きかったのではないか。逆にいうと『逆襲のシャア』は、現実世界の延長線上にある未来世界だからこそ、〝奇跡〟が顔を見せるという展開が非常に効果的だったともいえる。言葉でできた世界のどこに裂け目を見つけ、「世界の理」を垣間見させることができるか。ここに『ダンバイン』とバイストン・ウェルの探られていない可能性があるように思う。

言葉が失われるとき

名付けようのない世界に触れたとき、言葉が発せられない場合がある一方、まったく異なる状況で言葉が発せられないシーンも富野作品は描いてきた。それは「世界の理」に触れるような前向きな状況ではない。むしろ酷薄な現実に向かい合ったそのとき、ひとは言葉を失わざるをえない。富野は、そのようなシーンをむしろ、戯作者としての主題を確たるものにする『イデオン』以前から描いてきた。

『海のトリトン』の第27話（最終回）「大西洋陽はまた昇る」。トリトンは、ついに宿敵ポセイドン族の本拠へと乗り込み、ポセイドン像を破壊する。しかしそれは、ポセイドン像をエネルギー源として生き残っていた、最後のポセイドン人約一万人の生命を奪ってしまうことでもあった。またポセイドン族がトリトン族を滅ぼしたのは、トリトン族がポセイドン族を虐げてきたことへの報復だった。トリトンが信じた、トリトン族を滅ぼした海の支配者ポセイドンを倒すという正義の戦いは、実は報復の連鎖の中の出来事だったのだ。

　この残酷な真実を知ったトリトンは「違う。みんなポセイドンが悪いんだ」と言うものの、それ以上は意味のある言葉を発することはできない。トリトンは残酷な真実の前に無言のまま立ちすくむしかないのである。その後、作品は「そしてまた少年は旅立つ」というナレーションで締めくくられるが、果たしてトリトンはどこへ向かうことができたのだろう。

　これと似たような状況は『無敵超人ザンボット3』の第23話（最終回）「燃える宇宙」（脚本：五武冬史、絵コンテ：斧谷稔）でも繰り返される。主人公・神勝平たちが戦っていた侵略者ガイゾックの真の姿は、コンピュータードール第8号だった。ドール第8号は、宇宙の平和を破壊しようとする危険な知的生命体を滅ぼすために作られた存在であり、その対象として地球人類を選び攻撃を仕掛けてきたのだった。

　勝平はそこで「そんなことはない！　みんな良い人ばかりだ！」、「俺たちの地球だ！　守らなければいけないんだ！」と反論する。だが視聴者は戦いに巻き込まれた地球の人々が、必死で戦う勝平たち神ファミリーに対しいかに非難の目を向けてきたかも知っている。ドール第8号も「憎しみ合い、嘘を吐き合い、我が儘な考え。まして、仲間同士が殺し合うような生き物が、良いとは言えぬ」「この悪意に満ちた地球に、お前たちの行動をわかってくれる生き物が、一匹でもいると言うのか……？」と言葉を投げかける。

　ドール第8号を破壊した勝平は、敵母艦バンドックとともに地球へと落下していく。薄れゆく意識の中で、勝平は「俺たち……やったよね……ちゃ、ちゃんと戦ったんだよね」「俺たちは、つまらないことなんか、しなかったよな」と戦いの中で死んでいったものたちに呼びかける。しかし、その呼びかけに応えるものはもはやいない。怖さと寒さを感じ体を丸める勝平。

物語は、勝平のもとに町の人々が集まってくるという、その後の希望を感じさせるエピソードを描いて締めくくられる。だが勝平はそこで何か言葉を発するわけではない。勝平はドール第8号の残酷な問いについて、言葉を失った状態なのだ。どういう答えを導き出すかは視聴者の洞察力に委ねられた形で作品は締めくくられる。

明朗快活なアクション作品として知られる『無敵鋼人ダイターン3』もまた残酷な真実を垣間見せた後の沈黙が描かれている。『ダイターン3』は、敵の首領であるドン・ザウサーの正体が、万丈の父でメガノイド（一種のサイボーグ）を作り出した破嵐創造ではないかという可能性を匂わせている。そして同時に、誰よりもメガノイドを憎むヒーロー・万丈自身もメガノイドではないかと思わせる描写も存在している。

これがもし事実であるならこれは間違いなく「残酷な真実」なのだが、本作はそこをあえて明確に描かない。ただ第40話（最終回）「万丈、暁に消ゆ」で、ドン・ザウサーと戦い勝利を収めた万丈は「僕は嫌だ」と意味深な言葉を残して、そこで舞台から退場してしまうのだ。設定的な真実はさておき、ここでは万丈は、明らかにトリトンや勝平と同じように戦いの果てに言葉を失った存在として描かれている。むしろこうして語るべき言葉を失った万丈が描かれたから、視聴者はその向こう側に「残酷な真実」の気配を感じるといってもいい。

カミーユの言葉――現実の途方もなさ

このように富野は『ガンダム』以前から、残酷な現実を前に言葉を失う様子を描いてきた。そして人が言葉を失う様子を描いた一番シビアな作品が『Zガンダム』だといえる。すでに第7章で確認した通り『Zガンダム』は設定的には『ガンダム』の続編だが、『イデオン』『ダンバイン』を経過した結果、物語の目指した方向は大きく異なるものとなった。『Zガンダム』で描かれたのは、地球圏の覇権を巡る三つ巴の内戦だ。主人公カミーユ・ビダンはパイロットとしてこの三つ巴の内戦の中にその身を投じることになる。「ロボットアニメ」としての商品性を担保するためのヒロイックな戦闘は描かれはする。しかし、本作はその背後に「現実認識」をベースにした、組織を利用する野心家の跳梁と組織の都合による合従連衡という、現実そのものの状況が描かれる。そこには「人と人はわかりあえる」といった理想は存在しない。

例えば、第47話「宇宙《そら》の渦」でカミーユは旧ジオン勢力のトップであるハマーン・カーンと戦場で対峙したとき、「お前は生きていてはいけない人間なんだ！　暗黒の世界へ戻れ、ハマーン！」と叫ぶ。その直前、二人はニュータイプの力で互いの心に触れ合う。それは前作でアムロとララァが経験したこととよく似ている。しかしハマーンはその交歓を拒否し、カミーユは、台詞のとおり彼女を、この世界にとっての悪として認識する。このように「現実認識」の物語である『Ζガンダム』では、ニュータイプは「現実認識」はできても、その先のビジョンには到達することはできない。第50話（最終回）「宇宙を駆ける」で描かれた、シロッコとの戦いもその延長線上にある。

シロッコは混沌とした状況を利用して覇権を得ようとした男だった。カミーユは最後にシロッコを倒す。しかし、彼は本当に〝悪〟だったのか。無数にある醜悪な現実の一つに過ぎなかったのではないか。トリトンや勝平は、自分が信じてきた正義について「それが果たして正義だったか」と問われ言葉を失った。自分の正義が相対化されたことで言葉を発することができなくなったのだ。しかしカミーユは、自分の価値を揺るがすような問いを向けられたわけではない。カミーユが倒したのはむしろ凡庸な現実の一つでしかなく、カミーユはその凡庸な悪と刺し違え、精神を崩壊させてしまう。

第7章でも書いた通り『Ζガンダム』は「自我／科学技術／世界」の「世界」の部分に「現実」が挿入される構図で出来上がっている。ニュータイプの洞察力で悪を認識しても、その先に理想や希望といった形で「世界の理」が示されるわけではない。『Ζガンダム』における「世界の理」は「時代とは、現実とはこのようなものである」という形で示されるものなのだ。それはどこにも希望が見つけられない、行き止まりの現実でもある。その現実がカミーユの言葉を奪ったのだ。

カミーユは、コックピットで戦闘中の爆発を見ながら「大きな星が点いたり消えたりしている。あはは、大きい！　彗星かな？　いや、違う……違うな。彗星はもっと、バァーッて動くもんな」と語り、最後は「暑苦しいなぁ、ここ。うーん……出られないのかな？　おーい、出してくださいよ。ねぇ？」と、問われることもなく語る。これもまた言葉を失った一つの姿である。

カテジナの沈黙

富野はその後、『ガンダム』シリーズの中でもう一度、現実の前で言葉が失われる風景を描いている。それが『機動戦士Vガンダム』だ。

『Vガンダム』の放送開始は一九九三年。一九九一年に公開された映画『F91』がTVシリーズを想定した内容だったにもかかわらず、興行が振るわず、改めて仕切り直しをした作品としてスタートした。時代設定は宇宙世紀〇一五三年。最初の『ガンダム』から七四年後、前作の『F91』から三〇年後と、時間をとばすことで、直接的に関わり合わないようになっている。

主人公はカサレリアに住む一三歳の少年ウッソ・エヴィン。宇宙から地球に勝手に戻ってきた不法居住者の息子だが、両親は宇宙に行き、ウッソだけが地球に残されている。しかしこの

『ガンダム』シリーズ最年少という主人公は、言葉を失う主体ではない。言葉を失うことになるのは、ウッソが憧れた年長の女性カテジナ・ルースである。

カテジナは東欧の小都市ウーイッグに住む一七歳。父親は日和見的な商売人で、愛人もいる。母親も男とともに家を出ていってしまったらしい。カテジナにとって自分の家族は、軽蔑の対象でしかなかった。そんな彼女は、自分の中の空虚なものを埋めてくれるものを求めている。

年下で自分を慕っているらしいウッソは、彼女にとってうっとうしくもかわいい存在ではあったが、ウッソのとなりには年齢も近く同じ不法居住者のシャクティがいつもいる。それはカテジナにとっては勘に障ることでもあった。そうした自分の中のイライラに突き動かされるようにカテジナは、ザンスカール帝国の軍人クロノクル・アシャーに身柄を拘束されたことをきっかけに、ザンスカール帝国の軍人として振る舞うようになる。

第10話「鮮烈!シュラク隊」(脚本:富田祐弘、絵コンテ:西森章)の冒頭のナレーションでは「カサレリアに戻ったウッソは、カテジナがクロノクルを好きなんだと感じた。クロノクルもそうなのだ。しかし、ウッソたちのためにスパイになるつもりもあったカテジナは、カサレリアのぬくもりが、嫉妬を感じさせるものだった」と、カテジナがクロノクルと行動をともにする状況を説明する。この、ぬくもりに対する嫉妬がカテジナの孤独を的確に言い表している。

こうしてザンスカール帝国の兵士となったカテジナは、何度もウッソと戦場で対戦する。その戦いは激しく、彼女は悪鬼のごとき戦いぶりを見せる。そして最後の敵としてウッソの前に立ちはだかることになる。

第51話（最終回）「天使たちの昇天」（脚本：園田《そのだ》英樹《ひでき》、絵コンテ：西森章）の最後は、戦いが終わったあとのエピローグが描かれる。ウッソとシャクティはかつて暮らしていたウーイッグの郊外カサレリアに戻り、戦いの中で出会った仲間たちと新たな暮らしを始めていた。そして小雪のちらつく冬のある日、シャクティは、ワッパ（一人乗りホバー）のコンパスが壊れ道に迷った盲目の女性と出会う。

盲目の女性はシャクティに、ウーイッグの方向を尋ねる。この盲目の女性はカテジナだった。だがシャクティは、カテジナに自分がシャクティであることを名乗らない。ただ故障したコンパスを交換してあげるだけである。カテジナのほうも、自分が出会ってしまった相手がシャクティであると気づいたかどうかはわからない。

カテジナが「冬が来ると、わけもなく悲しくなりません？」と声をかけると、シャクティは「そうですね……」と応え、礼をいったカテジナは一人故郷へと向かっていく。

このあとウッソがシャクティのもとにやってくる。しかし、シャクティはカテジナの生存をウッソに告げることをしない。カテジナとウッソを会わせないということは、シャクティが選んだ一つの救いの姿であるかもしれない。また、全編を通じて聖女のポジションにあるシャクティが、悪女カテジナを導いたとも読める。またシャクティは嫉妬からカテジナのことをウッソに告げなかったとも解釈できる。

いずれにせよカテジナとウッソの間には清算されなくてはならないさまざまな思いがあるにもかかわらず、そこに言及されることないまま物語は締めくくられる。カテジナにとって、あまりにも残酷な現実の中に身を投じ、彼女自身も加害者として積極的にその一部になってしまったからだろう。彼女はそれを「わけもなく悲しくなる」としか語ることができないのだ。ここでもやはり言葉は失われている。

こうしてみると『Zガンダム』と『Vガンダム』の間に、語りえない奇跡を描いた『逆襲のシャア』が作られたことは一つの救いであったかのようにも思えてくる。

沈黙から身体へ

残酷な現実で言葉を失ったキャラクターたちは、此岸にその身を留めることができず、しかし彼岸に渡ることもできないまま、さすらうことになる。そんなキャラクターたちを、この世に繋ぎ止めることはできないのか。

富野作品では二作だけ、失われた言葉に対する此岸の側からのアプローチが描かれている。それは身体による接触だ。言葉が失われた世界で、体のぬくもりだけが現実を保証してくれるのである。

一つは『ザンボット3』。怖い、寒いとつぶやく勝平に対し、幼馴染のミチは膝枕をしてあげる。やがて勝平が生還したことを知った町の人や、家族、親戚などが駆けつける。ゆっくりと目を開いていく勝平。あどけない表情から、やがて自分がどこにいるかを理解した顔に変わる。そしてその顔のアップはホワイトアウトして幕となる。語るべき言葉を失った勝平が、どんなことを思うのかは、未来と視聴者に委ねられているが、彼はミチの肌のぬくもりを手がかりに、此岸へと戻ってきたことは間違いない。勝平があどけない表情を一瞬浮かべることからも、このシーンは一種の生まれ直しとして演出されており、ミチはここで第二の母親のような役割を果たしている。

もう一つが映画『機動戦士Zガンダム A New Translation』シリーズの第三作『星の鼓動は愛』（二〇〇六）のラストシーンである。この劇場版『Zガンダム』は、TV『Zガンダム』を三部作の形に再編集したものだ。公開二〇年前に制作された旧作の映像を生かしつつ新作を加えることで映画としてまとめ直されているが、一番大きな変更点はラストでカミーユが精神的に崩壊をしないという点だ。現実認識と、それを超えられなかった少年という物語のゴールを変えてしまったのだ。

同作は新たなラストに向かっていくため、いくつかの布石を打っているが、印象的なのは映像の流れは同じでも台詞を変更することで、シーンの持つ意味を変えたところだ。このあたりも富野の言葉によって作品の根幹をコントロールしようとするスタイルを感じることができる。

まず一つめの大きな変更は第二作『恋人たち』の中盤、ティターンズの強化人間フォウ・ムラサメとカミーユの会話だった。フォウとカミーユは、ニューホンコンで出会い互いにシンパシーとも愛情ともつかない感情を抱いている。そんな二人が戦場で出会い、カミーユはフォウの乗るサイコガンダムのコックピットにとりついて言葉を交わす。

TV版第20話「灼熱の脱出」（脚本：遠藤明吾、絵コンテ：関田修）でカミーユは、フォウに言い残したことがあると、自分の両親が仕事ばかりで、家庭を顧みなかったことに対する思いを語り始める。そして隣の女の子（ファ・ユイリィ）がなにかと世話をやいてくれたが、自分のカミーユという名前を呼ばれるのがいやだったということも明かす。それはカミーユが女性の名前だからだ。そのコンプレックスがあったから男の証明がほしくて、空手もやったしホモアビス（小型飛行機）の大会にも出た、と告白をする。

それに対しフォウは、今でもその名前を好きかと聞く。「好きさ。自分の名前だもの」と応えるカミーユ。そうするとフォウは拳銃を構えカミーユに「お互いの居場所に戻りましょ、ここはあなたには相応しくないわ」と告げる。フォウの名前は、戦災孤児でムラサメ研究所に引き取られ、四番目の被験体となったことにちなんでいる。だから彼女にとってその名前は自分が記憶も持たず、両親もいないことの象徴であり、好きになれるものではない。カミーユの告白を聞いて、フォウは自分たちの生きている世界が違うことを悟り、それぞれの居場所に戻りましょうというのである。

これに対し劇場版『恋人たち』は少し異なる。カミーユが両親への思いを口にするところから始まるのは同じだが、ファに言及しはじめると「うるさい子なんだ」と、ファが口うるさい様子をいろいろと語り始めるのだ。そして「何を話してんだ」と口を噤む。

フォウはその後、「カミーユって名前、今でも好き?」と聞くと、カミーユはそれを肯定する。フォウはカミーユの頭を優しく抱いて「私も好き。カミーユ・ビダン」といい、その直後に拳銃を構え、「お互いの居場所に戻りましょう」と告げる。

劇場版は名前を巡る立ち位置の違いにはまったく触れていない。カミーユは、自分の両親への屈折した思いを語り始めるが、それがお隣さんのファの話になってしまう。その様子を見て、フォウは、カミーユの心の中の深いところにファがいることを悟る。だから最後にカミーユの頭を優しく抱いて踏ん切りをつけると「お互いの居場所に戻りましょう」と告げるのだ。このときの「居場所に戻る」とはつまり「ファのいる世界に戻れ」という意味合いだ。

もう一つは第47話「宇宙《そら》の渦」で、精神的に変調をきたしつつあるカミーユが、宇宙空間でヘルメットのバイザーを開いてしまうシーン。TV版では「ヘンケン艦長やカツを殺した人は、このままにはしませんよ。この決着は付けるんです。そうでしょう?」とエマ・シーンに迫った後「そうでなければこんな宇宙《そら》も、人の住んでいるところも、息苦しくって」といって、ここでバイザーを開けてしまう。

これに対して『星の鼓動は愛』は、ヘンケン艦長などの死に呆然としているエマに対し「ヘンケン艦長やカツやみんなが死んでいったからって、エマさんはまだ生きています!」と活を入れ「生命の限界って僕らが思っている以上に……」といって、バイザーを開ける。カミーユがいう生命とはつまり、身体がここで活動していることだ。だからあえてバイザーを開けるという、普通なら死んでもおかしくないギリギリのことをして生命＝身体の強さを示し、エマに気合をいれたのだ。

こうしてファへの思いと身体への信頼を描写したうえで、カミーユとシロッコのラストの戦いが描かれる。カミーユがZガンダムのウェーブライダー（飛行機状の大気圏突入形態）で、シロッコのジ・Oに突入し、シロッコが絶命するという展開は同じだが、そこからが違う。ゆっくりとジ・Oから離れたZガンダムは、緊張が解けるようにウェーブライダー形態からモビルスーツ形態へと戻っていく。それに合わせて深く息を吐くカミーユ。そばにはファの乗ったモビルスーツ・メタスがいる。さまざまなサブキャラクターの様子を点景で見せた後、二人はコックピットから飛び出して抱き合う。「ファだけは幻覚でもなければ、意識だけの存在でもない。こうやって抱くことができるんだから」。ファが足を大きく広げてカミーユの足に絡めているポーズも含め、ここでは身体性が強調され、それがカミーユを此岸へとしっかりと繋ぎ止めている。フォウとの会話のアレンジ、「精神の変調」から「身体性への信頼」への転換を重ねて、このラストシーンに到達したのである。

ではこの身体性への信頼は、いつ頃から作品に見られるようになり、戯作者・富野にとってどのような意味を持つのか。次の第11章で確認したい。

第11章

『Gのレコンギスタ』への道のり

大転換、大地へ――

戯作者・富野は、「自我／科学技術／世界」という構図を一つの軸として物語世界を展開してきた。この構図は『機動戦士ガンダム』のニュータイプが原型となり、『伝説巨神イデオン』でイデを描くことを通じて明確化された。富野自身が意識的かどうかはわからないが、第7章、第8章で検討したとおり『聖戦士ダンバイン』、『機動戦士Zガンダム』、『機動戦士ガンダム 逆襲のシャア』は、いずれも作中にこの構図を発見することができる。

第5章で引用したとおり富野は登場人物の身の回りの出来事だけでは〝映画〟は成立しない、と考えている。〝映画〟になるには、作品全体を包含する哲学が、映像的なスペクタクルとして提示される必要がある。これを「自我／科学技術／世界」の構図に当てはめると、最後の「世界」に触れる部分が映像スペクタクルとして提示できれば、その作品は立派に〝映画〟たりうる、ということでもある。

物語とは水平方向に織りなされ広がっていくものだ。これに対し、作品を包括する哲学がビジュアルとして表現された「世界」は、その一つ上に存在するレイヤーにあたる。戯作者・富野は水平方向に物語を紡いでいくが、ある瞬間、「科学技術」を介して、ポンッと垂直方向に跳躍し、「世界」に触れる、あるいは触れようとする。この〝跳躍〟こそが作品を〝映画〟にするために必要なことなのだ。

しかし、ある時期から富野は、上部レイヤーへの跳躍を取り入れなくなる。その代わりに水平方向に進む物語の中に「故郷」かそれに相当する土地という要素が入ってくることになる。

戯作者・富野のこの変化は、意図的なものか、必要に迫られてのものなのかはわからない。その二つが重なり合って生まれたものかもしれない。いずれにせよ一九九〇年代に入った『機動戦士ガンダムF91』、『機動戦士Vガンダム』になると、上部レイヤーを目指す跳躍は目立たなくなる。さらにその後富野は、「世界」という上部レイヤーを目指すベクトルとは異なる、新たな向かう先を見つけ出す。それは物語の広がる水平面を下から支える「大地」のレイヤーだ。そこでは「自我」は別の系路を介して、「大地」の存在を再発見するのである。

帰る場所のない物語──一九八〇年代まで

この大転換がいかに起きたかを俯瞰するためには、まず一九八〇年代までの富野作品がいかに「故郷」かそれに相当する土地を欠いていたのかを確認する必要がある。

富野作品の多くは、主人公の空間的な移動を伴う場合が多い。これは一種の〝旅〟と呼ぶことができる。〝旅〟は、富野作品が「主人公たちが大きな船に乗って動き回る」という設定をよく採用している以上、必然的な展開ともいえる。

「大きな船」は、旧来のロボットアニメなら〝基地〟として設定されていたはずのものだ。この〝基地〟を〝母艦〟、つまり「移動する基地」と再定義し直したのが「大きな船」の本質だ。大きな船を舞台にすることで、主人公たちの生活空間については毎回同じ船内の風景を使い回し省力化し、バトルなどの舞台になる外の風景は各話ごとに変化をつけられるというメリットがある。ある時期までの富野作品の主人公たちは、この制作上の効率の良さも含めて選択された〝旅〟＝水平移動を生きながら、上部レイヤーの「世界」へと開かれる糸口を探している——というふうにまとめることもできるだろう。

ここで念頭に置いておきたいのが「行きて帰りし物語」の構造だ。ジョーゼフ・キャンベルが『千の顔をもつ英雄』などで分析したとおり、多くの神話が「行きて帰りし物語」の構造を持つということは広く知られている。この構造は、主人公が何者かの召命を受け異世界への冒険の旅立ちに出ることから始まる。主人公は、さまざまな試練を乗り越えその結果として、かけがえのない宝やパートナーを得ることになる。そして主人公は、自らが得たものを持って現実世界に帰還する。このような内容を持つ「出立→イニシエーション→帰還」という構造は、意識的か無意識的かを問わず、さまざまな物語の中に発見することができる。「行きて帰りし物語」は神話に端を発し、現在は一つのストーリーテリングの形として広く浸透しているものだ。

「行きて帰りし物語」の構造をおさらいしたのは、富野作品がそうはなっていないことを確認するためだ。富野作品は登場人物たちの〝旅〟、水平方向への移動を描きながら「行きて帰りし物語」という形にはなっていない。それはそこに出立の基盤であり、帰還する先である「故郷」を欠いているからだ。この「行きて帰りし物語」からの逸脱が、（例外を含みつつ）一九八

○年代までの富野作品の一つの特徴といえる。

故郷の喪失――『海のトリトン』

本格的監督第一作となる『海のトリトン』は、ポセイドン族に滅ぼされたトリトン族の生き残りの少年トリトンが主人公。人間に育てられたトリトンは、自分の出自を知り、海の支配者ポセイドンを倒すため、育った漁村を旅立つ。そしてその過程で、同じトリトン族の少女ピピとも合流する。こうした要素は「行きて帰りし物語」と重なる部分も多い。

しかし、最終回である第27話「大西洋陽はまた昇る」の締めくくりはそうはならない。ついにポセイドンの本拠に着いたトリトンは、ポセイドン像を倒す。そこでトリトンは残酷な真実を知る。ポセイドン族はかつて、トリトン族に虐げられていた存在だったのだ。だからポセイドン族がトリトン族を滅ぼしたのだ。そしてトリトンがポセイドン像を破壊した結果、そのエネルギーで生き延びていた最後のポセイドン族の人々はみな息絶えてしまった。正義だと信じていた戦いが、憎しみの連鎖の鎖の一つでしかなかった虚しさ。

トリトンは、最後にどこへともなく旅立っていく。生まれ育った漁村はもとより故郷ではなく、もはやそこに戻ることはできない。同時にこの海のどこにも、トリトン族の住まう場所は存在しない。戦いの旅を終えたトリトンには「行きて帰りし物語」における「帰るべき故郷」

がないのである。

このラストは、手塚治虫の原作漫画が用意したトリトン族の設定と、富野が思いついたどんでん返しのアイデアが組み合わさった偶然の結果ということができる。しかし、ここにはその後、富野作品でしばしば描かれることになる漂泊者の原型がある。

漂泊者たち――『イデオン』『ダイターン3』

故郷の存在が薄く、漂泊そのものが主題となった作品が『伝説巨神イデオン』である。『イデオン』は、当初のタイトル案が「スペースランナウェイイデオン」であり、このの言葉がCM前後のアイキャッチで繰り返し叫ばれたことに明確に示されているとおり、主人公たちが広い宇宙を逃亡し続ける物語である。

物語は、植民星ソロ星で人類が、異星人バッフ・クランと不幸なファーストコンタクトを果たすところから始まる。ソロ星はまだ入植が始まってから年月が浅く、主人公ユウキ・コスモたちにとって「故郷」と呼べるほどの存在ではない。一方でソロ星を脱出した人々は、地球の位置をバッフ・クランに知られてはいけないという逡巡の果てに、やむを得ない理由で地球近くまで帰還することになる。しかし、彼らは地球側からは受け入れを拒否される。こうして一方的な故郷の喪失を越えて、物語は一気に終幕へと進んでいく。『イデオン』は作中に「故郷」と呼びうる場所の存在が希薄で、コスモたちはあてのない漂泊を通じ、イデの手のひらで踊っていることを自覚していく。

この「故郷の不在」という主題を少しひねると『無敵鋼人ダイターン3』になる。主人公・破嵐万丈は人類を守るため、メガノイド（一種のサイボーグ）と戦う都会的な二枚目。『007』シリーズのジェームズ・ボンドを意識したようなキャラクターで、こういうタイプのキャラクターにおいてそもそも「故郷」が重要な役割を果たすことはあまりない。

しかし、万丈にとって重要な土地は存在する。それは火星だ。万丈の父、破嵐創造博士はメガノイドを作り出し、その開発の場所として火星を選んだ。しかし万丈はその父を否定し火星を脱出、メガノイドの野望を打ち砕くために戦い始めた。万丈にとって火星は自らの業の根源、〝宿命〟の場所ではあるが、故郷とは呼べない。だから最終回である第40話「万丈、暁に消ゆ」の決戦の舞台が、火星になるのは必然だった。

では万丈にとって地球は彼の「故郷」たりえたのだろうか。確かに彼はメガノイドの手から地球を守るため戦った。彼の信頼する仲間もまた地球の人間だ。しかし火星で最後の戦いが終わったあと、万丈は仲間たちのところへ戻ってこない。それぞれの人生に戻るため仲間たちは万丈邸を去り、屋敷は無人となる。ここは仲間たちにとって、仮初《かりそめ》の場所だったのだ。ラストシーン、朝日が昇る中、屋敷の一室に灯りが点く。万丈は帰還したのか。帰還したとしても、無人のそこは「故郷」ではないだろう。サブタイトルが暗示する通り、万丈は何処へともなく去ったのである。故郷を持たない人間は、どこにも帰ることはできないのだ。

例外としての『ザンボット3』

富野作品の中でもっとも「行きて帰りし物語」の構造が効果的に使われているのは『無敵超人ザンボット3』だ。例外的な一作といってもいい。

同作の主人公・神勝平はある港町に暮らす中学生。ライバルの香月とバイクで争ったり喧嘩したりする毎日を過ごしている。アキとミチは、そんな二人を心配しながらも見守っている女生徒だ。勝平は一族の先祖が海中に隠した、巨大ロボット・ザンボット3のパイロットとなり、異星人ガイゾックと戦うことになる。しかしその戦いは、地域の住民を巻き込むことにもなり、被災した香月やアキ、ミチ、そのほかの住民から責められたりもする。

ガイゾックとの最終決戦は、宇宙で行われる。勝平たち神ファミリー——彼らは遠い昔にガイゾックから逃げて地球にやってきた宇宙人の子孫である——は、女性と子供を地球へ脱出させ、男だけで決戦に挑む。戦いの果てに勝平はガイゾックの前に立つ。その正体は、「邪悪な生命の抹殺」を命じられたコンピュータードール第8号だった。「人類は邪悪ではないのか」「邪悪な「この地球にお前たちの犠牲的行為を理解する人間がいるのか」。ドール第8号のこうした問いかけを抱え、ただ一人生き残った勝平は地球へと帰還する。

富野は本作の狙いについて「乳離れ[1]」と話したという。ガイゾックとの戦いという〝旅〟は、勝平にとって自分たちを拒否する社会とのコンフリクトを実感する体験でもあった。このような試練の旅の最後に待ち受けていたのが、ドール第8号の問いかけだった。このイニシエーションを経て、勝平は乳離れをすることになる。

ラストで勝平が帰還したのは、地元のアキやミチとの思い出の入り江。「故郷」を象徴する空間として、これ以上の場所はない。いち早く勝平の帰還に気がついたミチと香月に見守られ、気絶していた勝平はゆっくり目を開いていく。それは「生まれ直し」を思わせる描写で、「行きて帰りし物語」の見事な結末だ。

『ガンダム』シリーズの子供たち

この『ザンボット3』のラストシーンの延長線上にあるのが『ガンダム』だ。しかし『ガンダム』は、「行きて帰りし物語」の構造からズレている。

すでに詳細に読み解いた通り『ガンダム』は、アムロが、さまざまな人と出会い試練をくぐり抜け、人間的に成長し同時にニュータイプとして覚醒していくという内容で、これは『ザンボット3』と同様に、出立とイニシエーションの構図で出来ている。

このイニシエーションの中に、第13話「再会、母よ…」（脚本：星山博之、絵コンテ：藤原良二）というアムロの〝乳離れ〟のエピソードが組み込まれている。アムロは一〇年ほど前に、地球の生まれ故郷を後にして、父テムとともにスペースコロニー・サイド7に移り住んでいる。そのアムロが、地球の故郷に立ち寄り、子供時代に別れたきりだった母親カマリアと再会を果たす。しかしアムロと母カマリアの間のギャップは大きく、二人は互いに喪失感を抱えて別れることになる。

その後、アムロは第1話「ガンダム大地に立つ‼」で生死不明になった父テムとも、第33話「コンスコン強襲」（脚本：山本優、絵コンテ：斧谷稔）、第34話「宿命の出会い」（脚本：星山博之、絵コンテ：藤原良二）で再会し、ここでも精神的な親離れを体験することになる。

では、このようなイニシエーションを経て、アムロはどこにたどり着いたのか。物語の開始地点であるサイド7は、アムロの故郷たりえる場所ではなかった。そして生まれ故郷は母とともに消え去った。イニシエーションを経てアムロは帰る場所のない漂泊者となったのである。だからアムロが最後に「帰れる場所」と呼んで向かうのは、自分とともにホワイトベースで苦楽をともにした仲間のもとなのである。

このようにアムロは、出立しイニシエーションを経るが、その過程で帰るべき故郷を喪失したため、「帰還」をすることがない。限りなく「行きて帰りし物語」に近い要素で構成されながら、アムロは帰還することがないキャラクターなのだ。

『ガンダム』のこの構造を踏まえると、『Zガンダム』のカミーユの成り行きも帰還することのない「行きて帰りし物語」の変奏であることがわかる。

主人公カミーユ・ビダンは、生活の場であるコロニーから出立し（第2話のサブタイトルは「旅立ち」である）、物語序盤で両親を失ってしまう。もはや戻るべき場所を持たないカミーユは、地球圏の複雑な内戦の中を戦うという試練を生きたが、酷薄な現実の中で、彼はアムロのように帰る場所を見つけることはできなかった。最後の戦いで精神的に崩壊したカミーユを、幼馴染のファが連れて母艦アーガマに戻る。だが母艦アーガマは、カミーユにとって決して故郷ではない。

「出立」と「試練」はあっても帰還する先を持たないことが悲劇になるのは『逆襲のシャア』も同様だ。実質的主人公であるクェス・パラヤは、家族に対する苛立ちが根底にあるキャラクター。最初に行動をともにしたアムロ・レイとハサウェイ・ノアは「あの人たちとは偶然知り合っただけ」（クェスの台詞）。その結果、帰るところのない精神的孤児はネオ・ジオンの総帥であるシャア・アズナブルを、精神的支えとして選ぶ。しかしシャアにとっては、クェスは〝使える兵士〟でしかない。その結果、彼女はそうとは知らずに実父を殺し、本当に孤児になってしまう。こうして帰る場所を最初から持たず、それを作ることもできないクェスの物語もまた、悲劇に終わらざるをえないのである。

あれども見えない故郷――『エルガイム』

このような「行きて帰りし物語」からの逸脱の最も際立った例が『重戦機エルガイム』だ。『エルガイム』が奇妙なのは「故郷」は存在しているにもかかわらず、画面上に映像として明確に描かれることがなく、登場しても「故郷」を象徴するような映像的説得力もないというところにある。そのため物語全体が、「行きて帰りし物語」の構造をとろうとしているにもかかわらず、全編を見終えると、漂泊者の物語という印象のほうが上回ってしまうのだ。

『エルガイム』の舞台は、不老不死の肉体を持つ絶対的指導者オルドナ・ポセイダルが支配するペンタゴナワールド。ペンタゴナワールドは、二重太陽とその周囲を巡る五つの惑星で構成される。惑星コアムの片田舎に住んでいた若者ダバ・マイロードは、親友のミラウー・キャオを伴って故郷を旅立つ。旅の目的は行方不明の義妹クワサン・オリビーを探すこと。やがてダバは、自分がポセイダルに滅ぼされたヤーマン族のカモン王朝の正統な後継者であることを表明し、反ポセイダル勢力の旗頭になっていく。

すでに確認した通り『エルガイム』は、渡邉由自がシリーズ構成を担当しているという、富野作品では珍しい作品だ。『エルガイム』は貴種流離譚であり、ヒーローが故郷を出立し、人々に自由を、自分にとって大切なものを取り戻していく、という構図の物語になっている。

ダバが求めるクワサン・オリビーは義妹であると同時に婚約者であるので、そこも「行きて帰りし物語」の構図にちゃんと当てはまる。これはしばしば『トリトン』の構図とも似ていると指摘されることもある。

しかし、なぜ漂泊者の物語という印象が強く残るのか。それは作劇上重要な場所であるダバの故郷、コアムの片田舎がほとんど描かれないという点にある。例えば第1話「ドリーマーズ」（脚本：渡邉由自、絵コンテ：斧谷稔）は、すでに村を後にしたところから物語が始まっている。そのためダバを育てた養父ハッサーも、その故郷の風景も一切出てこない。

第13話「コンタクト」（脚本：渡邉由自、絵コンテ：川手《かわて》浩次《こうじ》）には、ダバの回想で養父ハッサーとのやりとりを描くシーンがあるが、そこに出てくるコアムの田舎の風景は、説明の範囲に留まっている描写で、象徴性に欠ける。そのため「故郷」の印象を深く与えるような表現にはなっていない。また第22話「クワサン・オリビー」（脚本：渡邉由自、絵コンテ：今川泰宏）などで、ポセイダルに禁止されたコアムの歌が歌われるシーンもあり、コアムの固有の風土を感じさせようという努力もあるが、それも全編を通じて回数が少なく、そこまで効果を発揮はしていない。

やがてダバはクワサン・オリビーと再会を果たす。しかし、彼女はバイオリレーションという技術の影響で、ポセイダルによって一種の洗脳を受けた状態になっていた。最終的にダバたちはポセイダルを倒すが、結果としてクワサンの精神は崩壊してしまう。最終回「ドリーマーズアゲン」（脚本：渡邉由自、絵コンテ：杉島邦久）は新たな国家の再建が進む中、仲間に別れを告げたダバが、クワサンとともに故郷コアムへと戻っていくところで終わる。こちらも旅立つダバを見送る仲間たちの様子が描かれるだけで、コアムの風景はまったく描かれない。

このように「行きて帰りし物語」の構造からすれば、「コアムの片田舎」は出立の場所であり、最後にダバやクワサンを抱きとめ、癒すかもしれない空間であるはずなのだが、そうした映像は一切出てこない。

渡邉が提案した初期のアイデアでは、物語序盤の第8話「ヤーマン・クラン」あたりに相当するエピソードから物語を始める予定だったが、富野のリクエストで、序盤の手形をめぐるエピソードをあとから付け加えたものだという。[2] その点で渡邉も本作が「行きて帰りし物語」のつもりはなかったのだろう。

いずれにせよ故郷の様子を映像で見せない演出が〝徹底〟されたことで、『エルガイム』は「行きて帰りし物語」と重なる要素を持ちつつも、そこから逸脱した不思議なまとまりの作品となっている。

運動を主題とする作品――『ザブングル』『キングゲイナー』『ZZ』

もちろん「行きて帰りし物語」から逸脱した作品ばかりではなく、そもそも物語の構造が異なる、例外的作品もある。『戦闘メカ ザブングル』などは、「故郷なんか最初から知らないよ」といわんばかりのパワフルさが身上の作品だ。『ザブングル』において「故郷」はそもそも最初から取り上げられておらず、ドラマ内でも触れられない。パワフルなキャラクターたちが、その力にまかせて生きていく運動そのものが作品の見所で、それは最終回である第50話のサブタイトルが「みんな走れ！」であることに象徴される。故郷などに縛られず、どんどん運動し続けて遠くを目指していくことこそ『ザブングル』という作品の本分といえる。

この運動そのものが主題といえば、一九九〇年代以降の作品になるが、『OVERMAN キングゲイナー』にも通じるものだ。『キングゲイナー』は、居住地として定められたシベリアから「エクソダス」（脱出）して、豊饒の大地ヤーパンを目指すという物語だが、最終回「ゲインオーバー」でもヤーパンには到着しない。これは『キングゲイナー』が「エクソダス」という運動そのものを描いた作品だからだ。

また『Zガンダム』と『逆襲のシャア』の間に挟まれた『機動戦士ガンダムZZ』は、故郷であるスペースコロニー・シャングリラを「出立」はするが、主人公ジュドー・アーシタの根本的な動機は、敵のネオ・ジオンに連れさられ、その後行方不明になった妹リィナとの再会であり、試練・イニシエーションを描くという部分に力は置かれていない。むしろ彼がさまざまな難関を突破していく様子を、エンターテインメントとして示そうとした作品だ。

このように例外はありながらも、一九八〇年代までの富野作品における「故郷」の存在の薄さは一貫しているといわざるをえない。

「根無し草」の限界――『ダンバイン』で生まれた自覚

富野は自らの中に〝故郷〟やそれにまつわる〝風土〟がないと語っている。『「ガンダム」の家族論』にはこのように記している。

父と母がずっと言っていたのは、『私たちは小田原に寄留している』ということだった。（略）その態度は僕の中に徹底的に刷り込まれた。（略）〝地つき〟と呼ばれる、土地に根ざした感覚は生まれることはなかった。[3]

富野が少年から青年へと育っていく一九五〇年代は、高度成長期前半で、人々の生活が近代化、合理化が進んでいく過程でもあった。富野は当時の記憶として、若衆宿の名残である青年団が集まっていた小屋がなくなったこと、屋台を引き回していた祭りがなくなったこと、神社が道路の開発で丘陵の上から道路脇へと動いたことなどを語っている。

思い起こせば、僕が高校生になったころから、急に地元の年上の人たちがいなくなっ

> たのだけれど、あれはみんな就職して東京に出て行って働き始めたからだった。
> ただ、こうした変化を肌で感じつつも、それが小田原という土地の風土と自分がことごとく断絶していることを意味するのだとわかったのは、しばらく後のこと。
> （略）それでも二十代は、風土などと無縁の都会人として生きていけるのではないかと思ったりもしたが、子供を持ってからは、都会人というより、自分が単なる根無し草だということを実感した。[4]

この「根無し草」の感覚が、さまざまな作品において「故郷」の描写が薄いことに反映されているのではないか。むしろ「故郷」に背を向け帰還しないこと——そこには概念としての親も含まれるだろう——ことこそ、イニシエーションであるという発想が、一九八〇年代までの富野作品を貫いているということができる。

これは『聖戦士ダンバイン』についても同様だ。『ダンバイン』は、ショウ・ザマという青年が異世界バイストン・ウェルへと召喚され、オーラバトラー・ダンバインのパイロットとなる物語だ。当時としては珍しい中世ヨーロッパ風の異世界が舞台である。

その中でも第16話「東京上空」（脚本：渡邉由自、絵コンテ：関田修）、第17話「地上人たち」（脚本：同上、絵コンテ：菊池一仁）、第18話「閃光のガラリア」（脚本：同上、絵コンテ：井内秀治）は、シリーズの方向を決定づけたエピソードとして知られる。ここでショウは、敵パイロットと戦闘中に、オーラロードを通って地上へと戻ってしまうのである。ショウは、吉祥寺郊外という設定の自宅の前にダンバインとともに出現する。ショウの父は、政府に関わる仕事をしており、母はメディアにもよく登場する教育評論家。二人は、ショウが異世界から戻ったという事実を受け入れず、ショウのことを宇宙人呼ばわりする。

　両親から受け入れてもらえなかったショウは、ショックを受けながらも最終的にはあえて「宇宙人」を自称し、両親と別れる。

　富野は二〇二三年に『ダンバイン』の最後の幕引きについて、以下のように発言している。富野は、過去作のインタビュー前に当時のムックなどを再読することはあっても、作品そのものを見直すことはほとんどない。この発言は珍しく『ダンバイン』全話を見直した後でのものだ。

『ダンバイン』のラストは、ショウが「その怨念を殺す！」と叫んでライバルのバーン・バニングスと刺し違える。ショウは重ねて、味方である女王シーラ・ラパーナに「浄化を！」と呼びかける。シーラはその声に応え、地上に現れたバイストン・ウェルに関するものをすべて――ショウも含め――消し去るのだった。企画書の段階のあらすじでは、ショウはバイストン・ウェルから地上へと帰還するときに力尽き死んでしまうというラストが想定されていたので、まったく異なる形でのラストとなっている。[5]

――ショウとバーンの刺し違えは、どの段階で思いついたのでしょうか？

富野　基本的に子供の立場で考えていくと、両親に絶望した時に、もう故郷に帰りたくない、と考えるでしょう。ショウとしては、ここで刺し違えてコモン界（引用者注：バイストン・ウェルの中でも地上界の人間によく似た人々が暮らす世界）に戻れるならという願望があったんだろうと思います。あれは一種の親に対する拒否権なんです。ただ同時にそれを観客に気取られたくもなかった。だから台詞としては、「その怨念を殺す」という言葉だけに止めてるわけです。そこは富野さん上手くやりやがったなと思います。幸せに育てられた子供ばかりでなく、そういう子供にとってのバイストン・ウェルでもあるわけで、そこは親たちがちゃんとわかって向き合えよ、と思っていたところです。[6]

富野の答えで興味深いのは、物語の幕引きについてライバルキャラとの因縁の決着よりも、ショウが親の生きている地上世界に戻ることを選ばなかった、ということを重視している点だ。このショウの心理は制作時に考えていた可能性もある。が、インタビューのタイミングや過去のインタビューの内容と照らし合わせると、むしろ制作から四〇年を経て富野が過去の戯作を自分なりに読解した評と考えたほうが自然であろう。ここで大事なのは四〇年後に、『ダンバイン』を改めて、「故郷の喪失」と「故郷に帰還しない物語」として読解した富野の視線だ。むしろそこに富野の中に一貫したものがあることが感じられる。ちなみにこのようなラストなので『ダンバイン』もまた「行きて帰りし物語」のようでありながら、そこから逸脱した物語として成立している。

　ショウの親子関係という個人の物語を、富野がしばしばいうところの〝私小説的〟なものに止めないために、「世界」を希求するジャンプが必要となる。『ダンバイン』の場合は、それがバイストン・ウェルの存在にあたる。バイストン・ウェルという世界があることで、ショウの自我を巡る物語が、「おとぎ話」のような「バイストン・ウェルの物語」へとくるまれていくのである。

　一方で『ダンバイン』が重要なのは、先述した富野の「根無し草」であることが、単に個人のスタンスだけにとどまらず、ある種の弱点でもあることを自覚させた点にある。

　富野はショウの両親の設定やショウの実家の設定がどのように決まったかについてこう語っている。


　そこはよく覚えてない。初めからあの形で固まっていたわけではないような気がするけど、それにしてはちゃんとハマっているんですよ。あとショウについては自宅が吉祥寺という設定なんだけれど、そこに違和感はずっとあるんです。直感的なものでもあるけれど、モトクロスのレーサーを目指すような子は、吉祥寺の子ではないような気がする。そこにミスマッチがあったんじゃないか、と今回、感じました。地方で育った人間を想定すればまた違ったキャラクターになったんじゃないかと思っています。[7]

富野は『ダンバイン』をベースに自ら『オーラバトラー戦記』という小説を執筆している。そこでは主人公はショウではなく、ジョク（城毅《じょうたけし》）という別の主人公になっている。これもまた、ショウに欠けていたものを補おうとした結果だった。

ただジョクはジョクで反省があって。ジョクは「城」という名字を選んだことからもわかるとおり、最初は沖縄出身という要素を入れようと考えたんです。お話しした通り地方出身者のほうがいいだろうという直感があったので。でも実際に書き始めてみると、小田原と練馬区ぐらいの狭い世界しか知らない自分には、地方人のメンタリティがわからない、ということに直面したんです。だから作中では沖縄出身という設定は特には描きませんでした。[8]

富野が『ダンバイン』の主人公に、風土を感じさせる要素を取り込もうとしたのは、やはり作品固有の要請が大きかったと考えられる。バイストン・ウェルという非常に個性的な異世界を背景にしたとき、登場人物それぞれに、人種や出身国の国柄、生まれ育った土地の気風などが見えないと、異世界の風景に登場人物が負けて見えてしまうからだ。また現代が舞台という点から、人種や文化がある程度混淆した遠未来を舞台とした『ガンダム』や『イデオン』などでは出来なかったことへの挑戦でもある。

この挑戦で富野は自分の中に「風土」というものが欠けていることを自覚したのではないか。この自覚こそが一九九〇年代に入り、作中に「故郷」が登場するようになる遠因であろう。

九〇年代の模索――『F91』

富野は「世界」を目指して跳躍するという方法論で『逆襲のシャア』まで作品を作り続けることになった。そしてその後も、仕切り直しをしてまた新たな『ガンダム』シリーズを制作することを求められる。映画『機動戦士ガンダムF91』がそれにあたる。

『F91』は当初想定されていた物語の冒頭部分だけを映画化したものなので、最終的にどういうプランニングだったのかは不明だが、映画の中においては、ニュータイプをベースとする「世界」にまつわる描写が（ほぼ）登場しないという特徴がある。ニュータイプという言葉も「パイロット特性のある人」（作中におけるシーブックの台詞）程度の意味で使われ、描写も基本的にはその範囲に留まっている。

一つはニュータイプで一度、「世界」に触れるアムロとララァを描いてしまった以上、同じことはできない、という事情はあっただろう。『Zガンダム』で、精神の合一を行う「ギャザー・スタイム」のアイデアを採用しなかったのも、ニュータイプを前提にさらに似たような跳躍を盛り込もうとすると、「屋上屋を重ねる」ことになりかねないからだろう。つまり『ガンダム』ではあるが、過去作と同じ跳躍を加えることはできない、という縛りの中で制作されたのが『F91』と考えることができる。

こうしてみると『F91』は「故郷」をめぐる物語ではなく、それを〝映画〟へと昇華する跳躍もなく、極めて過渡的な作品であったことが見えてくる。逆に『F91』は二組の親子のドラマを組み合わせた地に足のついたドラマとしての魅力はあり、そこを愛するファンも多い。しかし、富野の自己採点が「映画って凄いなと改めて思ったのは、映画でないものは拒否する。（略）だから『F91』は徹底的につまらなかった[9]」と低いのは、映画に必要な何かが欠けているという自覚があるからだろう。

大きな転機――『Vガンダム』

では、上部レイヤー「世界」への跳躍なしに、作品を映画たらしめるものを見つけることはできないのか。そこを探っていくのが『機動戦士Vガンダム』であった。『Vガンダム』が大きな転機なのは、本作は『ザンボット3』以来久しぶりに「故郷」と呼べる風景がちゃんと描かれた作品だからである。

『Vガンダム』は宇宙世紀〇一五三年。最初の『機動戦士ガンダム』の時代から八〇年近くが経過し、前作『F91』からも三〇年が経過している。これは過去のシリーズの主要登場人物が絡まないようにして、作品を独立したものにするための配慮という側面が大きいだろう。本作は、東欧の都市ウーイッグ（現実のプラハに相当）郊外にあるカサレリアという土地から始まり、カサレリアに戻ってきて終わるのである。

『Vガンダム』は、スペースコロニーのサイド2に誕生したザンスカール帝国が、周辺のコロニーを制圧し、地球侵攻を始めている、という状況から始まる。カサレリアは宇宙から地球に勝手に帰った不法移住者が自活をしている地域で、主人公ウッソ・エヴィンは、ここに少女シャクティ・カリンとともに暮らしている。ウッソの両親は、反ザンスカール帝国活動のためウッソを置いて、宇宙へ旅立ったまま、行方不明である。

カサレリアには半円状の大きな崖があり、それにより土地の〝顔つき〟がはっきりと印象に残るように演出されている。やがてウッソたちは、反ザンスカール活動を行う市民軍リガ・ミリティアに合流し、長い〝旅〟に出ることになる。しかしその間も、カサレリアの存在感は薄れない。

やむをえずウッソとともにカサレリアを離れたシャクティだが、その後もカサレリアに戻ろうとする。また第11話「シュラク隊の防壁」（脚本：桶谷顕《おけやあきら》、絵コンテ：加瀬充子）では、戦闘中に森の中で一心にヤナギランの種を植えようともする。ヤナギランは、離れ離れになった親へのメッセージのために「自分がここにいるという目印」として、カサレリアで植えていた花である。

また第15話「スペースダスト」（脚本：神戸《ごうど》一彦《かずひこ》、絵コンテ：西森章）では、宇宙に出たウッソが遭難した敵兵と偶然出会う様子が描かれる。ここで殺気立った兵士ゴッドワルドに対し、ウッソは酸素ボンベを手渡す。その好意を拒否されるとウッソは「カサレリアでは……僕の故郷では、旅人や困った人にはいつもこうするんです」と応える。やがて和解したゴッドワルドにウッソは、「カサレリア」という言葉が「南太平洋の言葉で「こんにちは、さよなら」っていう意味です」と説明する。そしてふたりは「カサレリア」と挨拶を交わして別れる。

ザンスカール帝国とリガ・ミリティアの戦いに巻き込まれたウッソとシャクティは、カサレリアから旅立ち、両者の休戦協定のタイミングで一度カサレリアに戻る。その後、宇宙での最終決戦に再び参加し、全ての戦いを終え、最後はやはりカサレリアに戻ってくる。エピローグは、カサレリアで冬を迎えようとしているウッソたちの姿で締めくくられる。その森には役目を終えたガンダムもまた眠っている。

東欧が物語の起点と選ばれたのは、作品準備が始まる直前の一九九一年に、ユーゴスラビア紛争が起きたことも決して無関係ではないだろう。そのような国際情勢は、地球連邦の重しがとれてスペースコロニー間で戦争が起きるようになった〝戦国時代〟という設定にも反映していると思われる。

また富野は、『Vガンダム』のスタートにあたってポーランドとチェコを取材している。これについて富野は、東欧が西洋とアジアの中間地であり、その〝地続き感覚〟を実感したことが大きな成果であったと語り、同作にさまざまな人種を想起させる外観の女性キャラクターを登場させたのも、さまざまな土地、国を意識してもらうためだという。[10] このように『Vガンダム』は、これまでの作品よりもずっと、土地に紐づいたインスピレーションが反映された作品ということができる。

一方で、「世界」への跳躍はまったくない。サイキッカーと作中で呼ばれる人々を二万人搭載した巨大な精神攻撃兵器エンジェル・ハイロゥが登場するが、これも兵器以上の何かとして描かれるわけではない。あくまで作中の大道具でしかなく、これを通じて未来のビジョンや奇跡が示されるわけではない。

それにしても、どうしてここまで「故郷」と呼びうる土地が大事に扱われたのか。ウッソが一三歳とシリーズ最年少に設定され、彼の両親との再会と喪失が物語の中に組み込まれていたことや、これまでよりも年少の視聴者を意識しようと始まったことを考えると、本作では改めて「乳離れ」を主題にしようとした可能性もあるだろう。そう考えると単に時代性や、キャラクターを構成する要素というだけでなく、故郷と呼びうる土地を際立てて描いた理由も明確になる。

しかし『Vガンダム』は「乳離れ」の物語ではなかった。カサレリアから出立し、そこに帰還しているにもかかわらず、「行きて帰りし物語」にはなっていないのである。ウッソは旅の中で、憧れていたカテジナの裏切りを筆頭に、さまざまなことを経験する。しかし、それはウッソにとっての通過儀礼としては描かれていないからだ。ラストシーンに至ってもウッソはかつてのウッソのままなのだ。

異常な戦場を潜り抜けたウッソがウッソのままであるということは、視聴者をホッとさせるところでもある。一方で、ウッソがパイロットとして戦えてしまうことは異様なことだと作中で何度も指摘される。だからウッソがウッソのままであるということは、本作が所詮フィクションでしかないということを強調し、視聴者を突き放しているようにも感じられるポイントだ。しばしば、ウッソという命名に「嘘」の含意があると読解されるのも、そのあたりに理由があるのだろう。

いずれにせよ『ダンバイン』で気づきを得て、時を経て『Vガンダム』で初挑戦した、この「故郷と呼びうる土地」の描き方は、その後の作品にも継承され、徐々により物語において重要な部分を占めるようになる。だが『Vガンダム』とその後の作品の中には大きなギャップがある。カサレリアはあくまで象徴であって、人が生を実感できる豊かな場所としては演出されていないのである。

後に富野は『Vガンダム』について、「分裂症寸前を自覚して生きようとしたら、／カラッポの理が走る。カラッポの知が走る。／それがVガンだ。」とコメントしている。[11] これを踏まえると、カサレリアもまた「理」や「知」から導きだされた、実感の伴わない〝故郷〟の表象であったということになる。そして『Vガンダム』の時点では富野は、理念に血肉を与える「実感」を伴う根拠を見つけられていないのである。その空洞を埋めうる一番のものは、当人が生まれ育った土地の記憶であろう。しかし、先述の通り富野は「根無し草」である。ではなにを手がかりに「故郷と呼びうる土地」に実感を込めることができるのか。

『Vガンダム』の終了後、富野は精神的・肉体的に不安定な状態になったという。耳鳴りや目眩に悩まされ、抑うつ状態にもなったのだという。外を出歩くことが難しい状態にもなり、少し散歩ができるようになった時期でも、アスファルトの道路は気持ちが悪く感じ、土の上ならよさそうだと近所の畑のあぜ道を歩いたりもしたと回想している。[12] 振り返ってみると、この不調の時期に富野は自らの身体を通じて「大地」とでも呼ぶべき、人間を支えている大きな存在を実感しつつあったのだ。

不調により得た「実感」

不調の時期を経て（しかしその期間にもOVA『バイストン・ウェル物語　ガーゼィの翼』全三巻をリリースしている）、富野は『ガンダム』二〇周年を見据えた企画の準備に取り掛かる。この過程で富野は「芸能」というキーワードを発見することになる。

正攻法というのはどういうものか考えたすえにいきついたのが、ぼくの場合は〝芸能〟という言葉だった。
映画の機能をもつアニメのスペクタクルを〝芸能〟にちかいように表現するために、お祭りを考えた。[13]

ここで富野は、いくつかの伝統的な祭りの名前を挙げたうえで

その祭りに参加することで、日常のウサをカタルシスして、ひとつのコミュニティの精神安定剤にしているのだ。
歌舞音曲ではないようにみえても、それぞれの位置で男女はハレの場で、叫ぶ、シコをふむ、御輿や祭壇にのぼる、ふんどし一丁で神社の花飾りをうばいあう。布二枚のバリア越しに女の肌にチンチンこすりつけられるのは嬉しいという証言だってある。
祭りの場には、芸能につうじるハレがある。（略）
体調不全であったことが、ぼくに、このようなことをおもいつかせてくれた。（略）少なくともぼくの作品をみてくれるひとたちが、心身ともにリフレッシュするような

作品をつくっていくことが、社会的な任務ではないのかとおもうようになったときに、自己表現をすることだけが映画やアニメの仕事ではないと確信したのだ。

そうすれば、ぼく自身、元気になれるとも実感できた。それが、芸能にいきついた事情なのである。

しかし、アニメや映画で芸能的であるということがどういうことであるのかは、ニュータイプという言葉をおもいついたとき以上に難しいものだとも気づいている。[14]

引用が断片的で、かつ抽象的なのでここだけではわかりにくいかもしれないが、富野の伝えたいことは、冬至の祭りに起源を持つクリスマスのことをイメージすればわかりやすい。冬至は、一年でもっとも日照時間が短い日である。この日を境に、太陽は再び力を取り戻していく。冬という死の季節が遠のき、命あふれる春がやってくるのだ。やがてキリスト教に取り込まれクリスマスと呼ばれることになるが、その根底には、巡りくる季節が象徴する、死と再生の繰り返しを喜んだ古代の人々の思いが未だ生きているのだ。このような形で世界のさまざまな土地で、一年のさまざまな節目に「お祭り」が営まれるのである。そこには純粋な生の喜びの発露としての歌や踊りがあったであろう。富野のいう「芸能」とはそういうものを指しているのである。

現代では、歌も踊りも商業化され「そこにあって当然」のものになっている。だから単に歌舞音曲をあしらったところで、生の喜びの発露としての「芸能」にはすぐには結びつかない。そこで「お祭り」というものを作品の中に取り込むことで、プリミティブな「芸能」としての役割を明確に示し、生きていくことの喜びを伝えようというのがここで富野が語っていることだ。富野が説明する「お祭り」や「芸能」に関する指摘は決して特別な意見ではない。しかし重要なのは、富野は自らの不調とその回復を通じて、自らの身体でもって、そのことを実感したということである。この実感こそ、『Vガンダム』のときにはカラッポだった部分を埋めるものなのである。

身体／お祭り／大地

こうして富野は「自我／科学技術／世界」とは異なる、もう一つの構図を手に入れる。それが「身体／お祭り／大地」である。

「身体」は五感を通じて「自らの生」を実感する主体である。「身体」は、すべての主体ではあるが、ときに病を得ることもあるし、やがては朽ちていくものでもある。だからこそ年に一回、季節の巡りにあわせて「お祭り」を行い、生を寿《ことほ》ぐのである。このとき身体は「芸能」を通じて「お祭り」と結ばれることになる。そして「お祭り」は、もっと大きな「大地＝地球」が持つ循環の中に属している。「身体」は芸能を通じて「お祭り」に繋がり、ひいてはさらに数十億年の大きな時間の流れの中に存在する「大地」の存在に触れることになる。

これが「自我／科学技術／世界」という構図とは異なるベクトルを持つ、「身体／お祭り／大地」という構図である。「世界」へのアクセスが形而上的になりがちだったのに対し、「大地」へのアクセスは「身体」から発したものなので、非常に具体的で地に足がついている。前章で触れたTV版『Zガンダム』のラストが、映画『機動戦士Zガンダム A New Translation 星の鼓動は愛』で改められたのは、まさにその間に「自我／科学技術／世界」の構図から、「身体／お祭り／大地」の構図に変化したからこその変更だったのだ。『星の鼓動は愛』のラストでファは、自らの身体が持つリアリティで、「世界」の側にいってしまいそうだったカミーユが「大地」の側に戻ってきたことを祝福しているのである。

一九七二年から一九七七年までの五年間は富野が演出家としてのスタイルを獲得していく貴重な時期であった。それと同様に『Vガンダム』終了後の一九九四年から『ブレンパワード』のはじまる一九九八年までは、富野が「身体」から発する新たな構図を獲得するに至る貴重な時間であった。それは富野が『ダンバイン』で自覚をせざるをえなかった「空洞」を埋めることにも繫がった。

この新たな構図をいかに確立し、この構図の中で作品を〝映画〟にしていくか。それが一九九〇年代後半から現在に至るまでの富野の作品づくりの〝裏テーマ〟ということができる。

トマトと故郷——『ブレンパワード』

『ブレンパワード』は、「祭り」という要素こそ薄いが、「土地」や「身体」という要素が前面に出てくる作品だ。登場人物の中に医師で鍼灸師としての免許も持つキャラクター、アイリーン・キャリアーが配置されているのもその一例といえる。また主人公たちが乗る人型の存在——従来のロボットに相当するもの——はアンチボディと呼ばれ、馬や犬のような意志を持つ存在として描かれている。そのためパイロットが手で触れてやることで、互いに簡単な意思疎通ができるという設定になっている。ここにも「身体」というモチーフが反映され、『ガンダム』的ではないものを作ろうとしていることがわかる。

興味深いのは一九九六年一一月にまとめられた『ブレンパワード』の最初期の企画案（表紙には「ブレンパワード　絢爛たるオーフェン」とある）の段階では、むしろ『ガンダム』以降の「世界」へと向かうベクトルを内包しているところだ。

「ブレンパワード　絢爛たるオーフェン」は、家族の物語であることは変わらないが、ラストにそうした感情をすべて包み込むようにオーフェン（本編ではオルファン）が浮上し、各キャラクターたちはそこにそれぞれの〝神〟を見る——というアイデアが書かれている。孤独という自我が、科学技術でオーフェンの秘密を探ろうとし、最終的にそこに〝神〟を見るという「世界」というレイヤーへの跳躍が用意されているのである。

これに対して完成した『ブレンパワード』で大きな役割を果たすことになったのが、「故郷に相当する土地」として登場する「上《うえ》の村」である。この上の村は、出立や帰還の土台となる「故郷」ではない。しかし主人公・伊佐未勇とその家族に縁の深い、伊佐未家を象徴する場所として度々登場する。

舞台となるのは、自然災害で荒廃した近未来の地球。海底で発見された謎の巨大遺跡オルファンを巡って、世界は混乱と争いに見舞われていた。リクレイマーと呼ばれる人々は、オルファンを浮上させて宇宙への進出を目論んでいた。リクレイマーは、世界中に出現するようになったプレートを回収し、そこからリバイバル（発生）する人型アンチボディの一種グランチャーを兵器として活用していた。

第1話「深海を発して」（脚本：面出明美、絵コンテ：斧谷稔）では、リクレイマーを指導する伊佐未ファミリーの息子・勇は、グランチャーを操りプレート回収の任務に当たっている。その勇の眼の前で、プレートからグランチャーの宿敵である別種のアンチボディ、ブレンパワードが生み出された。偶然巻き込まれた孤児の少女・宇都宮比瑪は、このブレンパワードと心を通わせる。その様子を見た勇の中に変化が起きる。一年後、勇はオルファンの中で眠っていたブレンパワードとともに、オルファンを脱出する。

第1話でブレンパワードに乗った比瑪と彼女が連れた孤児三人は、山間にある民家にたどり着く。そこは勇の祖母、直子が住んでいる上の村の家だった。直子は、驚きもせず比瑪たちとブレンパワードを受け入れ、畑のトマトを勧める。

その後も、この上の村は舞台として登場するが、大きな役割を果たすのが第24話「記憶のいたずら」（脚本：隅沢克之《すみさわかつゆき》、絵コンテ：赤根和樹《あかねかずき》）だ。勇の姉依衣子《いいこ》は、クインシィ・イッサーと名乗り、リクレイマーの中でも急先鋒の一人であった。そんな彼女が、比瑪のブレンパワードに乗り込んでしまい「家に帰りたいの」と思いを告げる。このとき、ヒメブレンが依衣子を連れていくのが、上の村なのだ。勇と依衣子の両親は、研究が忙しいため、二人を直子の家に預けていたことがある。その意味で上の村は依衣子の故郷ともいえる。しかし依衣子は「私の家はオルファンだ」と目の前の風景を否定する。

その後、依衣子は上の村の近くの湖でプレートのリバイバルを通じて、祖母・直子の記憶をたどることになる。それは若き日の直子から始まり、孫である勇と依衣子がオルファンに連れていかれるまでの伊佐未家の歴史だ。上の村はここで、ファミリーの歴史をたどる定点として大きな役割を果たしている。

シリーズの終盤、依衣子は宇宙へ飛び立とうとするオルファンに吸収されてしまう。その依衣子を取り戻し、人類との共存をオルファンに訴えるため、勇は一人でオルファンの元へと向かう。依衣子とオルファンとの対話を経て帰還する勇。勇を出迎える比瑪が手を伸ばす。

二人の手と手が繋がれようとした映像は、そのまま上の村で実るトマトにオーバーラップし、カットが変わって上の村の風景が映し出される。そこから地球の風景を経て、地球の上空にとどまるオルファンで作品は締めくくられる。

上の村とその土地から生まれたトマトは、人と人の繫がりを象徴するものだ。オルファンが「孤児＝オルファン」という名前に由来するもので、そこに寂しい人間がリクレイマーとして惹きつけられていったこととの対比となっている。そもそもトマトは、企画書「ブレンパワード　絢爛たるオーフェン」の段階で、比瑪とユウ（本編では勇）が上の村で出会うときの小道具としてすでに登場している。富野によると、最終回のトマトはスタッフのアイデアによるもので、サインとしてわかりやすすぎるのでそこまで気に入ってはいないと話しているが、[15]だからこそ作中で明確に機能していることは認めている。

第26話（最終回）「飛翔」（脚本：面出明美、絵コンテ：西森章）で、勇と依衣子の両親・研作と翠が、「オルファンが求めているエネルギーはパッションや情愛のようなものではないか」という話題に触れ、結局「バカバカしい」と一笑に付すくだりがある。しかし最終的にオルファン自身が孤独を感じていたことこそが事実で、上の村とトマトはその「情愛的なもの」の象徴として、物語を締めくくっているのである。

このように『ブレンパワード』は、飛び立とうとするオルファンを引き留めるように、上の村という「土地」に向かってベクトルが強く働いている。「世界」に向かうベクトルと、「大地」に向かうベクトルが、拮抗している。人間はこの二つのベクトルの間で揺れており、「身体」を意識すると大地のほうに、「感情」や「理念」に身を任せると「世界」のほうに引っ張られるという形で描かれている。そして「オルファンは宇宙へ飛び立たず、人類とともにいるため低軌道上に留まる」という、二つのベクトルが調和した形で『ブレンパワード』のラストシーンは描かれている。

歳を重ねる喜び――『∀ガンダム』

続く『∀ガンダム』は「めぐること」を主題と設定し、その構図の中に「大地」方向の跳躍を取り込んだ。さらにここで描かれる主人公ロラン・セアックの〝旅〟は、これまでになかったユニークな構成になっている。

月に住むムーンレィスは、はるか過去に月に移民をした地球人の子孫である。しかし月は生活のためのリソースが少なく、一部の人間をコールドスリープさせることで生きていた。そのムーンレィスが地球帰還作戦を決行するにあたり、極秘の先遣隊を地球へと送り込む。主人公ロラン・セアックはその一人だ。

そのころ、地球の人々は長い戦乱の時代を遠い過去のこととして忘れ、ムーンレィスの存在も忘れ去っていた。ロランは一年間、アメリア大陸で鉱山などを経営するソレル家で働き、運転手に抜擢される。満月の夜、家を抜け出したロランは、月に向かって叫ぶ。

「地球はとてもいいところだ！　みんな早く戻ってこーい！」

こうしてロランにとって、地球が第二の故郷となる。ムーンレィスの地球帰還作戦は軍事的緊張を招き、地球人の市民軍ミリシャとの小競り合いも発生する。なりゆきで石像の中から現れたホワイトドール（∀ガンダム）のパイロットとなったロランは、ミリシャの一員として戦うことになるが、彼の願いは、地球と月の人間が平和に共存すること。第8話「ローラの牛」（脚本：高橋哲子、絵コンテ：横田和）の「人の命を大事にしない人とは、僕は誰とでも戦います」という台詞は、そんなロランの願いを表すものだ。

このようにロランは、「二つの故郷」を持つことになる。中盤にはミリシャのメンバーも月に向かうことになり、ロランが幼馴染たちに再会する展開もあるが、ロランにとっては月も地球もどちらも「故郷」なので、「行きて帰る」のではなく「行くも帰るも同じ」という境地で本作の水平方向のベクトルは展開していく。

本作の第2話「成人式」（脚本：千葉克彦《ちばかつひこ》、絵コンテ：斧谷稔）に「宵越しの祭り」と呼ばれるビシニティという地域の成人の儀式が出てくる。一五歳になった男女が、マウンテンサイクルに御輿とともに登り、ホワイトドールと呼ばれる石像の前で、選ばれた男女が裸になって互いにヒルで背中に聖痕をつけあうというものだ。ここに本作の「身体／お祭り／大地」の構図が、凝縮されて示されている。

本作において「身体」とは「年齢を重ねるもの」として表現されている。子供が健康に成長することは喜ばしく、だからこそ古来から人は「祭り」という形でその喜びを表現してきた。これはシリーズ後半、月の場面で、コールドスリープから目覚めた母と娘が再会するシーンと対照的だ。そのシーンでは、コールドスリープしていた母のほうが、娘よりも年若い姿で描かれている。月では生き延びるために、「ともに年齢を重ねる」という身体的に自然な出来事から外れた社会が形成されてしまったのだ。

そして、これは第50話（最終回）「黄金の秋」（脚本：浅川美也、絵コンテ：斧谷稔・川瀬敏文）のラストで描かれる、（外見は変わらないが）立ち居振る舞いが老人のようになった月の女王ディアナの姿に繫がる。ディアナは何度もコールドスリープを経験しており、見かけ以上に長い年月を生きてきた人間なのだ。しかし、その任から離れ、彼女はようやく人間らしい生を生きることになったのだ。成人することだけが喜ばしいわけではなく、老いていくこともまた身体の自然なあり方として祝福される。第50話のラストで、眠りについたディアナの姿に「宵越しの祭り」の歌が重ねられるのもそこに理由がある。ディアナの姿を通じて「ヒトが生まれ、老いて死ぬ」という「めぐること」が示されている。

「祭り」は、歳を重ねたことを喜ぶという意味に加えて、「毎年繰り返されるもの」という点にも意味がある。成人式に参加する若者たちを寿ぐだけでなく、「今年も無事、祭りの季節を迎えられた」という形で、住民たちにも喜びを与えるものなのである。でなければ毎年祭りを開こうとはならないだろう。「祭り」はそんなふうに毎年行われることで、「歳月が、季節がめぐること」のメルクマールとなっているのである。

そして「宵越しの祭り」の舞台はマウンテンサイクルである。この名前は固有名詞ではなく、地球上のあちこちに〝マウンテンサイクル〟と呼ばれる場所があり、そこには封印された過去の戦乱の歴史（黒歴史と呼ばれる）の遺物が埋まっているのである。ビシニティにあるのもそのうちの一つだ。第2話の時点ではこうした事実は明らかにはなっていないが、マウンテンサイクルは「文明が生まれ滅びていく大きな循環」の象徴である。

本編では中盤に、月の〝冬の宮殿〟に封印された〝黒歴史〟の戦乱の記録がついに明かされる展開がある。また最終回の∀ガンダムとターンXの戦いの決着は、∀ガンダムから伸びた〝糸〟が二つの機体を繭のように包み込み封印してしまう。そこがまた新たなマウンテンサイクルになるのであろう。こうして「文明が生まれ滅びていく大きな循環」の舞台として「大地」の存在が示される。

このように「身体／お祭り／大地」という構図の過程それぞれに「めぐること」が対応しており、それが『∀ガンダム』の背骨を構成している。

運動そのものへ――『キングゲイナー』

この後、富野は新作として『OVERMANキングゲイナー』と『リーンの翼』を手掛ける。

『キングゲイナー』は先述のとおり、「エクソダス」という運動そのものが主題の作品である。『キングゲイナー』では、荒廃した自然環境を蘇らせるため人々は、それまで居住地ではなかったシベリアなどにドームポリスという巨大なドーム都市を建設して暮らしている。しかし長い時間が経ち、人々の中にはドームポリスを脱出し、回復した自然の中で暮らしたいという機運が盛り上がるようになる。それが「エクソダス」だ。

本作には「ミイヤの祭り」が設定され、ミイヤという人気の踊り子が歌と踊りでエクソダスの精神を広めている様子が描かれている。人々の「動き出したい」という願いが、ミイヤの祭りを経由することで、「エクソダス」という行動として実現化するのである。そしてその先に主人公たちのエクソダスの目的地、豊穣の地・ヤーパンが、人間が生きるべき「大地」として用意されている。

『ブレンパワード』ではそこまで明確でなかった「人工的な環境」から「大地」への帰還――これはつまり身体性の回復でもある――という主題は、『∀ガンダム』を経て、ここでより明確になっている。この主題は『ガンダム Gのレコンギスタ』に継承されていく。

死によって大地に触れる――『リーンの翼』

『リーンの翼』は、富野が一九八〇年代に執筆したバイストン・ウェルを舞台にした小説を下敷きに、新たな物語を構築した作品だ。富野にとって、三度目のバイストン・ウェルへの挑戦となる。

『リーンの翼』の主人公はエイサップ鈴木という日米のミックスルーツの青年。彼が出会ったのがバイストン・ウェルのホウジョウの国の王であるシンジロウ・サコミズだ。サコミズは、小説版『リーンの翼』の主人公として造形されたキャラクターだ。彼は、アジア・太平洋戦争末期の特攻隊員だったが、撃墜された瞬間にバイストン・ウェルへと導かれたのだった。サコミズはもともと小説版の最後に、地上へと舞い戻り、米軍による第三の原爆の投下を阻止して死ぬというラストを迎えていた。アニメ版はそこで死なずに、再びバイストン・ウェルに戻り、新たなホウジョウの国を建国した——という設定になっている。物語は、暴君となったサコミズの地上界への侵攻をいかに止めるかという形で進行する。

第6話（最終回）「桜花嵐」（脚本：高山治郎・富野由悠季、絵コンテ：富野由悠季）で、サコミズは東京湾上空に、オーラバトラー・オウカオーに乗って姿を現す。しかしビルで覆われた東京は彼の望む東京の姿ではなかった。

富野はサコミズを演出するにあたって次のように語っている。「大事だと思ったのは、迫水をちゃんと日本人として描くこと。それはナショナリズムを規定することとはちょっと違う。迫水が日本人だからこそ、迫水には最後に現在の東京を見せてやりたかったし、それが絶対に忘れられない光景だったから、迫水は嘆き悲しみ、怒り狂ったわけです。」[16]

先述のとおり富野は『ダンバイン』のときに、主人公ショウに「風土」の要素が欠けていたことを失敗点として挙げている。『リーンの翼』では、そこを踏まえてサコミズを描いていることがわかる。サコミズが建国した国がホウジョウ国なのは、神奈川で生まれ育ったサコミズが地元の戦国武将「北条」からとったため。サコミズの居城の内装には、北条氏の家紋である三つ鱗もあしらわれている。

あるいはエイサップと戦いながらも、その能力を認めれば「(引用者注：娘の)リュクスと結婚して後継者になれ」と命じるその家族観などは、家父長制が当たり前だった戦前・戦中の日本人の感覚そのままだ。この延長線上に、地上界に出てきて皇居近くに着陸した瞬間、天皇の居場所を気にかける描写がある。出身の土地に加え、元特攻隊員という出自がサコミズというキャラクターに土地と時代の刻印を刻みつけているのだ。

これに対し、エイサップは、そこまで土地(彼が暮らしているのは山口県岩国市である)との結びつきは強調されていない。むしろ、サコミズにとっては敵国であるアメリカと日本のミックスルーツとすることで、サコミズの持つ〝日本人〟のイメージを相対化する役割が与えられているのだ。

では「身体／お祭り／大地」の構図は、本作にどのように織り込まれているか。

『リーンの翼』は一種の「浦島太郎」である。バイストン・ウェルで時を過ごしたサコミズは、地上界に出ると、急激に老化が進み始める。ずっと壮年の姿でいることができたのは、バイストン・ウェルのオーラ力のおかげだったのだろう。この描写は加齢に意味があるのではなく、死ぬはずだった元特攻隊員が、ついにその時を迎えようとしているというところに意味がある。ここからもわかるとおり本作の「身体／お祭り／大地」は、生を実感するという方向ではなく、死を見つめるという反転した形で扱われている。

だから本作のラストシーンは墓地である。エイサップはリュクスとともに、若狭湾を望むところにあるサコミズの実家の菩提寺を訪ね、墓参する。サコミズの最期の描写から、彼のお骨が残っているとは思えないが、サコミズはこの墓に葬られたのだろう。住職がさり気なくもらす「無縁仏にしようと思っていたけれども……ホントによかった」という台詞が重い。日本人として描こうとしたサコミズが、極めて日本人らしい弔われ方をされるところまで描くことで、「死」とは「大地」に葬られることだと示して本作は完結する。

本作では具体的な「お祭り」の描写は出てこない。しかし「特攻隊員の死」を軸にした物語だと考えたとき、地上界に出る過程でサコミズとエイサップが幻視した、アジア・太平洋戦争末期の人々が死んでいく光景は、暗く悲しい「死の祭り」であったと解釈することはできる。サコミズはその光景を見て、特攻隊員としての自分の死もまた、〝死の祭り〟の中の死の一つでしかないことを実感する。

エイサップはバイストン・ウェルに行って帰ってきたが、彼はイニシエーションを経験していない。むしろ彼は、サコミズが自らの生の意味と死の意味を理解する、その過程を見届ける役回りだったのだ。その点で、サコミズこそは富野作品には珍しく「行きて帰りし物語」を全うした（主人公ではないが）キャラクターであるとはいえる。

地球への帰還――『Gのレコンギスタ』

ここまでの構図の整理を念頭に『ガンダム　Gのレコンギスタ』を見ると、非常にわかりやすい。『Gのレコンギスタ』は、明確に「行きて帰りし物語」の構図を採用している。そしてさらに貴種流離譚でもある。

文明崩壊後、一〇〇〇年あまりが経過し新たな文明を築いた地球が舞台となる。この時代、人々はフォトン・バッテリーをエネルギー源として生活している。このフォトン・バッテリーは、キャピタル・タワーと呼ばれる南米の宇宙エレベーターを通じて宇宙から持ち込まれ、地球上の各勢力に分配されている。過去のさまざまな技術も禁忌となっており、それによって地球の平和は保たれていた。しかしその状況も近年になると変化し、各国も密かに流通していた過去の技術の設計図（「ヘルメスの薔薇の設計図」と呼ばれる）を入手し、それぞれに宇宙戦艦やモビルスーツなどの開発を始めていた。

本作の主人公ベルリ・ゼナムは、キャピタル・タワーを擁するキャピタル・テリトリィに暮らす少年。彼はやがて、現在の北アメリカにある国家アメリアの海賊部隊のアイーダ・スルガンたちと行動をともにするようになり、地球を離れ、月の裏側にある小惑星トワサンガを経て、フォトン・バッテリーを製造し、ヘルメスの薔薇の設計図の出元でもあるヘルメス財団の拠点ビーナス・グロゥブへと向かう。この旅を通じて、ベルリとアイーダは、自分たちの本当の出自を知り、人類の科学が発展したその先の風景を見て、地球へ帰還する。

地球から出立して地球へ帰還する構造だが、その間に起きる出来事は、決してベルリやアイーダを成長させる試練ではない。むしろ彼らのフラットな目を通じて、観客に一つの未来世界の光と影を見せることにこそ、本作の主眼がある。

この未来世界で重要なポイントは二つある。

一つは、トワサンガの人々も、ビーナス・グロゥブの人々も、そこにあたかも地球のような光景を作っているということだ。どれほど科学技術が発達し、宇宙で暮らすことが可能になっても、人は〝地球〟を求める。トワサンガにもビーナス・グロゥブにも、地球への武力を伴った帰還を望む勢力があり、彼らは「レコンギスタ」を合言葉に、強硬に地球への帰還を果たそうとする。

もう一つは、ビーナス・グロゥブの人間たちの描写。ビーナス・グロゥブの人間は、科学の発達により非常に長寿であるが、その一方で宇宙線の影響などで〝ムタチオン〟を起こしており、極端に衰えた身体を機械のボディースーツで補って暮らしているのだ。ビーナス・グロゥブから地球へと戻る途中、アイーダはスカッシュをしながら「私は人類の女性として健康！」

と語るが、それは自分が当たり前と思ってきたこと——体が健康で自由に動くこと——が、環境次第で失われてしまう脆いものであることを噛み締めているということだ。

この二つのポイントは、それぞれ二つの構図と深い関係にある。

「自我／科学技術」のベクトルの先にはかつては「世界」があったが、ここではそこに「ムタチオンによる身体の衰弱」という生き物としてのデッドエンドが置かれている。「世界」のような形而上の理想ではなく、極めて形而下の、身体をめぐる直接的な問題だ。

一方、「身体／お祭り／大地」の構図は、「祭り」のところにレコンギスタを入れると、わかりやすい。本作は、健康＝生き物として十全な状態の身体でありたいという願いが、レコンギスタを起こし、大地を目指す物語である、ということになる。

ベルリとアイーダの〝旅〟は、世界の秘密——どうして科学技術は制限されているのか、自分たちのエネルギーはどこからくるのか——に迫るものだった。ムタチオンという科学発展の先にあるデッドエンドは、旅の一つの結論としてそこに置かれている。

それに対してレコンギスタという「お祭り」を置くことで、人間が大地から離れられないことを浮かび上がらせる。富野は企画段階で『Gのレコンギスタ』の〝G〟は重力（Gravity）あるいは大地（Ground）の意味を持たせたという。[17] 最終二話の第25話「死線を越えて」（脚本：富野由悠季、絵コンテ：宮地《みやじ》昌幸《まさゆき》・斧谷稔）、第26話「大地に立つ」（脚本：富野由悠季、絵コンテ：斧谷稔・森邦宏《もりくにひろ》・宮地昌幸）の戦いが、大気圏突入からギアナ高地での地上戦へと展開するのは、このタイトルからしても必然であった。そしてレコンギスタにともなう戦闘は、政治や軍事の要素に比重がかかっておらず（だからどの勢力がどう勝利したかも特に描かれない）、素朴な欲望の解放として表現されることになる。だから、あまりにも素朴な地球への欲望に溺れ、戦闘にはしゃぎすぎると死ぬことにもなる。

最後にベルリが、地球一周の旅に出るのも、少年漫画的な「新たな挑戦の旅に出る」設えとは異なる。ビーナス・グロゥブにまで行ってみたからこそ、それまで、当たり前だと思っていた地球の存在を自分の身体で感じようとしたのだ。富野が作詞した（井荻麟名義）エンディングテーマ「Gの閃光」で、「元気のGは 始まりのG」というフレーズがある。元気（Genki）にはGの文字が含まれているが、「始まり」にはGの文字はない。しかし、始まりのGのGは「Ground」ということであればわかる。元気である身体と、大地がここでは直結して語られており、作品に「大地」に向かう構図を組み込もうとしていたことがうかがえるし、地球がベルリにとっても「始まりのG」であるという締めくくりであることが読み取れる。

知恵のためのレッスン

このように戯作者・富野は、一九八〇年代までは「故郷」を欠いたまま、「行きて帰りし物語」と似て非なる〝旅〟を描いてきた。そこではニュータイプに代表される壮大なビジョンが

「世界の理」を示し、それは人間個人のスケールを超えた〝希望〟として示されていた。しかし一九九〇年代に入り、富野はこの「世界」方向へ向かう〝跳躍〟を止める。転換期には、身体の不調があり、そこから今度は「大地」へと向かうもう一つの道を探り始める。端的にいうと『Zガンダム』、『逆襲のシャア』では、地球にこだわることは旧弊な人間のやることで「魂を重力に引かれた人々」と否定的に描かれていた。これが『∀ガンダム』、『Gのレコンギスタ』では宇宙に暮らすことそのものが不自然なことであるという部分が前面に出てくる。これは大きな変化である。

そして「身体／お祭り／大地」の構図をエンターテインメントの中に組み込むためのさまざまなアプローチが試みられる。先行して『Vガンダム』で「故郷」を描いたことを踏まえつつ、『ブレンパワード』はその方向性にさらに踏み込んだ形で「故郷」を取り扱った。これが『∀ガンダム』になると「二つの故郷」という形になり、故郷の唯一性を取っ払ってしまうことになる。さらに『キングゲイナー』、『リーンの翼』を経た、『Gのレコンギスタ』になると「故郷」ではなく「地球」全体が求める対象となって、個人の思い入れやスケールを超えた人類の〝希望〟がそこに託されることになる。

戯作者としてのこの方針転換は方向性が全く異なっており、結果としてそれを実行しえたことは戯作者・富野の足腰の強さということができる。そしてこの方向転換の背景には、体調不良以外の理由も考えることができる。

僕の場合は作品を世に出すことで、「ニュータイプを出す」という具体的な命題があったんだけど、それに挫折して敗北してしまったんです。現実問題として、ニュータイプを世に出すことはできなかったことは、現代の政治を見ても感じます。
それは、僕がやろうとしたニュータイプにさせるような教育みたいなものをできなかったのが悪いという言い方もできます。人をニュータイプにさせることはできなかった、ごめんなさいと。[18]

このインタビューのように二〇二〇年前後から、富野はしばしば「本当は人をニュータイプにする道を提案したかったがそれに失敗した」といった趣旨の発言を行っている。この言葉が一九九〇年代初頭に言語化されていたかどうかはわからない。しかし「自我／科学技術／世界」から「身体／お祭り／大地」へと方向転換を行った自身に対する〝総括〟としては非常にクリアなものだ。

富野は近年のインタビューでしばしば「人類があと〇年ぐらいは続いてほしい」と語ることがある。〇年に入る数字は数千年から数万年とまちまちだし、「永遠に」という発言も聞いたことがある。いずれにせよ富野は、非常に大きなスケールで人類の存続を望んでいる。それは同時に、放っておけば人類がその愚かさと人口の増大で、有限の地球を食い尽くしてしまうことがわかっているからだ。その問題意識は、シンクタンクのローマクラブが一九七二年に発表したレポート「成長の限界」の頃から変わっていない。これは、「人口増加と環境汚染がそのまま続いたら、一〇〇年以内に地球の成長は限界を迎える」という提言で、『ガンダム』で宇宙移民が行われるという設定の、一つの根拠となっている。

「人をニュータイプにする」というのは、つまり「物事の本質を摑むことのできる知恵を身に付けてほしい」という言葉に言い換えることができる。知恵は、洞察力あるいは想像力といってもいいだろう。戯作者・富野は、自らの戯作を通じて、人に賢くなってほしいのだ。そして、今そこにある人口増加や環境汚染などの課題を乗り越えてほしいと考えているのだ。別の言い方をすれば、富野は作品を通じて世界を救いたい――これが言い過ぎなら、救うヒントを用意したい――のだ。

しかし、ニュータイプや『ガンダム』というアプローチでは、それはできなかった。そこで、方向を変えてなお、エンターテインメントの中に「知恵のためのレッスン」を忍ばせようとしたのが、『ブレンパワード』以降の富野の苦闘でもあった。『Gのレコンギスタ』について「子供に見てほしい」と語っていたのも、「子供を楽しませるために作りました」ということではない。富野は小学校高学年から中学生ぐらいを想定していたというが、その世代に向けて「未来の社会を作るときに重要なものを込めた」と理解したほうがわかりやすい。実際、富野はこうも書いている。「大人たちには考え方を変える余地がないから、問題を解決してもらうためには、現在の幼児、児童たちに将来的に考えてもらって解決策を見つけてほしいという願いを込めて、問題点を列挙したつもりなのだ[19]」。それは『逆襲のシャア』でシャアに「ならば、今すぐ愚民ども全てに叡智を授けてみせろ！」と言わせたことに対する、戯作者なりの落とし前のつけ方でもある。

『鉄腕アトム』で脚本・演出デビューした後、富野は「今後は、アニメは他の芸術的ジャンルに匹敵するジャンルを形成するときがくると確信している。（略）こう考える僕はアニメの世界で異端者なのだろうが、異端は発端と考えたい[20]」と記した。

その富野は『∀ガンダム』を制作するにあたり次のように考えたという。

ファースト・ガンダムは、それまでのロボット物からはずれたパターンだったので、異端だった。が、ガンダム以後、異端がふつうになり、そのふつうが特化していびつになった。

しかも、その数がふえた時期もあったりして、ぼくもいびつなふつうの仕事をしつづけた。

だが、ふつうのいびつさに気づいたから、正攻法をやれば、異端になり、それが革新になるのではないかと考えた。これが、『∀』の企画が固まりはじめたころのぼくの正攻法でいく、という考え方だ。[21]

ここには異端と正攻法の大いなる循環がある。戯作者・富野の強さは、自作に絶対必要な、作品を支える構図を、あるときがらりと方針転換できたことにある。クリエイターとして実に粘り腰な姿勢といえる。この強さは、異端と正攻法を往還するダイナミズムから生まれたのだ。

おわりに

「はじめに」では、なぜ演出家・戯作者、富野由悠季をテーマに取り上げるのかについて説明した。なのであとがきでは、少し個人的なことを記したい。

名古屋市で大学生をやっていたころ、ふとした拍子に再放送中の『機動戦士Zガンダム』を目にしたことがある。おそらくザッピングの途中の、「見た」というには短すぎるほどの一瞬の出来事だった。しかし、そのカットが非常に印象に残ったことを覚えている。

カット内容はとりたてていうことはないものだ。地球連邦軍の軍艦のブリッジで、無重力状態の中、艦長か誰かが宙に体を浮かせているだけのカットである。登場人物の動きも、止めでスライドしているだけだったように記憶している。もしかすると、腕ぐらい動いていたかもしれないが、その程度でしかない。にもかかわらず、それを見た瞬間、自分の中に「宇宙世紀の日常」というものが、ドンと伝わってきたのだ。

しかもよりによって『Zガンダム』なのである。難視聴地域に住んでいた僕は高校時代、『Zガンダム』を同級生に録画してもらい、毎週ビデオで鑑賞していた。第20話「灼熱の脱出」まではおもしろく見ていたものの、それ以降の先の三〇話分は、断片的には興味を引くところがあるものの、全体としてはどうにもうまく飲み込めなかった。この評価は今もあまり変わらない。そんな『Zガンダム』のなんてことはない一カットにインパクトを感じたことに、自分で驚いた。

この体験を通じて自分が学んだのは、自分が感じた「つまらなさ」とは別に、ちゃんと視点を持つことで作品の中に「見る価値」を発見できるということだった。当時はここまで具体的に言葉にはできなかったが、あの『Zガンダム』の一カットとの再会があったからこそ、作品を見ることに慎重になることができた。そしてこの再会は「やっぱり富野作品ってすごいのでは？」と改めて思うことにも繋がった。

その後は、生まれ育った静岡県の地元新聞社に就職したので、自分の人生で富野監督に取材をすることなどあるとは想像もしなかった。ところがその新聞社を辞め、二八歳で上京したことで、その機会が訪れることになった。

初めての取材は一九九八年春。上京後は『週刊ＳＰＡ！』の契約編集として、ロングインタビュー「エッジな人々」を担当していた。そこで『ブレンパワード』放送に合わせて、インタビューできることになったのだ。このときインタビュアーをお願いしたのが、前年『20年目のザンボット3』（太田出版）を上梓した、今はアニメ特撮研究家として知られる氷川竜介さんだった。

取材は順調に終わったので、内容はもう覚えていない。印象的だったのは当時のサンライズ第一スタジオに道路側のドアから入って挨拶すると、富野監督が最初に、にこやかな顔で「いろいろあって今日の取材は中止になるかもしれません」といったことだった。こちらもそこそこ経験は積んでいるので驚きはしないが、富野監督が席をはずしたすきに、氷川さんが「大丈夫だと思うよ」と囁いてくれた。後で聞くと要は、ほかの一般週刊誌の取材も受けたので、『SPA!』として「企画バッティングするなら取材しない」となるかもしれません——ということだった。が今となっては、あれは一種の『SPA!』という媒体を〝歓迎〟してくれたサインではなかったかと思っている。

ここで氷川さんと縁ができたことをきっかけに、徐々にアニメライターの仕事をするようになった。仕事を始めて数年の間の転機も、富野作品が関係することが多かった。

例えば初めて藤津亮太のペンネームを使ったのが一九九九年の『機動戦士ガンダム　宇宙世紀vol.4』(ラポート)。富野ガンダムを総覧するというコンセプトのムックで、本文のほとんどを一人で書かせてもらった。同書の中では『逆襲のシャア』の原稿に思い入れがある。当時、同人誌『逆襲のシャア友の会』を読み、同書の基調をなす「作家の姿がダイレクトに反映された作品」という評価とは別のアプローチで『逆襲のシャア』を語れないかと考えて執筆したものだ。思考を巡らせるうちに、公開当時は「大失敗作」と残念に思っていた『逆襲のシャア』が「大傑作である」と発見することができた。

この発見は続けて、二〇〇三年開催の「アニメ感想文（評論文）コンテスト」の応募原稿でも宮﨑駿監督と並置する形で使い、そこで最優秀賞を受賞することができた。そしてこの受賞が最初の単行本『「アニメ評論家」宣言』（扶桑社）に繫がったのだった。この初単行本は現在『増補改訂版　「アニメ評論家」宣言』（ちくま文庫）として読むことができる。そして本書の第8章「演出と戯作の融合」もまた、一九九九年に思いついたアイデアをベースの一つとして書かれている。

その後もムック『ブレンパワード　スパイラルブック』（学習研究社）を氷川さんと編集・執筆したり、アニメ雑誌『アニメージュ』で『∀ガンダム』の担当となって毎月誌面用に三五ミリフィルムをサンライズに切り出しにいったり、と富野作品との縁は続いていた。

振り返ってみると、ちょうど『ブレンパワード』から『∀ガンダム』へと、富野監督が不調期を脱して新たな作品に挑戦していく時期に、取材をする機会を何度も得られたのはとても得難いことだったと思う。そしてそうやって取材を重ねていく中で、もっと演出家・富野由悠季という側面に注目したいという思いが強まっていった。作品が醸しだす空気感の秘密はどこにあるのか。取材でも（編集部の求めがなければ）なるべく、演出の観点から質問を中心にするように心がけていた。

しかし富野監督の演出家という側面はそれだけで存在しているわけではない。もう片面の戯作者としての側面があってこそ、技が生きてくるわけで、その両輪がどのように連動しているかを含めて考える必要がある。そう考えて執筆したのが本書である。『機動戦士ガンダム』を楽しんだ小学生時代、『Zガンダム』と再会した大学時代、そして初取材以降のライターとしてのキャリアと、折に触れて刺激を与えてくれた富野作品に対し、ようやくその〝恩義〟の一部を返せたような気がしている。

ここで少し補足を記したい。

アニメーションは集団作業である。その中で富野監督がどこまで手を動かし、どこまでがスタッフの成果なのかを見極めるのは大変むずかしい。

そこで本書は、なるべく絵コンテ担当が斧谷稔（富野由悠季）とクレジットされている回を選んで論じた。第1話を取り上げているのが多いのはその結果である。もちろん第1話は、作品のムードを示すという役割もあるから、取り上げるのにちょうどいいという理由もある。絵コンテ担当が斧谷稔でない回に触れるときは、脚本と絵コンテ担当者の名前も記すようにした。富野監督は、ほかの絵コンテマンの回でもかなり手を入れるといわれているが、どこまで修正が入っているかは現状確認のしようがないからだ。今回は出版された資料を中心にまとめたが、ここから先は脚本や絵コンテなどの中間制作物の実物に直接当たった研究が必要な領域であろうと思う。

また、演出家・戯作者としての富野について考える、という趣旨から、各作品に関わったスタッフの仕事にそこまで触れることができなかった。各スタッフの力の集積が作品であることは間違いないことで、そこについては各種のムックなどを是非手にとっていただきたい。制作工程でいうなら編集など触れられなかった要素も多いが、本書を富野研究の現時点での中間報告として、皆様に読んでいただければうれしく思う。

本書の成立にあたって編集の守屋佳奈子さんには大変お世話になった。原稿を丁寧に読んでいただいたおかげで、本書はかなり間口の広い本になったと思う。また編集の松田健さんにも本書の最後の仕上げの部分で助けていただいた。どうもありがとうございました。

そしてやはり演出家・戯作者の富野由悠季監督にも感謝の気持ちを捧げたい。富野作品は、「アンチテーゼの運動」でできている。富野自身の思想——例えば家族について——は、保守的といえる。しかし、作品は、その思想を反映しつつ、そこにアンチテーゼを盛り込むことで破れ目を作り、多様な解釈を可能にしている。この止まることのない運動は、インタビュー中にもしばしば見られる。富野は取材中、持論をひととおり述べたあと、「……という考え方もありますが」と、そこまで語った内容を相対化し始めるときがあるのだ。これも、頭の中で「アンチテーゼの運動」が起きた結果といえる。富野作品が個別の「おもしろい／おもしろくない」を超越して刺激的で挑発的なのも、この「アンチテーゼの運動」の産物なのは間違いない。だから僕は富野アニメについて原稿を書くことがおもしろいと思えたのだ。

この「アンチテーゼの運動」によって富野監督が、さらに遠く、さらに高い場所へと歩んでいくことを祈っています。

二〇二四年一二月二一日

藤津亮太

注

第1章　富野由悠季概論――「アニメーション監督」とは何か

1　『富野由悠季の世界』（キネマ旬報社、二〇一九年）を参考にした。
2　富野由悠季『「ガンダム」の家族論』ワニブックスPLUS新書、二〇一一年、五二頁
3　富野由悠季監修『富野由悠季全仕事』キネマ旬報社、一九九九年
4　大塚康生『作画汗まみれ 増補改訂版』徳間書店、二〇〇一年（改訂最新版、文春ジブリ文庫、二〇一三年）
5　語り手・大塚康生、聞き手・森遊机『大塚康生インタビュー　アニメーション縦横無尽』実業之日本社、二〇〇六年、二四五‐二四七頁
6　アニメージュ編集部編『TVアニメ25年史』徳間書店、一九八八年、一〇頁
7　原口正宏・長尾けんじ・赤星政尚『タツノコプロインサイダーズ』講談社、二〇〇二年
8　氷川竜介・藤津亮太編『ガンダムの現場から　富野由悠季発言集』キネマ旬報社、二〇〇〇年。第1章「ガンボーイ企画メモ」を見ると、富野が記した初期設定から『機動戦士ガンダム』の基本設定がいかに構築されていったかがわかる。

第2章　演出家・富野由悠季の誕生――出発点としての『鉄腕アトム』

1　富野由悠季『だから僕は…　ガンダムへの道』角川スニーカー文庫、二〇〇二年、八〇頁
2　同右、九六頁
3　監督の奥田誠治は自伝『アニメの仕事は面白すぎる　絵コンテの鬼・日本アニメ界のリアル』（出版ワークス、二〇一九年）の中で、「青騎士の巻」のアクションシーン（前編か後編かは不明）については、原画

を担当した奥田と吉川惣司で修正したと記している。
4 「「虫ん坊」オススメデゴンス！　鉄腕アトム～青騎士の巻～」　https://tezukaosamu.net/jp/mushi/201004/intro.html
5 読売新聞二〇〇三年三月七日付夕刊におけるテレビアニメ化第三作『ASTRO BOY 鉄腕アトム』に関する小中和哉監督の発言。
6 前掲『だから僕は…』九九頁
7 同右、一〇〇頁
8 同右、一〇一頁
9 同右、八八頁
10 手塚治虫『ぼくはマンガ家』立東舎文庫、二〇一六年、二八九－二九〇頁
11 前掲『だから僕は…』八八頁
12 同右、一一八頁
13 富野由悠季『映像の原則　改訂二版　ビギナーからプロまでのコンテ主義』キネマ旬報社、二〇二四年、四四、四八頁
14 同右、一七六頁

COLUMN　富野監督作品全解説1　1968～1979

1 アニメージュ編集部編『TVアニメ25年史』徳間書店、一九八八年
2 富野由悠季『だから僕は…　ガンダムへの道』角川スニーカー文庫、二〇〇二年、二一五頁
3 富野由悠季監修『富野由悠季全仕事』キネマ旬報社、一九九九年、五八頁
4 前掲『だから僕は…』角川スニーカー文庫、二一五頁

5　安藤健二『封印作品の謎　テレビアニメ・特撮編』（彩図社、二〇一六年）の「第五章　ポケットの中の悪夢──日テレ版『ドラえもん』」で、同社で仕事をしたアニメーターの岡迫亘弘が、藤井と新倉はつるんでいて、藤井は新倉から袖の下をもらっていた、と証言している。また『辻真先のテレビアニメ道』（立東舎、二〇二一年）でも、脚本家の辻真先が、東京テレビ動画（と後の日本テレビ動画）との仕事に触れ、「裏を覗けば局のプロデューサーと制作プロの関係は相当にうさん臭かった」と記し、そうした存在を「アニメにたかる寄生虫」とまで書いている。なお辻は『TVアニメ青春記』（実業之日本社、一九九六年）の中で、プロデューサーに苦労させられたエピソードを挙げる中、東京テレビ動画でアニメ化された『男どアホウ甲子園』に触れている。同作は「東京の局がキーステーションなのに、関西弁とかけしからん」といわれて、原作では大阪弁のキャラクターが標準語を話すようになったという珍事があり、それについて「アホかいな」と結んでいる。このプロデューサーも藤井のことであると思われる。

6　前掲『だから僕は…』角川スニーカー文庫、二二七頁

7　富野由悠季『だから僕は…』徳間書店、一九八一年、二一六頁

8　同右、二一七頁

9　前掲『だから僕は…』角川スニーカー文庫、二三〇頁

10　夏目房之介『手塚治虫の冒険　戦後マンガの神々』小学館、一九九八年、二三六頁

11　前掲『富野由悠季全仕事』六三頁

12　前掲『だから僕は…』角川スニーカー文庫、二六五頁

13　同右、二六五頁

14　『FANTASY ANIME ALBUM 海のトリトン』少年画報社、一九七八年

15　『海のトリトン　DVD-BOX』ブックレット、パイオニア、二〇〇一年

16　前掲『富野由悠季全仕事』六四頁

17 Web現代「ガンダム者」取材班『ガンダム者　ガンダムを創った男たち』講談社、二〇〇二年、二四〇頁
18 『ロマンアルバムアニメージュアーカイブVol.3　勇者ライディーン』徳間書店、一九七八年、四七頁
19 同右、四七頁
20 前掲『富野由悠季全仕事』一〇三頁
21 富野由悠季インタビュー「わたしの失敗（3）」産経新聞二〇〇五年六月九日付朝刊
22 前掲『富野由悠季全仕事』一三八頁
23 同右、一三八頁
24 本項は、ブレイン・ナビ編『ザンボット3・ダイターン3大全』（双葉社、二〇〇三年）を参考にした。
25 前掲『富野由悠季全仕事』一一二頁
26 同右、一二〇頁
27 氷川竜介『20年目のザンボット3』（オタク学叢書Vol.1）太田出版、一九九七年、一九四頁
28 前掲『富野由悠季全仕事』一一〇頁
29 前掲『ザンボット3・ダイターン3大全』一〇六頁
30 前掲『富野由悠季全仕事』一一一頁
31 氷川竜介・藤津亮太編『ガンダムの現場から　富野由悠季発言集』（キネマ旬報社、二〇〇〇年）所収
32 『機動戦士ガンダム　記録全集1』（日本サンライズ、一九七九年）所収
33 前掲『ガンダム者』四二頁
34 「【声優道】古谷徹さん「大事なのは感受性を磨くということ」」／声優グランプリ・古谷徹インタビュー（二〇〇九年収録）https://seigura.com/news/30361/
35 前掲『富野由悠季全仕事』一一五頁

36 https://twitter.com/nzm/status/678938208793583617

第3章　確立されていく語り口――『無敵超人ザンボット3』まで

1 富野由悠季『だから僕は…　ガンダムへの道』角川スニーカー文庫、二〇〇二年、二三五頁
2 同右、二二四頁
3 安彦良和・石井誠『安彦良和　マイ・バック・ページズ』太田出版、二〇二〇年、五九頁
4 富野由悠季『映像の原則　改訂二版　ビギナーからプロまでのコンテ主義』キネマ旬報社、二〇二四年
5 同右、七九頁
6 同右、八一頁
7 同右、九一頁
8 同右、一〇七頁
9 同右、一〇七－一〇八頁
10 別役実『別役実の演劇教室　舞台を遊ぶ』白水社、二〇〇二年、一六頁
11 カメラが横方向に首を振るカメラワーク。縦方向にカメラが首を振る場合はＴＩＬＴ（ティルト）と呼ばれる。ただアニメの場合、「首を振るカメラワーク」ではなくとも、カメラが縦横移動をする場合はまとめてＰＡＮと呼称する場合が多い。この場合、方向によって右ＰＡＮ、左ＰＡＮと呼ばれ、縦ＰＡＮの場合は、PAN UP、PAN DOWN と呼ばれる。
12 前掲『だから僕は…』二三五頁
13 岩佐陽一編『コン・バトラーＶ　ボルテスＶ　ダイモス　ダルタニアス大全』双葉社、二〇〇三年、二五三頁

第4章　一つの到達点――『機動戦士ガンダム』第1話

1　氷川竜介・藤津亮太編『ガンダムの現場から　富野由悠季発言集』キネマ旬報社、二〇〇〇年
2　「HISTORICAL MATERIALS of MOBILE SUIT GUNDAM」／『機動戦士ガンダム Blu-ray メモリアルボックス』（バンダイビジュアル、二〇一三年）所収
3　同右、八五頁
4　同右、八五頁
5　同右、八四頁
6　星山博之『星山博之のアニメシナリオ教室』雷鳥社、二〇〇七年、八九頁
7　『機動戦士ガンダム　記録全集2』日本サンライズ、一九八〇年、一九七－一九八頁
8　前掲『機動戦士ガンダム　記録全集2』一八一頁
9　石井誠（文）「安彦良和、富野由悠季を語る」 https://ohtabookstand.com/2022/08/cnt-g-special-02/
10　前掲『ガンダムの現場から』二五頁
11　前掲『機動戦士ガンダム　記録全集2』一九八頁
12　Ｗｅｂ現代「ガンダム者」取材班編『ガンダム者　ガンダムを創った男たち』講談社、二〇〇二年、二七八頁
13　庵野秀明著、大泉実成編『スキゾ・エヴァンゲリオン』太田出版、一九九七年、六八－六九頁

第5章　ニュータイプとは何か――戯作としての『機動戦士ガンダム』

1　「HISTORICAL MATERIALS of MOBILE SUIT GUNDAM」一〇一頁／『機動戦士ガンダム Blu-ray メモリアルボックス』（バンダイビジュアル、二〇一三年）所収
2　『機動戦士ガンダム　記録全集2』日本サンライズ、一九八〇年、一八七頁

3　同右
4　別役実『別役実の演劇教室　舞台を遊ぶ』白水社、二〇〇二年、一六頁
5　「アルプスの少女ハイジ展～その作り手たちの仕事～」パンフレット、三鷹の森ジブリ美術館、二〇〇五年
6　前掲『機動戦士ガンダム　記録全集2』一八四頁
7　同右、一九〇頁
8　前掲「HISTORICAL MATERIALS of MOBILE SUIT GUNDAM」一〇一頁
9　同右、七六頁
10　氷川竜介・藤津亮太編『ガンダムの現場から　富野由悠季発言集』キネマ旬報社、二〇〇〇年、一七頁
11　同右
12　前掲『機動戦士ガンダム　記録全集2』一八五頁
13　デイヴィッド・ヒューズ著、内山一樹・江口浩・荒尾信子訳『キューブリック全書』フィルムアート社、二〇〇一年、二二三頁
14　前掲「HISTORICAL MATERIALS of MOBILE SUIT GUNDAM」九二、九三頁
15　富野由悠季監修『富野由悠季全仕事』キネマ旬報社、一九九九年、一三三頁
16　同右
17　同右、一四一頁
18　『ロマンアルバム・エクストラ42　機動戦士ガンダム』徳間書店、一九八一年、一一三頁
19　富野由悠季『ターンエーの癒し』角川春樹事務所、二〇〇〇年、五二、五三頁
20　同右、五五頁
21　前掲『機動戦士ガンダム　記録全集2』一八三頁

22 『機動戦士ガンダム　台本全記録』日本サンライズ、一九八〇年
23 前掲『機動戦士ガンダム　記録全集2』一八八‐一八九頁
24 同右、一九〇頁
25 同右、一九〇頁
26 富野由悠季『だから僕は…　ガンダムへの道』角川スニーカー文庫、三三‐三四頁
27 藤津亮太（取材・文）「鉄腕アトム《オリジナル版》　富野由悠季インタビュー」 https://natalie.mu/comic/pp/atom_original

COLUMN　富野監督作品全解説2　1980～1988

1 中島紳助・斎藤良一・永島收『イデオンという伝説』太田出版、一九九八年、一九二頁
2 同右、一二一頁
3 同右、一三頁
4 『戦闘メカ　ザブングル　記録全集1』日本サンライズ、一九八二年、一六二頁
5 『戦闘メカ　ザブングル　記録全集4』日本サンライズ、一九八三年、七八頁
6 富野由悠季『だから僕は…　ガンダムへの道』角川スニーカー文庫、二〇〇二年、三二四頁
7 「聖戦士ダンバイン40周年展　出現　渋谷上空」パンフレット、二二頁
8 『聖戦士ダンバイン大事典』ラポート、一九八四年、七五頁
9 『1983年のロボットアニメ』双葉社MOOK、二〇一七年、三六頁
10 『富野由悠季の世界』キネマ旬報社、二〇一九年、二二六頁
11 同右、二二三頁
12 『別冊アニメディア　重戦機エルガイム PART.2　完結編』学習研究社、一九八五年、八一頁

13 同右
14 『機動戦士Zガンダム Volume.8』ブックレット、バンダイビジュアル、二〇〇一年
15 『機動戦士Zガンダム MEMORIAL BOX PART1』ブックレット、バンダイビジュアル、一九九四年、四頁
16 「機動戦士Zガンダム WEB」掲載。現在は閉鎖。
17 『機動戦士Zガンダム Volume.5』ブックレット、バンダイビジュアル、二〇〇一年
18 『GUNDAM EPISODE GUIDE vol.3』角川書店、一九九九年、一五一頁
19 同右、一五一頁
20 『機動戦士ガンダム　逆襲のシャア　公式記録全集—BEYOND THE TIME—』バンダイナムコフィルムワークス、二〇二二年、二二八頁

第6章　科学技術と人間と世界——『伝説巨神イデオン』で獲得したテーマ

1 『伝説巨神イデオン　記録全集1』日本サンライズ、一九八一年、一三〇頁
2 同右、一四〇頁。日付は中島紳介・斎藤良一・永島収『イデオンという伝説』（オタク学叢書VOL.2）太田出版、一九九八年による。
3 『伝説巨神イデオン　記録全集5』日本サンライズ、一九八二年、一三〇頁
4 ただし第14話から第19話までは、富野が多忙のため、文章が短めのメモ形式になっている。
5 前掲『イデオンという伝説』一五四頁
6 富野由悠季監修『富野由悠季全仕事』キネマ旬報社、一九九九年、一九八頁
7 前掲『伝説巨神イデオン　記録全集1』一四〇頁
8 同右、一三九頁

9 『伝説巨神イデオン　記録全集4』日本サンライズ、一九八一年、一六九頁
10 前掲『伝説巨神イデオン　記録全集1』一四一頁
11 同右、一四四頁
12 前掲『伝説巨神イデオン　記録全集4』一三〇-一三四頁
13 『富野語録　富野由悠季インタビュー集』ラポート、一九九九年、六二頁
14 前掲『伝説巨神イデオン　記録全集4』一三五頁
15 前掲『富野語録　富野由悠季インタビュー集』六〇頁
16 前掲『伝説巨神イデオン　記録全集5』日本サンライズ、一九八二年、一三一頁
17 前掲『伝説巨神イデオン　記録全集3』二〇〇頁
18 『アニメージュ』一九八一年四月号、徳間書店、六八頁
19 『アニメージュ』一九八一年三月号、徳間書店、三二頁
20 前掲『富野語録　富野由悠季インタビュー集』六一頁

第7章　変奏される主題――『聖戦士ダンバイン』から『機動戦士Zガンダム』へ

1 富野由悠季監修『富野由悠季全仕事』キネマ旬報社、一九九九年、二一二頁
2 『戦闘メカ　ザブングル　記録全集2』日本サンライズ、一九八三年、五〇頁
3 『ロマンアルバム・エクストラ57　戦闘メカ　ザブングル』徳間書店、一九八三年、一三〇頁
4 前掲『戦闘メカ　ザブングル　記録全集2』五一頁
5 『戦闘メカ　ザブングル　記録全集1』日本サンライズ、一九八二年、六七頁
6 同右、六八頁
7 同右

8 『富野語録　富野由悠季インタビュー集』ラポート、一九九九年、八五頁
9 同右
10 『ロマンアルバム・エクストラ57　戦闘メカ　ザブングル』一二八頁
11 前掲『富野語録　富野由悠季インタビュー集』八五頁
12 『富野由悠季の世界』キネマ旬報社、二〇一九年、二二六頁
13 大久保一光&バッドテイスト編『重戦機エルガイム大全』双葉社、二〇〇三年、一四〇頁
14 同右、一四一頁
15 渡邉由自「キャオの嘆き」『重戦機エルガイム［2］』角川書店、一九八五年、九八頁
16 『重戦機エルガイム　DVD MEMORIAL BOXⅠ』ブックレット、バンダイビジュアル、二〇〇一年、八頁
17 前掲『重戦機エルガイム大全』一四二頁
18 前掲『重戦機エルガイム　DVD MEMORIAL BOXⅠ』ブックレット、八頁
19 前掲「キャオの嘆き」『重戦記エルガイム［2］』九八頁
20 『重戦機エルガイム　DVD MEMORIAL BOXⅡ』ブックレット、バンダイビジュアル、二〇〇二年、六頁
21 前掲『重戦機エルガイム　DVD MEMORIAL BOXⅠ』ブックレット、九頁
22 永野護責任編集『ファイブスター物語アウトライン』角川書店、二〇〇一年、八三頁
23 井上伸一郎『MAMORU MANIA』トイズプレス、一九九六年、三一頁
24 富野由悠季特別寄稿「ファティマを嫌悪する」／前掲『MAMORU MANIA』一八九頁
25 同右
26 『バイストン・ウェル物語　聖戦士ダンバイン―リーンの翼』角川書店、一九八四年、七八頁
27 同右、八〇頁
28 『ロマンアルバム・エクストラ62　聖戦士ダンバイン』徳間書店、一九八四年、一二九頁

29 「聖戦士ダンバイン40周年展　出現　渋谷上空」パンフレット、二九頁
30 前掲『ロマンアルバム・エクストラ57　戦闘メカ ザブングル』一二八頁
31 前掲『ロマンアルバム・エクストラ62　聖戦士ダンバイン』一三一頁
32 同右、一二九頁
33 同右、一三〇頁
34 『聖戦士ダンバイン大事典』ラポート、一九八四年、八二頁
35 前掲『ロマンアルバム・エクストラ62　聖戦士ダンバイン』一二八頁
36 『機動戦士Zガンダム　MEMORIAL BOX PART1』ブックレット、バンダイビジュアル、一九九四年、五頁
37 氷川竜介・藤津亮太編『Z BIBLE』講談社、二〇〇五年、七三頁欄外
38 『機動戦士Zガンダム大事典　復刻版』ラポート、一九九九年、一〇四頁

第8章　演出と戯作の融合――詳解『機動戦士ガンダム　逆襲のシャア』

1 富野由悠季監修『富野由悠季全仕事』一九九九年、キネマ旬報社、二二六頁。ただし制作会社サンライズの第二スタジオ・プロデューサーであった内田健二は、なにをやりましょうかと話をすると、富野のほうから「シャアとアムロの決着をつけたい」と話が出てきたと回想している（庵野秀明責任編集『機動戦士ガンダム　逆襲のシャア友の会［復刻版］』カラー、二〇二三年）。あるいは内田と話をする以前に、そのほかの関係者と漠然とした〝次のガンダム〟をめぐる話があったのかもしれない。
2 「『逆襲のシャア』ドキュメントコレクション」七頁／『機動戦士ガンダム　逆襲のシャア　4Kリマスター BOX』（バンダイナムコアーツ、二〇一八年）所収
3 庵野秀明責任編集『機動戦士ガンダム　逆襲のシャア友の会［復刻版］』カラー、二〇二三年。内田健

ニインタビューによる。
4 同右、二五頁
5 同右、七四頁
6 前掲「「逆襲のシャア」ドキュメントコレクション」九七頁
7 「ガンダム　逆襲のシャア」富野由悠季が若者にエール「命懸けないと宮崎駿は超えられない」」（コミックナタリー）https://natalie.mu/comic/news/565348
8 前掲「「逆襲のシャア」ドキュメントコレクション」九六頁
9 同右、四頁
10 富野由悠季『機動戦士ガンダム　逆襲のシャア　ベルトーチカ・チルドレン』角川スニーカー文庫、一九八八年、三六七頁
11 同右、三七二頁
12 『ロマンアルバム・エクストラ62　聖戦士ダンバイン』徳間書店、一九八四年、一三〇頁

COLUMN　富野監督作品全解説3　1991〜2022

1 猪俣謙次『ガンダム神話』ダイヤモンド社、一九九五年、五八頁
2 「「F91」ドキュメントコレクション」四頁／『機動戦士ガンダムF91　4KリマスターBOX』（バンダイナムコアーツ、二〇二〇年）所収
3 全三巻。成長したハサウェイが、反連邦組織マフティーのリーダーとなった物語。第一巻に相当するエピソードが映画化され二〇二一年六月一一日に公開されている。監督は『F91』に作画監督で参加した村瀬修功。
4 前掲「「F91」ドキュメントコレクション」五頁

5 同右、九四頁
6 同右、九五頁
7 「ARCHIVE BOOK」二四頁／『機動戦士Vガンダム Blu-ay BOX Ⅰ』（バンダイビジュアル二〇一五年）所収
8 同右、三三頁
9 ササキバラ・ゴウ『それがVガンダムだ　機動戦士Vガンダム徹底ガイドブック』銀河出版、二〇〇四年、一七一－一七六頁
10 同右、一六五頁
11 同右、一六六－一六七頁
12 前田久（取材・文）「山本裕介に聞いた『機動戦士Vガンダム』30年目の真実⑤」 https://febri.jp/topics/v-gundam_30th_01_05/
13 サンクチュアリは一九九九年に未完成のまま公開され話題になった『ガンドレス』の元請け会社。このときも別スタジオが下請けとして制作を担当していた。本作もクレジットから推測するに、制作現場はJ.C.STAFF にアートトランドを加えた体制であったと考えられる。
14 富野由悠季監修『富野由悠季全仕事』キネマ旬報社、一九九九年、二五七頁
15 氷川竜介・藤津亮太編『ブレンパワード　スパイラルブック』学習研究社、一九九九年、八〇頁
16 同右、七一頁
17 同右、七七頁
18 同右、七八頁
19 同右
20 富野由悠季『ターンエーの癒し』角川春樹事務所、二〇〇〇年、一二頁
21 『ニュータイプ100%コレクション41　∀ガンダム　vol.2』角川書店、二〇〇一年、七七頁

22 同右
23 前掲『ターンエーの癒し』一七〇頁
24 藤津亮太編『オフィシャルブック OVERMANキングゲイナー エクソダスガイド』メディアファクトリー、二〇〇三年、三七頁
25 同右、一一二頁
26 同右、三九頁
27 同右、一〇四頁
28 X(旧twitter)の発言より。https://x.com/gallo44_yoshida/status/1863376527532183634
29 前掲『オフィシャルブック OVERMANキングゲイナー エクソダスガイド』八九頁
30 同右、八三頁
31 「Ring of Gundam設定資料集」一頁/『機動戦士ガンダム30周年ドキュメンタリー メモリアルボックス』(バンダイビジュアル、二〇一〇年)所収
32 同右、二頁
33 同右、九頁
34 富野由悠季『アニメを作ることを舐めてはいけない「G-レコ」で考えた事』KADOKAWA、二〇二一年
35 同右、三二頁

第9章 運動と人間性――『機動戦士ガンダムF91』以降の演出術

1 「「F91」ドキュメントコレクション」九四頁/『機動戦士ガンダムF91 4KリマスターBOX』(バンダイナムコアーツ、二〇二〇年)所収

2　同右、二四頁

第10章　失われる言葉と繋ぎとめる身体——『海のトリトン』から『新訳Zガンダム』へ

1　DVD『機動戦士Zガンダム　Vol.6』ブックレット、バンダイビジュアル、二〇〇一年、七頁
2　『ニュータイプ100％コレクション41　∀ガンダム　vol.2』角川書店、二〇〇一年、八三頁

第11章　大転換、大地へ——『Gのレコンギスタ』への道のり

1　氷川竜介『20年目のザンボット3』（オタク学叢書 vol.1）太田出版、一九九七年、一九一頁
2　『別冊アニメディア　重戦機エルガイム PART.2　完結編』学習研究社、一九八五年、八一頁
3　富野由悠季『「ガンダム」の家族論』ワニブックスPLUS新書、二〇一一年、五一頁
4　同右、五五頁
5　『富野由悠季の世界』キネマ旬報社、二〇一九年、二〇一頁
6　「聖戦士ダンバイン40周年展　出現　渋谷上空」パンフレット、三三頁
7　同右
8　同右
9　富野由悠季監修『富野由悠季全仕事』キネマ旬報社、一九九九年、二二七頁
10　『グレートメカニックG　2023SUMMER』双葉社、二〇二三年
11　ササキバラ・ゴウ『それがVガンダムだ　機動戦士Vガンダム徹底ガイドブック』銀河出版、二〇〇四年、一五一頁。インタビューに際して富野がササキバラに手渡したメモに書かれた文章。
12　富野由悠季『ターンエーの癒し』角川春樹事務所、二〇〇〇年、二九頁
13　同右、六〇頁

14 同右、六一－六三頁
15 氷川竜介・藤津亮太編『ブレンパワード スパイラルブック』学習研究社、一九九九年、七三頁
16 「作家・富野由悠季の世界4」六頁／富野由悠季『リーンの翼（完全版）』四巻（角川書店、二〇一〇年）別冊小冊子
17 富野由悠季『アニメを作ることを舐めてはいけない 「G－レコ」で考えた事』KADOKAWA、二〇二一年、二八頁
18 「〝ニュータイプに挫折した〟富野由悠季が「Gレコ」に込めた願い 「子どもが観て一生に残るものをつくる」」（アニメ！アニメ！）https://animeanime.jp/article/2019/11/29/50017.html
19 前掲『アニメを作ることを舐めてはいけない』一二三頁
20 富野由悠季『だから僕は… ガンダムへの道』角川スニーカー文庫、二〇〇二年、一〇一頁
21 前掲『ターンエーの癒やし』五八頁

藤岡豊……87
藤原良二……168, 172, 413, 414
古谷徹……81
別役実……97, 154
星山博之……74, 78, 114, 115, 123-125, 128, 138-140, 164, 168, 345, 372, 374, 413, 414
堀口滋……203

ま行

舛田利雄……23, 24
松岡清治……66, 99
松崎健一……111, 186, 222, 223
松本悟……198
松本零士……23, 24, 28
三浦将則……190
宮﨑駿……27, 104, 155, 189, 283, 341
宮地昌幸……451
宮武一貴……191
村上克司……69
村瀬修功……365
本広克行……351
森邦宏……451

や行

矢木正之……196
安田朗……345, 352, 354, 375
安彦良和……25, 69, 71, 79, 81, 86, 130, 135, 163, 173, 180, 197, 200, 268, 327, 356
矢立肇……108, 243
柳沢達彦……203
藪下泰司……18
山浦栄二……71, 72, 76, 78, 80, 82, 114
山浦弘靖……208
山崎和男……74
山本優……105, 164, 414
山本裕介……337
斧谷稔……12, 66, 73, 78, 99, 102, 115, 193, 201, 202, 211, 213, 348, 361, 372-374, 380, 389, 393, 414, 417, 438, 442, 443, 451
横田和……442
横山彰利……348
横山広行……277
横山光輝……87
吉井孝幸……343
吉川惣司……187, 241
吉田健一……348, 354, 382
四辻たかお……185

ら・わ行

りんたろう……28
渡邊清……60
渡辺麻実……196
渡邉由自……186, 192, 195, 196, 208, 209, 212, 218, 222, 224, 230, 248-252, 361, 416-418, 421

笹川ひろし……20
笹木信作……348, 382
貞光紳也……73, 78, 130, 147, 176
佐藤順一……197
荘司としお……60
杉井ギサブロー……20, 46
杉島邦久……202, 376, 418
すぎやまこういち……186
杉山卓……20, 47
鈴木宏郁……203
鈴木雅久……203
鈴木芳男……65
鈴木良武……69, 71, 72, 108, 187, 188, 241-243
隅沢克之……439
関田修……192, 246, 283, 402, 421
世良邦男……270, 389
芹川有吾……18, 19
園田英樹……399

た行

大地瞬……247
高久進……104
高千穂遙……80
高橋哲子……373, 374, 442
高橋良輔……190, 338
高畑勲……19, 27, 63, 103, 104, 155
高松信司……201
高山治郎……350, 367, 446
髙山文彦……328
滝沢敏文……222, 223
田口章一……106
千葉克彦……442
塚田廷式……203
辻真先……105, 106
出﨑統……21, 27
手塚治虫……7, 13, 20, 21, 26, 34, 39, 42, 45, 46, 49, 64, 65, 180, 196, 410
富田祐弘……186, 193, 196, 211, 213, 214, 225, 398
豊田有恒……45, 47, 48

な行

中澤数宣……203
永野護……195-197, 200, 202, 252-255, 268, 340, 341
長浜忠夫……21, 27, 70, 85-88, 91, 103-105
中村嘉宏……348
新倉雅美……60, 61
西崎義展……23, 24, 65
西村キヌ……348
西森章……343, 374, 398, 399, 429, 440
野田高梧……58

は行

長谷川徹……186
甚目喜一……197
羽根章悦……65
林重行……46
早野海兵……352
原田三夫……13
半藤一利……29
東潤一……197, 200
氷川竜介……74, 75, 78, 239, 240
樋口雄一……185
藤井賢祐……61

人名索引

あ行
赤根和樹……439
浅川美也……348, 374, 389, 443
足立正生……14
荒木芳久……73, 76, 78, 164
庵野秀明……142, 203, 256, 295, 296, 341
飯塚正夫……78
井内秀治……379, 421
井荻麟……12, 452
幾原邦彦……308
池田繁美……191, 200
石垣純哉……332
石黒昇……23, 24, 27, 283
石崎すすむ……212, 222, 224
石津嵐……46
出渕裕……189, 191, 200, 203
伊東恒久……246, 247, 327
井上伸一郎……199, 200, 253, 295
今岡清……82
今川泰宏……193, 417
今西隆志……328, 338
植田益朗……340, 341
植村伴次郎……69
内田健二……197, 283
梅津泰臣……197
遠藤明範(明吾)……198, 201, 202, 270, 277, 379, 389, 402
遠藤栄一……196
逢坂浩司……334
大河原邦男……189, 197, 268, 327
大河内一楼……347, 348, 349
大塚康生……18, 19
大野木寛……376
大森英敏……193, 196, 203
大山のぶ代……75
桶谷顕……428
面出明美……342, 438, 440

か行
海部正樹……341
風間洋……194
梶原一騎……60
加瀬充子……328, 428
加藤靖三……38, 41
金田伊功……78
鎌田秀美……201
川瀬敏文……201, 270, 389, 443
川手浩次……417
河森正治……27, 283
神田武幸……190, 328
菊池一仁……189, 225, 247, 421
岸本吉功……241
北爪宏幸……193, 196, 200, 203
木下蓮三……60, 61
倉内均……29
黒川慶二郎……65
桑原弘……203
神戸一彦……429
湖川友謙……186, 188, 189, 191, 193, 196, 240
小林誠……200
五武冬史……73, 101, 106, 393
紺野修司……47

さ行
斎藤良一……187
三枝成彰……323
阪口大助……332
桜井正明……105

2009年　リング・オブ・ガンダム
原作：矢立肇、富野由悠季／脚本・絵コンテ・総監督：富野由悠季／オリジナルガンダムデザイン：大河原邦男／デザイン：安田朗、西村キヌ、剛田チーズ、早野海兵、藤田潔、山根公利／美術設定：池田繁美／CGスーパーバイザー：西井育生／音響監督：鶴岡陽太

2014年　ガンダム Gのレコンギスタ
原作：矢立肇、富野由悠季／脚本・総監督：富野由悠季／キャラクターデザイン：吉田健一／メカニカルデザイン：安田朗、形部一平、山根公利／デザインワークス：コヤマシゲト、西村キヌ、剛田チーズ、内田パブロ、沙倉拓実、倉島亜由美、桑名郁朗、中谷誠一／美術監督：岡田有章、佐藤歩／撮影監督：田中唯／音響監督：木村絵理子

2019年　GのレコンギスタI　行け！コア・ファイター
原作：矢立肇、富野由悠季／脚本・絵コンテ・総監督：富野由悠季／演出：吉沢俊一／キャラクターデザイン：吉田健一／メカニカルデザイン：安田朗、形部一平、山根公利／デザインワークス：コヤマシゲト、西村キヌ、剛田チーズ、内田パブロ、沙倉拓実、倉島亜由美、桑名郁朗、中谷誠一／美術監督：岡田有章、佐藤歩／撮影監督：脇顯太朗／音響監督：木村絵理子

2020年　GのレコンギスタII　ベルリ 撃進
原作：矢立肇、富野由悠季／脚本・絵コンテ・総監督：富野由悠季／演出：吉沢俊一／キャラクターデザイン：吉田健一／メカニカルデザイン：安田朗、形部一平、山根公利／デザインワークス：コヤマシゲト、西村キヌ、剛田チーズ、内田パブロ、沙倉拓実、倉島亜由美、桑名郁朗、中谷誠一／美術監督：岡田有章、佐藤歩／撮影監督：脇顯太朗／音響監督：木村絵理子

2021年　GのレコンギスタIII　宇宙からの遺産
原作：矢立肇、富野由悠季／脚本・絵コンテ・総監督：富野由悠季／演出：吉沢俊一、進藤陽平／キャラクターデザイン：吉田健一／メカニカルデザイン：安田朗、形部一平、山根公利／デザインワークス：コヤマシゲト、西村キヌ、剛田チーズ、内田パブロ、沙倉拓実、倉島亜由美、桑名郁朗、中谷誠一／美術監督：岡田有章、佐藤 歩／撮影監督：脇顯太朗／音響監督：木村絵理子

2022年　GのレコンギスタIV　激闘に叫ぶ愛
原作：矢立肇、富野由悠季／脚本・絵コンテ・総監督：富野由悠季／演出：吉沢俊一、進藤陽平／キャラクターデザイン：吉田健一／メカニカルデザイン：安田朗、形部一平、山根公利／デザインワークス：コヤマシゲト、西村キヌ、剛田チーズ、内田パブロ、沙倉拓実、倉島亜由美、桑名郁朗、中谷誠一／美術監督：岡田有章、佐藤歩／撮影監督：脇顯太朗／音響監督：木村絵理子

2022年　GのレコンギスタV　死線を越えて
原作：矢立肇、富野由悠季／脚本・絵コンテ・総監督：富野由悠季／演出：吉沢俊一／キャラクターデザイン：吉田健一／メカニカルデザイン：安田朗、形部一平、山根公利／デザインワークス：コヤマシゲト、西村キヌ、剛田チーズ、内田パブロ、沙倉拓実、倉島亜由美、桑名郁朗、中谷誠一／美術監督：岡田有章、佐藤歩／撮影監督：脇顯太朗／音響監督：木村絵理子

1996年　バイストンウェル物語　ガーゼィの翼
原作・脚本・監督：富野由悠季／キャラクター原案：末弥純／キャラクターデザイン：大貫健一、杉光登／美術監督：廣瀬義憲／撮影監督：中條豊光／音響監督：岩浪美和

1998年　ブレンパワード
原作：矢立肇、富野由悠季／総監督：富野由悠季／メインデザイン：いのまたむつみ、永野護／アニメーションデザイン：重田敦司／メカニカルデザインサポート：沙倉拓実／美術監督：佐藤勝／撮影監督：大神洋一／音響監督：浦上靖夫

1999年　∀ガンダム
原作：矢立肇、富野由悠季／総監督：富野由悠季／キャラクター原案：安田朗／キャラクターデザイン：菱沼義仁／メカニカルデザイン：大河原邦男、シド・ミード、重田敦司、沙倉拓実／美術監督：池田繁美／撮影監督：大神洋一／音響監督：鶴岡陽太

2002年　∀ガンダムⅠ　地球光／Ⅱ　月光蝶
原作：矢立肇、富野由悠季／総監督：富野由悠季／キャラクター原案：安田朗／キャラクターデザイン：菱沼義仁／メカニカルデザイン：大河原邦男、シド・ミード、重田敦司、沙倉拓実／美術監督：池田繁美／撮影監督：大神洋一／音響監督：鶴岡陽太

2002年　OVERMANキングゲイナー
原作・総監督：富野由悠季／シリーズ構成：大河内一楼／アニメーションディレクター・キャラクターデザイン・メカニカルデザイン：吉田健一／キャラクターデザイン：中村嘉宏、西村キヌ（カプコン）／メカニカルデザイン：安田朗（カプコン）、山根公利／美術監督：池田繁美／撮影監督：大矢創太／音響監督：鶴岡陽太

2005年　機動戦士ZガンダムⅠ　星を継ぐ者
原案：矢立肇／原作・脚本・絵コンテ・総監督：富野由悠季／スタジオ演出：松尾衡／キャラクターデザイン：安彦良和／メカニカルデザイン：大河原邦男・藤田一己／キャラクター作画監督：恩田尚之／メカニカル作画監督：仲盛文／美術監督：東潤一、甲斐政俊／撮影監督：木部さおり／音響監督：藤野貞義

2005年　機動戦士ZガンダムⅡ　恋人たち
原案：矢立肇／原作・脚本・絵コンテ・総監督：富野由悠季／スタジオ演出：松尾衡／キャラクターデザイン：安彦良和／メカニカルデザイン：大河原邦男・藤田一己／作画監督：重田敦司、中島利洋、中谷誠一、仲盛文、恩田尚之／美術監督：甲斐政俊／撮影監督：木部さおり／音響監督：藤野貞義

2005年　リーンの翼
原作・総監督・絵コンテ：富野由悠季／ビジュアルコンセプター：okama／アニメーションディレクター・キャラクターデザイン：工藤昌史／メカデザイン：篠原保、沙倉拓実／CGスーパーバイザー：小畑正好／美術監督：池田繁美／撮影監督：大神洋一／音響監督：若林和弘

2006年　機動戦士ZガンダムⅢ　星の鼓動は愛
原案：矢立肇／原作・脚本・絵コンテ・総監督：富野由悠季／スタジオ演出：松尾衡／キャラクターデザイン：安彦良和／メカニカルデザイン：大河原邦男、藤田一己／キャラクター作画監督：恩田尚之／メカニカル作画監督：仲盛文／美術監督：甲斐政俊／撮影監督：木部さおり／音響監督：藤野貞義

キャラクターデザイン：湖川友謙／メカニカルデザイン：樋口雄一、サブマリン／アートディレクター：中村光毅／撮影：ティ・ニシムラ／オーディオディレクター：浦上靖夫

1982年　THE IDEON BE INVOKED　発動篇

原作：矢立肇、富野喜幸／総監督：富野喜幸／監督：滝沢敏文／アニメーションディレクター・キャラクターデザイン：湖川友謙／メカニカルデザイン：樋口雄一／美術監督：中村光毅／撮影監督：岡芹利明／音響監督：浦上靖夫

1983年　聖戦士ダンバイン

原作：富野由悠季、矢立肇／総監督：富野由悠季／キャラクターデザイン：湖川友謙／メカニカルデザイン：宮武一貴／メカニカルゲストデザイン：出渕裕／美術監督：池田繁美／撮影監督：斉藤秋男／音響監督：藤野貞義

1983年　ザブングルグラフィティ

原作：富野由悠季、鈴木良武／監督：富野由悠季／構成演出：菊池一仁／キャラクターデザイン：湖川友謙／メカニカルデザイン：大河原邦男／メカニカル設定：出渕裕／美術監督：池田繁美／撮影：旭プロダクション／音響監督：藤野貞義

1984年　重戦機エルガイム

原案：矢立肇／原作・総監督：富野由悠季／シリーズ構成：渡邉由自／アニメーションディレクター：湖川友謙／キャラクターデザイン：永野護／美術監督：池田繁美／撮影監督：斉藤秋男／録音監督：藤野貞義

1985年　機動戦士Ζガンダム

原案：矢立肇／原作・総監督：富野由悠季／キャラクターデザイン：安彦良和／メカニカルデザイン：大河原邦男、藤田一己／デザインワークス：永野護／美術監督：東潤一／撮影監督：斉藤秋男／音響監督：藤野貞義

1986年　機動戦士ガンダムZZ

原案：矢立肇／原作・総監督：富野由悠季／キャラクターデザイン：北爪宏幸／メカニカルデザイン：伸童舎、明貴美加／メカニカルベースデザイン：小林誠、出渕裕／撮影監督：斉藤秋男／音響監督：藤野貞義

1988年　機動戦士ガンダム　逆襲のシャア

原作・脚本・監督：富野由悠季／キャラクターデザイン：北爪宏幸／モビルスーツデザイン：出渕裕／メカニカルデザイン：ガイナックス、佐山善則／美術監督：池田繁美／撮影監督：古林一太、奥井敦／音響監督：藤野貞義

1991年　機動戦士ガンダムF91

原案：矢立肇／原作・監督：富野由悠季／脚本：伊東恒久、富野由悠季／キャラクターデザイン：安彦良和／メカニカルデザイン：大河原邦男／美術監督：池田繁美／撮影監督：奥井敦／音響監督：藤野貞義

1993年　機動戦士Vガンダム

原作：矢立肇、富野由悠季／総監督：富野由悠季／キャラクターデザイン：逢坂浩司／メカニカルデザイン：大河原邦男、カトキハジメ、石垣純哉／美術監督：池田繁美／撮影監督：奥井敦、大神洋一／音響監督：浦上靖夫

1995年　闇夜の時代劇　正体を見る

脚本・演出：富野由悠季／キャラクターデザイン：そえたかずひろ／美術監督：古谷彰／撮影：旭プロダクション／音響監督：浦上靖夫

主要監督作品メインスタッフリスト

1972年　海のトリトン
原作：手塚治虫／演出：富野喜幸／作画監督：羽根章悦／美術監督：伊藤主計、牧野光成／撮影監督：菅谷正昭／音響監督：浦上靖夫

1975年　勇者ライディーン
企画：東北新社／原作：鈴木良武／チーフ・ディレクター：富野喜幸（第1話〜第26話、第27話〜第50話は長浜忠夫）／キャラクターデザイン：安彦良和／美術監督：半藤克美、東条俊寿／撮影：旭プロダクション／音響演出：斉藤敏夫

1977年　無敵超人ザンボット３
原作：鈴木良武、富野喜幸／総監督：富野喜幸／キャラクターデザイン：安彦良和／メカニカルデザイン：平山良二／デザイン協力：スタジオぬえ／美術監督：中村光毅、メカマン／音響監督：松浦典良

1978年　無敵鋼人ダイターン３
原作：矢立肇、富野喜幸／総監督：富野喜幸／キャラクターデザイン：塩山紀生、小国一和／メカニカルデザイン：大河原邦男／美術：メカマン／撮影：旭プロダクション／音響監督：松浦典良

1979年　機動戦士ガンダム
原作：矢立肇、富野喜幸／総監督：富野喜幸／アニメーションディレクター・キャラクターデザイン：安彦良和／メカニカルデザイン：大河原邦男／美術監督：中村光毅／撮影：旭プロダクション／音響監督：松浦典良

1980年　伝説巨神イデオン
原作：矢立肇、富野喜幸／総監督：富野喜幸／アニメーションディレクター・キャラクターデザイン：湖川友謙／メカニカルデザイン：サブマリン／美術監督：四条徹也／撮影：ティ・ニシムラ／音響監督：浦上靖夫

1981年　機動戦士ガンダム（劇場版）
原作：矢立肇、富野喜幸／総監督：富野喜幸／監督：藤原良二／アニメーションディレクター・キャラクターデザイン：安彦良和／メカニカルデザイン：大河原邦男／美術監督：中村光毅／撮影：旭プロダクション／音響監督：松浦典良

1981年　機動戦士ガンダムII　哀・戦士編
原作：矢立肇、富野喜幸／総監督：富野喜幸／フロアーディレクター：関田修／アニメーションディレクター・キャラクターデザイン：安彦良和／メカニカルデザイン：大河原邦男／アートディレクター：中村光毅／撮影：旭プロダクション／オーディオディレクター：浦上靖夫

1982年　戦闘メカ ザブングル
原作：富野由悠季、鈴木良武／総監督：富野由悠季／キャラクターデザイン：湖川友謙／メカニカルデザイン：大河原邦男／メカニカルゲストデザイン：出渕裕／撮影監督：斉藤秋男／録音監督：藤野貞義

1982年　機動戦士ガンダムIII　めぐりあい宇宙編
原作：矢立肇、富野喜幸／総監督：富野喜幸／フロアーディレクター：関田修／アニメーションディレクター・キャラクターデザイン：安彦良和／メカニカルデザイン：大河原邦男／アートディレクター：中村光毅／フォトグラフィーディレクター：三沢勝治／オーディオディレクター：浦上靖夫

1982年　THE IDEON A CONTACT　接触篇
原作：矢立肇、富野喜幸／総監督：富野喜幸／監督：滝沢敏文／アニメーションディレクター・

装丁　山田和寛+竹尾天輝子(nipponia)
図版作成　jimao

藤津亮太（ふじつ・りょうた）

1968年生まれ。アニメ評論家。新聞記者、週刊誌編集を経て、2000年よりアニメ関連の原稿を本格的に書き始める。現在は雑誌、パンフレット、WEBなどで執筆を手掛け、ラジオ・TVにも出演。東京工芸大学芸術学部アニメーション学科で教鞭もとる。主な著書に『増補改訂版　「アニメ評論家」宣言』（ちくま文庫）、『アニメの輪郭』（青土社）、『アニメと戦争』（日本評論社）、『ぼくらがアニメを見る理由』（フィルムアート社）など。そのほか『アニメ音響の魔法』（企画・取材、BNN）、『ガンダムの現場から　富野由悠季発言集』（共編著、キネマ旬報社）にも関わる。

富《とみ》野《の》由《よし》悠《ゆ》季《き》論《ろん》

2025年3月20日 初版第1刷発行
2025年5月15日 初版第3刷発行

著者　藤津《ふじつ》亮太《りょうた》

発行者　増田健史
発行所　株式会社筑摩書房
東京都台東区蔵前2-5-3 〒111-8755
電話番号 03-5687-2601（代表）
印刷・製本　三松堂印刷株式会社

 ISBN978-4-480-81697-9 C0074